LA POLITICOMANIE,

OU COUP D'ŒIL CRITIQUE

SUR

LA FOLIE RÉVOLUTIONNAIRE QUI A RÉGNÉ EN EUROPE

depuis 1789 jusqu'au 2 décembre 1851.

LA

POLITICOMANIE

OU

COUP D'ŒIL CRITIQUE

SUR

LA FOLIE RÉVOLUTIONNAIRE QUI A RÉGNÉ EN EUROPE

Depuis 1789 jusqu'au 2 décembre 1851;

PAR LE Dr SYLVAIN-EYMARD

de Grenoble.

SECONDE ÉDITION ENTIÈREMENT REFONDUE.

Ut olim flagitiis, sic nunc legibus laboramus.

TACITE.

A PARIS,

Chez MM. GARNIER frères, Palais-Royal, et les principaux libraires.

A LONDRES, CHEZ M. DELISY.

A BRUXELLES, CHEZ M. A. DECQ.

1853.

GRENOBLE, IMPRIMERIE DE C.-P. BARATIER.

UN MOT DE PRÉFACE.

La première édition de la *Politicomanie* parut au commencement de 1832, au moment même où il fallait avoir quelque courage pour attaquer de front la révolution et les gouvernements parlementaires qui étaient encore à leur période d'enthousiasme, et pour faire l'éloge des anciennes institutions monarchiques de la France et de tous les Etats de l'Europe devenus constitutionnels. Cependant le public l'accueillit bien, l'applaudit même, non à cause du faible mérite de rédaction qu'elle pouvait avoir, mais parce que organe inattendu des mécomptes politiques que chacun cherchait encore à dissimuler, elle se moquait des révolutionnaires et de leur tribune, signalait les dangers du gouvernement parlementaire, annonçait qu'il ne pouvait durer et faisait entrevoir l'abîme dans lequel il allait nous précipiter, ainsi que les vingt années d'épreuves ultérieures ne nous l'ont que trop montré.

Il est donc bon de prévenir le lecteur que nous ne faisons pas ici de la politique après coup, que nous ne sommes point des adulateurs de circonstance, et qu'anciens adversaires déclarés de la révolution et des révolutionnaires de toute espèce, notre édition de 1832 soutenait comme loi de Dieu et comme seul gouvernement qui convînt à l'humanité, le principe monarchique pur, et que celle-ci sous presse en octobre 1851 allait encore le proclamer franchement, lorsque les événements providentiels de décembre suivant en arrêtèrent l'impression et nous forcèrent de l'ajourner pour savoir ce qui allait arriver et juger de l'opportunité de sa publication.

Or, cette opportunité existe-t-elle aujourd'hui? Bien certainement que les révolutionnaires ont été mis en déroute complète par l'héroïque journée du 2 décembre et qu'ils expient leurs crimes dans des régions lointaines; mais est-il sûr qu'ils aient été vaincus sans espoir de retour? N'ont-ils pas laissé des tronçons infects et contagieux dans tous les coins de l'Europe, et eux ne conspirent-ils pas encore à Genève, à Bruxelles, à Londres, à New-York et ailleurs, contre leur propre et malheureuse patrie? Mon Dieu si! Tout le monde sait, qu'implacables comme la hyène et le tigre, ils ont de nouveau fondé un gouvernement à eux, *une ligue révolutionnaire* — cette fois ostensible et au grand jour — pour bouleverser et piller l'Europe. Dès lors tous les honnêtes gens sentiront comme nous la nécessité impérieuse de ne pas s'endormir au milieu d'une sécurité apparente, celle de répandre les principes d'une saine politique, d'éclairer les esprits faibles ou ignorants qu'on égare, et enfin le besoin d'imiter leurs ennemis en formant comme eux une ligue, mais une ligue défensive pour repousser avec leur plume et leur fusil, s'il le faut, cette nouvelle horde de Vandales.

Une autre question que nous nous sommes faite est celle

de savoir si tout en respectant et en soutenant la Constitution actuelle que la France doit à l'énergie et à la sagesse de Louis-Napoléon, il nous est interdit d'examiner en théorie quelle est la forme de gouvernement qui convient le mieux aux divers Etats de l'Europe, mais considérant que sans attaquer en aucune manière le fait et le droit des gouvernements existants, nous réduisons notre discussion à des considérations purement spéculatives sur les principes généraux de la politique; considérant que lorsque les révolutionnaires professent publiquement des doctrines subversives et impies, manifestent l'intention de renverser tous les gouvernements plus ou moins absolus de notre continent pour leur substituer une république de leur façon, c'est-à-dire le brigandage et la désolation, les honnêtes gens ne doivent pas rester muets, et ont dans de telles conjonctures le droit incontestable d'examiner le pour et le contre, de rechercher consciencieusement s'il est bien vrai que les gouvernements républicains, constitutionnels ou représentatifs soient préférables aux anciennes monarchies, et qu'un hideux socialisme soit le dernier mot de la civilisation; considérant enfin que loin de pouvoir être répréhensibles en soutenant les principes d'autorité et d'ordre éternels établis par le Créateur, c'est au contraire une dette sacrée que chacun de nous doit payer selon ses moyens, nous avons résolu négativement cette seconde question et livré notre plume à ses inspirations, en prévenant toutefois le lecteur que cette édition-ci entièrement refondue, n'a conservé que le titre, le but et quelques passages de la première.

Enfin, pour que cet écrit ne donne point lieu à méprise ni à fausse interprétation, nous devons encore l'avertir que ce que nous disons de la révolution de 1789 et des révolutionnaires qui l'ont faite et perpétuée, ne s'applique qu'à ceux de ces derniers tour à tour appelés *Jacobins*, *Montagnards*, *Socialistes*, *Républicains rouges*, *etc.*, n'entendant nullement attaquer le principe de souveraineté nationale qui date de la première, ni confondre ceux-ci avec les révolutionnaires plus honnêtes et plus modérés dont nous respectons l'opinion sans la partager, ce qui est une déclaration formelle de notre part.

LA POLITICOMANIE,

OU

COUP D'OEIL CRITIQUE

SUR

LA FOLIE

RÉVOLUTIONNAIRE QUI RÈGNE EN EUROPE,

DEPUIS 1789.

Introduction.

Tous les hommes sont originairement fous. — Preuves. — Folie politique. — Influence des protubérances et de la lune. — Calculs statistiques sur les fous de l'Europe.

Tous les hommes sont fous, a dit un Sage, et ce Sage avait raison. Quelle différence y a-t-il, en effet, entre l'avare qui meurt de faim auprès de son trésor, le savant qui s'épuise à deviner des secrets impénétrables, le poëte qui passe sa vie à entasser des rimes, le romancier et le dramaturge qui corrompent les mœurs, l'utopiste qui aime à fabriquer des plans de gouvernement, le conspirateur qui se plaît à ourdir des complots et à révolutionner son pays, le visionnaire qui court après le progrès, le socialiste qui veut réformer le monde, le républicain qui croit que la république est le meilleur des gouvernements, l'homme qu'absorbe la politique et généralement tous ceux que domine une passion quelconque; quelle différence, disons-nous, y a-t-il entre tous ces gens-là et les fous qu'on enferme chaque jour à Charenton?

Mais si tous les hommes sont fous, comme il nous sera facile de le démontrer, cette folie générale qui afflige l'humanité et qu'on a observée dans tous les temps, sous différentes formes, doit sans doute avoir une cause nécessaire, une origine commune qu'il faut faire remonter jusqu'à la création de l'homme, c'est-à-dire, jusqu'au châtiment que Dieu lui infligea pour sa désobéissance, car on sait que l'homme était destiné à vivre dans une heureuse ignorance de toutes choses, au milieu d'un monde enchanteur où il n'aurait pas eu besoin de prêtres pour devenir sage, de médecins pour bien se porter, de savants pour ne rien apprendre, de législateurs pour lui faire de mauvaises lois, de petites maisons pour y être enfermé et de bourreaux pour expier ses crimes.

C'est donc à l'orgueil, à la curiosité et à la gourmandise de nos premiers pères qu'il faut attribuer la déchéance morale dans laquelle est tombée notre pauvre humanité; c'est en écoutant le trop malin serpent et en transgressant la défense qui leur avait été faite de toucher à l'arbre de la science du bien et du mal, qu'ils vouèrent leurs descendants à cette folle et incessante ardeur qui les porte à rechercher la science, la vérité, le bonheur, le progrès et toutes les chimères dont ils ont été constamment la dupe; c'est en sortant volontairement de leur innocence première, de l'heureuse ignorance dans laquelle Dieu voulait qu'ils restassent, que le génie du mal s'empara d'eux et qu'ils devinrent le jouet et les victimes de toutes les mauvaises passions qui les agitèrent et qu'ils nous transmirent.

Fatale pomme!

Aussi, la folie des hommes commença-t-elle par le meurtre d'un frère, par la tentative insensée d'escalader le ciel et par des désordres tellement révoltants que Dieu, justement irrité, résolut de noyer, de brûler et de punir par d'autres châtiments d'aussi indignes créatures.

Mais hélas! que pouvaient des avertissements et des punitions exemplaires sur des êtres foncièrement mauvais et voués à une folie incurable! Rien ou si peu de chose que loin de devenir meilleurs et de se corriger de leurs égarements, ils se livrèrent plus tard à tout ce que leur imagination put inventer d'extravagances; car comment qualifier autrement tout ce que l'histoire nous raconte touchant les hommes qui ont tour à tour passé sur la surface de ce globe, et que penser de leurs dieux, de leurs lois, de leurs mœurs, de leurs guerres, de leurs portiques, de leurs systèmes, de leurs empires, de leurs républiques et de toutes les révolutions politiques qu'ils ont faites, sinon que depuis 6564 ans que Dieu a créé ce triste monde, c'est un vaste hôpital de fous dans lequel tous les hommes sans exception portent la marotte et agitent leurs grelots?

Quoi! ces infirmes et pauvres créatures seraient le

chef-d'œuvre de la création? elles se distingueraient de la brute par la raison qu'elles s'attribuent si orgueilleusement et si sottement? elles seules seraient des animaux raisonnables?.... Mais c'est une pitoyable dérision! Considérez en effet de sang-froid la moindre des brutes; étudiez ses facultés qu'il nous plaît de réduire à l'instinct, à une impulsion automatique; observez le sentiment d'amitié et de tendresse qu'elle a pour les siens, la régularité de sa conduite et de ses appétits, l'attachement, la soumission qu'elle a pour nous malgré la brutalité et la cruauté que nous avons pour elle; comparez l'admirable intelligence, l'ingénieuse adresse de quelques espèces avec celles de beaucoup d'hommes qui leur sont certainement inférieures; considérez ensuite les hommes avec leurs mœurs dissolues, avec leurs dérèglements de toute espèce, avec leur méchanceté implacable, avec leurs vices innombrables, avec leurs folies de chaque jour, et dites-nous, pleins de cette humilité et de cette sincérité qu'on doit attendre d'un juge impartial, dites-nous de quel côté se trouve la raison, où est la brute, où est l'animal raisonnable?

Ah! oui, l'homme devient un animal fort raisonnable, quand il n'a pas trop bu, quand ses passions sont assouvies et éteintes, quand rien ne le contrarie et qu'il a tout ce qu'il désire, quand la terre tremble sous ses pieds ou que la mer menace de l'engloutir, lorsqu'enfin il n'est plus capable de mal faire et que la vieillesse et l'éternité vont le précipiter dans la tombe. Mais pendant sa vie et jusqu'au dénoûment final de ses dérèglements, combien de fois ne se place-t-il pas au-dessous de la brute et ne fait-il pas d'infractions à la sagesse et à la raison?...

Et qu'on ne vienne pas, pour atténuer la comparaison peu flatteuse que nous faisons de l'homme avec les animaux réputés non raisonnables, vanter le génie et l'intelligence du premier, le gratifier d'une aptitude exclusive aux sciences et aux arts qui ne sont pas l'apanage des seconds et arguer de cela pour nier qu'il soit réellement insensé, car nous objecterions d'un côté que les sciences et les arts sont fort compatibles avec la folie, — témoin la plupart des savants et des bons artistes qui sont presque tous fous ; — et que de l'autre les animaux en général exécutent aussi d'admirables travaux qui annoncent beaucoup d'art de leur part et que l'homme ne peut imiter.

Ainsi, pour ne citer que quelques exemples entre mille, il est très-vrai que l'araignée ne peut pas fabriquer un cachemire des Indes, qu'un ver à soie est incapable de faire une montre, qu'un pigeon voyageur ne connaît rien à la boussole et ne pourrait conduire un vaisseau sur mer, mais dites à un artiste en soie d'imiter la toile de la première, à un horloger de faire le cocon du second, à un aéronaute de s'orienter comme le troisième et nous verrons comment les uns et les autres se tireront d'affaire.

Ainsi donc, quoi qu'on en pense et quoi qu'on en puisse dire, nous croyons sincèrement que les animaux sont plus raisonnables, plus sages et au moins aussi industrieux que l'homme ; que vous, qui lisez ceci, que nous qui l'écrivons, que tous tant que nous sommes, privés de la plénitude de notre raison, par suite de l'imperfection morale à laquelle nous sommes condamnés, nous avons sans exception notre folie, notre manie particulière, folie plus ou moins prononcée, plus ou moins dangereuse, qui nous gouverne, nous possède selon notre tempérament et les circonstances où nous nous trouvons, laquelle peut ou nous laisser librement circuler dans la rue, ou nous faire mettre au cachot, ou nous mener en police correctionnelle, ou nous conduire au bagne, ou enfin nous faire monter à l'échafaud.

Chose étrange! nous sommes tous plus ou moins fous, le fait est constant, et cependant pour nous faire illusion sur la part qui en revient à chacun de nous, nous adoucissons ce mot si humiliant pour notre amour-propre — car les fous n'en manquent pas — avec des expressions obliques et parfumées, qui nous en font une sorte de mérite ou tout au plus un aimable défaut. Ainsi d'un écervelé qui s'habille grotesquement, qui est tout à ses plaisirs, ruine son corps et sa bourse, ou plutôt celle de ses créanciers, nous disons : c'est un *lion*, un *fashionnable*, un *dandy*, un *bon viveur*. De la jeune évaporée qui porte en parure le budget de sa cuisine, qui a des amants et abandonne son ménage pour courir dans les lieux publics et souvent dans ceux qui ne le sont guères, on dit : c'est une *lionne*, une *merveilleuse*, une *femme du monde*, l'épithète de *femme galante* étant déjà un peu vieille. De l'homme dont la vie s'écoule à lire les journaux, à parler politique, à faire des utopies, à fomenter la révolte, on dit : c'est un *publiciste*, un *bon citoyen*, un *patriote*, un *homme à opinions avancées*. Enfin, dénaturant d'un bout à l'autre le Dictionnaire de l'Académie française, on ne se fait pas scrupule d'appeler la république actuelle, le *gouvernement adorable de février*, les représentants de la Montagne des *honorables*, les propriétaires des *voleurs*, les socialistes des *honnêtes gens*, l'insurrection le *plus saint des devoirs*, les massacres de juin une *sainte manifestation de la liberté*, *de l'égalité et de la fraternité*, au point que si un Sage de l'autre monde et qui n'aurait aucune connaissance de ce qui se passe dans le nôtre, venait à y pénétrer pour examiner nos systèmes, gestes et actions, sous l'aimable écorce des mots dont nous les couvrons, il ne manquerait pas de s'écrier avec l'accent de la plus grande surprise et en très-bon français : — Mais tous ces gens-là sont fous !.... Est-ce donc ici les basses-fosses de l'univers ?

Encore ne serait-ce que demi-mal si l'on pouvait faire entendre raison à ceux qui l'ont perdue, mais comme en général les fous n'ont pas la conscience de leurs actes non plus que de ceux de leurs semblables, il s'ensuit la difficulté presque toujours insurmontable pour le médecin et le moraliste de les convaincre des extravagances auxquelles ils se livrent et de les en corriger. Et alors, dans une pareille lutte où chacun croit avoir raison, comment persuader au véritable fou qu'il l'est réellement et qu'il mérite la leçon qu'on lui donne !.... Aussi, dans l'essai que nous faisons aujourd'hui de montrer aux hommes de ce siècle que la politique les égare et les perd, n'avons-nous pas la prétention de croire que nous les rappellerons au bon sens qu'ils n'ont plus, car ce qui est difficile et souvent impossible vis-à-vis d'un individu isolé, l'est bien davantage pour un peuple entier que la plus funeste des illusions fascine, et nous attendons-nous à ce que ce peuple insensé nous dira avec le sourire de l'incrédulité : — mais c'est vous qui avez perdu la raison, c'est vous qui êtes un fou !

Et à cela que répondre, si ce n'est avec Horace :

O major tandem parcas insane minori!

« O grands fous que vous êtes, écoutez donc un homme qui est bien moins fou que vous...! »

Loin de nous donc la présomption de vouloir opérer un miracle impossible et quand les hommes méconnaissant six mille ans d'histoire et d'expérience, dédaignent d'en profiter; quand, sourds aux avertissements d'en haut, aux salutaires inspirations de leur conscience et aux sages conseils d'écrivains et d'orateurs éminents, ils continuent opiniâtrément de se livrer aux plus funestes déréglements qu'une société humaine ait jamais vus, nous, dans notre faiblesse et notre impuissance radicales, n'espérons pas bien entendu les convaincre de l'état d'insanité d'esprit où ils sont tombés et les faire rentrer dans la bonne voie, car lorsque le grand législateur de ce monde ne le peut ou ne le veut, comment le pourrions-nous, nous-même....!

Mais n'importe, ô fous de toute espèce qui peut-être nous lirez, ô révolutionnaires de toute couleur auxquels s'adressent plus particulièrement nos paroles; vous qu'une politique insensée tourmente et possède comme des énergumènes ; vous qui pervertis par d'infâmes doctrines et n'ayant plus de sens moral, prenez l'anarchie pour l'ordre, le mal pour le bien, le crime pour la vertu, et le diable pour Dieu; vous qui aspirez à bouleverser l'Europe entière, à assassiner et à piller tout ce qu'elle a de braves gens ; qu'on ne sait plus comment gouverner, et dont la véritable souveraineté est d'être souverainement fous : nous accomplirons la tâche ingrate qu'il nous plait d'entreprendre, et ne nous gênant nullement pour exprimer notre opinion sur une engeance aussi détestable que la vôtre, nous vous laissons parfaitement libres de vous boucher les oreilles ou de les ouvrir à ce que nous allons dire.

L'idée que tous les hommes sont fous n'est point nouvelle. Déjà Salomon, le sage Salomon proclamait dans l'*Ecclésiaste* qu'à l'époque où il vivait, le nombre des insensés était *infini*, ce que confirmèrent plus tard Stertinius, Bias, Platon, Démocrite, Aristote et une foule d'autres philosophes qui en disaient autant de leurs contemporains. Chrysippe enseignait dans son école que tout homme qui ne connaissait pas la vérité était un fou, et Horace, au milieu de ce peuple romain qui poussa la démence aussi loin que ses conquêtes, s'exprimait ainsi dans une de ses satires : « O vous que le désir des richesses et une vaine ambition dévorent et pâlissent ! Vous qu'une sotte superstition aveugle et rend tristes ! Vous enfin qui brûlez d'amour ou de quelque autre passion ! Je vous conjure de m'écouter attentivement. Venez les uns après les autres et je vous prouverai que vous êtes tous fous. »

« Que celui d'entre vous, dit saint Paul, qui se croit sage embrasse la folie pour trouver la sagesse, » car du temps de ce saint et savant apôtre, l'homéopathie morale était déjà en honneur pour guérir la folie, ce qui étant, ainsi qu'il n'est pas permis d'en douter, doit au moins consoler les hommes de ce siècle et leur faire espérer que comme fous au suprême degré, ils ne peuvent tarder de recouvrer la raison et de devenir sages.

D'autre part, dans son fameux poëme de *Roland*, l'Arioste, par une ingénieuse et mélancolique fiction, soutient le même système. Présentant la lune comme le réceptacle de la raison humaine à mesure qu'elle s'évapore d'ici-bas, il prétend que chacun de nous a dans cet astre nocturne une fiole particulière qui porte son nom et renferme l'esprit qu'il a perdu, tandis que Montaigne et Rabelais, avec la sagacité originale et le ton naïf qui les caractérisent, font ressortir à chaque page de leurs œuvres les nombreuses extravagances auxquelles s'abandonne incessamment l'esprit humain, tous les travers où s'égare *la folle du logis* et finissent par déclarer que le monde entier est fou, que nous y jouons tous la comédie : *Mundus universus exercet histrioniam.*

Ce qui est également l'opinion de Labruyère, de La Rochefoucauld et de Montesquieu dans ses *Lettres persanes*, lequel dit que les Français affectent d'avoir des maisons de fous pour faire croire qu'ils ne le sont pas tous eux-mêmes; et de Voltaire, ce grand propagateur de toutes les folies modernes, lui qui, insensé par excellence, a su répandre dans ses nombreux ouvrages tant d'esprit, d'ironie et de fiel contre les erreurs de son siècle; et de Rousseau, cet illustre et malheureux fou qui, dans ses moments lucides, a si éloquemment déploré les funestes égarements de la raison humaine.

De son côté, le plus brillant génie de l'Eglise française, Bossuet, observe dans un de ses sermons, « que le plus grand malheur de la vie humaine est que nul ne se contente d'être insensé seulement pour soi, mais veut faire passer sa folie aux autres; » tandis que du sien le docteur Clarke assure, dans son traité de l'existence de Dieu, que le genre humain se trouve dans un état où l'ordre naturel des choses de ce monde est manifestement renversé; et qu'un autre docteur affirme que le déluge universel a peut-être autant dérangé le monde moral que le monde physique et que les cervelles humaines conservent encore l'empreinte des chocs qu'elles reçurent alors.

Et pour finir par le témoignage d'auteurs contemporains, nous citerons encore celui d'une femme célèbre dont la tête était bien aussi un peu fêlée, de Mme de Staël qui avoue que tout est folie dans ce monde, hormis le soin qu'on prend de son existence, tout le reste pouvant être illusion et erreur; et celui de Châteaubriand, ce monomane étrange en politique, qui, ne voyant pas la poutre qu'il avait lui-même dans son œil, a déclaré quelque part que la pire des périodes que nous ayons parcourues est celle où nous sommes, *parce que l'anarchie règne dans la raison, dans la morale et dans l'intelligence.*

Mais une autorité bien autrement tranchante et devant laquelle doivent s'incliner nos Catons républicains, est celle de leur oracle et de leur chef actuel, M. de Lamennais, avant que la folie régnante n'eût frappé sa raison pour le pousser dans les rangs de ceux qu'il a si énergiquement flétris, lequel, à toutes les pages de ses anciens ouvrages, dit : *que les hommes d'aujourd'hui sont des êtres dégradés, dépourvus de tout sens moral et parvenus à un degré de perversité intellectuelle dont on n'avait encore nulle idée; des êtres corrompus qui, trompés par leurs prétendus progrès de lumières, n'ont en propre que leur folie, leur ignorance et leurs crimes; des bêtes féroces, à grossiers appétits, altérées de sang et de forfaits, qui s'égorgent, se confisquent et se proscrivent au nom de la raison transfor-*

mée chez eux en délire farouche et en pitoyable démence, etc.

Voilà donc le bilan intellectuel de notre orgueilleuse humanité à partir du moment où un peu de limon forma son être déchu, jusqu'à ce jour où, remaniée par nos modernes Prométhées, elle va, par sa *propre rédemption*, — style du créateur Proudhon, — devenir parfaite et impeccable. Voilà de grands observateurs qui ne croyant pas à l'existence de la raison humaine, à la perfectibilité croissante et indéfinie de l'état social, à la Genèse et au paradis reconquis de nos nouveaux thaumaturges, affirment au contraire que de tout temps les hommes ont été fous et que parvenus aujourd'hui au dernier degré de la démence et de la dépravation intelleetuelle, ce sont pour la plupart des êtres dégradés et dépourvus de tout sens moral, des misérables altérés de révolutions, de sang et de carnage !

Mais à ces autorités d'un si grand poids ne se bornent pas les preuves convaincantes que la raison humaine s'est éclipsée, ou plutôt qu'elle n'a jamais existé sur la terre, et il en est d'autres que nous tirons directement des fonctions désordonnées auxquelles les hommes livrent leur intelligence.

En effet, une erreur capitale serait de croire que Dieu nous a faits pour penser, raisonner et agir comme nous le faisons ; qu'il nous a donné un cerveau en tout point semblable à celui des autres animaux pour lui apprendre l'A, B, C, pour le bourrer de grec, de latin et de science, pour en faire une manufacture d'idées et de systèmes tels que ceux auxquels nous l'employons si largement. Cette croyance flatte sans doute l'orgueilleuse opinion que nous avons de notre espèce, mais il faut beaucoup en rabattre si l'on invoque les lumières de l'Ecriture et celles du sens commun. Effectivement, d'après la Genèse, Dieu voulait que l'homme restât dans une ignorance complète de toutes choses et c'est pour avoir touché à l'arbre de la science, avons-nous déjà dit, qui n'appartenait qu'au Créateur, qu'Adam et ses descendants furent condamnés aux misères, au faux savoir et aux disputes de ce monde !

Tradidit mundum disputationi eorum.

D'un autre côté, le simple bon sens nous dit qu'à bien considérer nos actions autres que celles rigoureusement nécessaires à la conservation de l'individu et de l'espèce, elles sont toutes un écart de nos facultés intellectuelles et constituent évidemment un véritable état contre nature ou de folie.

Ce n'est pas que nous contestions à l'homme la faculté de penser un peu, plus et mieux que les autres animaux, mais nous croyons sérieusement que nous ne sommes point destinés à penser comme nous pensons aujourd'hui, et que l'entendement humain s'est jeté hors des limites qui lui ont été assignées par le Créateur.

Qu'on nomme cet écart, développement de l'intelligence, *progrès des lumières*, *perfectibilité* ou autrement, peu importe. Le fait est que la raison est l'usage modéré du sentiment intellectuel ou des facultés très-restreintes qui sont l'apanage de l'esprit ; que la sagesse, comme l'a fort bien définie dernièrement un écrivain, *consiste dans le sens commun, en deçà et en delà duquel elle ne peut se trouver*, tandis que la folie, n'est autre chose que l'erreur ou l'abus de l'entendement. Or, si nous tirons une ligne de démarcation entre les facultés purement naturelles qui nous sont propres et celles qui sont factices ou le résultat d'une éducation outrée, le monde moral se trouvera divisé en deux parts très-inégales et nous présentera, d'un côté, le cercle étroit où se meut la raison, et, de l'autre, le vaste champ de la folie.

Quelles sont maintenant les connaissances naturelles qui appartiennent à la première et au delà desquelles elle s'égare?

Au premier abord, il n'est point facile de les distinguer. Rousseau observe même que ce n'est pas une légère entreprise que de démêler ce qu'il y a d'originaire et d'artificiel dans la nature actuelle de l'homme et de bien reconnaître un état qui n'existe plus, qui n'a peut-être point existé et qui probablement n'existera jamais, et dont il est cependant nécessaire d'avoir des notions justes pour bien juger notre état présent.

Mais cette difficulté n'est point aussi grande que le croyait le philosophe de Genève. Chez les animaux, autres que l'homme, les facultés naturelles et nécessaires à leur existence se développent spontanément et d'elles-mêmes. L'essaim qui vient de naître vit dans une société parfaitement organisée et construit son admirable demeure avec autant d'adresse et de précision que s'il existait depuis des siècles. Le castor n'étudie point les règles de l'architecture pour bâtir son joli manoir, et l'enfant qui reçoit le jour, suce très-bien le sein de sa nourrice sans avoir besoin d'apprendre et de connaître les lois de l'hydraulique.

De même, chez les hommes, outre la part de l'instinct de conservation qu'ils possèdent comme tous les autres animaux, il existe bien aussi une certaine intelligence naturelle susceptible de produire parfois de grandes et belles choses, mais en général cette intelligence est fort limitée et pour un qui en jouit par hasard à un degré éminent, il en est des millions d'autres qui ne l'ont pas supérieure à celle de la brute, dont l'esprit est horriblement faux et qui raisonnent comme des sots malgré l'éducation qu'ils ont reçue.

Supposez en effet, qu'un enfant, un singe et un âne, puissent se passer de la mamelle de leur mère et vivre par eux-mêmes. Placez-les séparément dans trois îles désertes comme trois autres Robinson Crusoé. Livrez-les à leur instinct, à leurs réflexions et à leurs appétits jusqu'à ce que l'âge mûr soit arrivé pour chacun d'eux. Eh bien! croyez-vous qu'alors les facultés intellectuelles de l'homme seront bien supérieures à celles des deux autres? Certainement non, parce que l'homme isolé et privé des leçons d'autrui serait peut-être le moins intelligent et le plus misérable des animaux de la terre s'il vivait dans le pur état de nature, — ce qui en passant est un argument en faveur de sa sociabilité forcée — car nous verrons bientôt qu'en toutes choses il a besoin d'un modèle et d'un guide pour acquérir plus ou moins de l'intelligence qu'on suppose innée avec lui. Effectivement, ce qu'il sait, il l'a vu faire ou il l'a appris; seulement, il peut quelquefois le perfectionner, et même le faire mieux que ses maîtres, mais c'est rare et exceptionnel.

Aussi les hommes de génie deviennent-ils tels, bien moins par une organisation privilégiée que par un talent d'imitation, que par leur aptitude à perfectionner, à développer ou à modifier ce que d'autres leur ont appris, et encore, qui dit homme de génie dit un inventeur, non pas un inventeur de drames, de romans, de ballons, d'allumettes chimiques et d'autres belles découvertes de cette espèce, mais un inventeur de choses presque divines et qui seules peuvent honorer l'esprit humain. Or, défini de la sorte, le génie n'est point un attribut de l'homme puisque l'homme n'invente presque jamais rien et que c'est ordinairement le hasard et un long concours de circonstances antérieures qui sont les principales causes de toutes ses prétendues découvertes. Cela est si vrai que nous aurions certainement de la peine à trouver dans l'histoire de tous les siècles une douzaine d'hommes doués d'un véritable génie, et que si de grands hommes tels que Homère, Phidias, Virgile, Cicéron, Michel-Ange, Galilée et Napoléon lui-même eurent celui qu'on leur accorde, ce génie n'eût jamais éclos et fût resté inconnu sans les modèles que le temps forma avant eux, modèles qu'ils imitèrent et purent surpasser.

Peut-être nous opposera-t-on comme preuve des grandes conceptions dont les hommes sont capables, les sciences et les arts qu'ils cultivent. Hélas! nous nous en réjouirions bien sincèrement et nous les accueillerions volontiers si les immenses bibliothèques que nous conservons précieusement n'étaient point un amas d'erreurs et d'absurdités, et si elles pouvaient attester que nous avons enfin trouvé la vérité universelle pour laquelle tant de générations ont fait de si laborieuses recherches; mais malheureusement il n'en est rien, et après des milliers de systèmes tour à tour élevés et renversés et des luttes aussi vieilles que le monde, qui durent encore avec acharnement, nous en sommes parvenus à ce point d'instruction lumineuse, que nos *modernes savants* soutiennent que tout ce qui a été fait avant eux en théologie, religion, morale, politique, philosophie, physique, droit, médecine, belles-lettres et en mathématiques même, ne vaut absolument rien et que la science entière est à refaire.

Dès lors, et s'il a fallu aux hommes six mille ans de travaux, d'études et de recherches pour arriver à ce beau résultat scientifique, que doit-on penser de l'intelligence supérieure qu'ils s'adjugent? et n'est-il pas évident qu'en la mettant à la piste des connaissances chimériques qu'elle ne peut atteindre, ils la fourvoient, l'épuisent et la rendent folle?

Vainement l'on objecterait que l'intelligence humaine, lente et graduelle dans ses progrès scientifiques, ne peut les faire qu'à pas de tortue et que puisque avec le temps elle est parvenue au point de *perfection* où elle se trouve, c'est qu'elle devait *naturellement* y arriver, car l'aptitude qu'ont tous les animaux à apprendre plus ou moins bien certaines choses qui sortent du cercle de leur intelligence et de leurs habitudes, ne prouve nullement qu'ils soient destinés à faire cet apprentissage, et celui qui soutiendrait sérieusement que l'homme est ici-bas pour bailler à la Sorbonne, pour étudier le pathos métaphysique de M. Cousin, pour divaguer à la tribune nationale et pour s'occuper des mille et un riens qui tourmentent son esprit, par la seule raison qu'il est capable de faire tout cela, se trouverait dans la nécessité d'admettre aussi que tous les chiens ont été créés pour devenir des *Munito*, et l'espèce chevaline pour aller danser la polka chez Franconi, puisqu'il est des chiens et des chevaux qu'on élève de la sorte et qui s'en acquittent tout aussi bien que peuvent le faire dans leurs cours nos plus célèbres professeurs du collége de France.

Contrairement à ce que dit Jean-Jacques, il est donc facile de distinguer les facultés ou plutôt les connaissances naturelles de celles qui ne le sont pas. Pour cela, il suffit de considérer comment elles se développent : si c'est d'une manière spontanée, régulière, uniforme, ou si elles sont l'effet d'une éducation préliminaire. Dans le premier cas, se développant par inspiration naturelle et instinct, elles découlent d'une loi générale et immuable qui les rend en tout et partout les mêmes, qui fait qu'elles naissent et s'exercent sur notre hémisphère comme aux antipodes; dans le second, elles n'ont rien de constant ni de nécessaire, elles s'acquièrent plus ou moins difficilement par l'étude, elles varient selon les temps, les lieux, les individus et sont sujettes à une instabilité perpétuelle.

Si, par exemple, nous regardons une fourmilière, nous admirerons l'activité, l'ordre et la prévoyance qui y existent. Nous serons étonnés que ces petits êtres puissent ainsi, depuis que le monde est monde et en France comme en Amérique, en Norwège comme à la Nouvelle-Hollande, se conduire avec une sagesse exemplaire et vivre dans la plus parfaite harmonie, sans autre étude que l'instinct qui les guide, sans autres lois que celle de la raison qu'on leur conteste. Nous sentirons que ces petits insectes-là sont doués de beaucoup d'intelligence, de grandes facultés naturelles et que s'il est sur la terre des animaux destinés à y vivre en société, c'est certainement eux.

Si nous promenons ensuite nos regards sur les divers

peuples qui se disent raisonnables et civilisés, et que nous les voyions, malgré leurs sciences, leurs constitutions, leurs codes, leurs gendarmes et leurs échafauds, malgré la philosophie qui les encourage et la religion qui les console, malgré les efforts inouïs qu'ils font pour se maintenir en paix et en prospérité; si malgré tout cela, disons-nous, nous voyons que ces peuples soient animés de passions haineuses et funestes, que ce qui est juste chez l'un soit injuste chez l'autre, qu'ils conspirent sans cesse contre l'ordre de choses établi et la société dont ils sont membres, qu'ils essaient de tous les gouvernements possibles sans en trouver un seul qui leur convienne, qu'ils se battent et s'égorgent comme des loups, et qu'enfin il n'y ait de durable chez eux que le vice et la méchanceté, nous dirons sans doute que voilà des hommes bien pervers ou bien fous, des hommes qui sont évidemment dans un état contre nature et qui, au lieu de vivre dans des sociétés qui ne sont point faites pour eux, devraient comme les bêtes fauves retourner dans les antres et les bois d'où ils sont sortis mal à propos.

Et remarquez-bien qu'il n'y a de mauvaises et de folles que les connaissances et les institutions de notre fabrique, tandis que celles qui s'acquièrent naturellement sont essentiellement bonnes et conservatrices, que jamais elles ne tournent au désavantage de l'individu auquel elles sont dévolues ni de l'espèce à laquelle il appartient; car c'est la nature qui les lui donne, et l'on sait que tout ce qui émane d'elle est parfait; au lieu que le moindre inconvénient des premières est d'être inutiles, vaines et erronnées, de tyranniser l'esprit, d'épuiser le corps et finalement de devenir souvent entre les mains de ceux qui les possèdent une nouvelle boîte de Pandore de laquelle sortent la plupart des maux qui affligent l'humanité.

Otez en effet au répertoire des prétendues connaissances humaines ses sciences spéculatives, ses arts de luxe, toutes les frivolités qui nous torturent et faussent l'esprit, tels que la philosophie, la jurisprudence, la politique, les belles-lettres, la physique, les mathématiques et l'industrie; brûlez toutes nos bibliothèques et supprimez d'un seul coup les sophistes, les rhéteurs, les pédants, les avocats, les utopistes, les poëtes, les romanciers, les littérateurs, les dramaturges, les comédiens, les artistes, cette multitude de charlatans de toute espèce, qui exploitent notre niaiserie au préjudice de leur véritable vocation, de celle des travaux de la terre qu'ils abandonnent; est-ce que vous pensez que nos affaires en iront plus mal et que nous en serons moins heureux que nous ne sommes? Mon Dieu non. Dans cette hypothèse, vous aurez l'homme dans sa simplicité presque originelle, un être dont l'intelligence extrêmement bornée ne produira que quelques idées relatives à ses besoins de famille; vous aurez l'homme tel que Dieu voulait qu'il fût, l'homme vraiment heureux et raisonnable, vous aurez l'homme de la nature.

En douterez-vous encore? Eh bien! nous vous le demandons de bonne foi : quel est le plus heureux et le plus raisonnable d'un membre de l'Institut que la science absorbe et dessèche, — quand toutefois il travaille, — ou d'un rustre ignorant qui n'a d'autre souci que celui de cultiver son champ, de manger, de boire, de dormir et de faire l'amour? Considérez un peu le premier avec son télescope braqué vers le ciel ou se creusant le cerveau pour trouver une rime, pour composer un discours *improvisé*, imaginant un système pour expliquer ce qui est inexplicable, allant au bout du monde pour faire une découverte insignifiante, suant sang et eau pour composer un ouvrage qui n'a pas le sens commun, et dites-nous s'il n'est pas malheureux, s'il n'est pas bien fou?

Regardez maintenant notre rustre qui ne s'inquiète pas si la terre est ronde ou plate, si le soleil est ou non au centre de l'univers, s'il vaut mieux être en république qu'en monarchie, qui digère fort bien sans thé et sans savoir si c'est par fermentation ou trituration, qui fait de très-beaux enfants sans connaître les divers systèmes sur la génération, qui naît, vit et meurt sans savoir ni comment ni pourquoi, et dites-nous encore s'il n'est pas très-heureux, s'il n'est pas plus sensé que le premier?

« Mais, dira-t-on sans doute, votre système d'obscurantisme nous replongerait net dans l'ignorance des premiers siècles du monde ou tout au moins dans la barbarie du moyen-âge; il nous ramènerait droit à la superstition et à l'absolutisme, nous verrions renaître parmi nous l'inquisition, les bûchers et la Bastille, ces temps abominables auxquels on ne peut songer sans frémir. » Hélas! c'est vrai, puisque nous soutenons que les hommes sont destinés à être torturés par une folie perpétuelle qui ne fait que changer d'objet et de nom, mais, comme en bonne logique, il faut toujours de deux maux nécessaires choisir le moindre et le plus doux, nous estimons, consciencieusement parlant, que les Français étaient infiniment plus heureux et moins fous à l'époque où l'on en brûlait quelques-uns comme sorciers sur la place de Grève et où ils se querellaient entre eux pour la réforme de l'Eglise et pour la *grâce efficace* qu'à celle où plus tard on les guillotinait par milliers, comme aristocrates et royalistes, sur la place de la Révolution, où on les égorgeait en masse *pour le même crime* dans les prisons de la Force et de l'Abbaye qui avaient remplacé la Bastille, où on les brûlait sur la place de la *Concorde*, où on les fusillait et leur coupait le cou sur les barricades du faubourg Saint-Antoine, du Panthéon et des autres rues de Paris. Nous estimons que nos pères étaient beaucoup moins à plaindre quand ils croyaient à la magie et au diable que nous aujourd'hui, hommes savants et éclairés, à qui l'on veut inculquer à coups de fusil et de révolutions sanglantes qu'il faut croire à la *liberté*, à *l'égalité*, à la *fraternité* et à la souveraineté d'énergumènes bien autrement endiablés et fous qu'eux. Nous estimons enfin que la pire des époques qu'on ait vues depuis le commencement du monde jusqu'ici est la nôtre, et que s'il était possible de reculer de dix et de vingt siècles en arrière d'elle, le monde entier devrait s'empresser de le faire.

Telles sont les considérations préliminaires qui, selon nous, démontrent que la raison humaine s'est jetée à plein collier en dehors des limites assignées par Dieu et que semblable au Juif-Errant qui marche à l'aventure, elle avance, avance dans des régions inconnues jusqu'à ce que, arrêtée par l'abîme qui est au bout, elle y tombe et s'y ensevelisse.

Cependant, quelque affligeante que soit une tendance aussi funeste, l'humanité pourrait encore s'en consoler et la vaincre même si le mal se localisait dans les contrées où il règne, en France surtout, et ne s'étendait pas ailleurs; mais malheureusement pour elle que la folie est une espèce de peste et d'épidémie qui se propage par contagion imitative, non-seulement entre individus et dans des corporations entières, mais encore d'un peuple à l'autre, ce qui est un phénomène étrange auquel les observateurs n'ont pas assez fait attention pour discerner la cause d'événements inintelligibles sans cela et notamment pour expliquer la propagation soudaine des mauvaises doctrines qui agitent actuellement l'Europe et le monde.

En effet, on peut poser comme règle générale de notre conduite que l'imitation en est le premier et principal mobile, qu'elle nous moule et nous dirige dès les premiers pas que nous faisons à partir des bras de notre nourrice jusqu'à la fin de notre carrière, car qui ne sait que nous prenons le langage, l'accent, les gestes, les manières, les habitudes, les goûts et les mœurs des personnes qui nous entourent et avec lesquelles nous sommes en rapport? Singes et mimes de notre nature, nous faisons machinalement tout ce que nous voyons faire. Si nous vivons avec des gens raisonnables, nous les imitons; si c'est avec des hommes pervers ou fous, nous les imitons encore, tellement que les uns vis-à-vis des autres, nous sommes de véritables objectifs, autant de miroirs réciproques dans lesquels se reflètent tous nos sentiments, nos gestes et nos actions.

Aussi, en politique, l'exemple de ceux que nous fréquentons décide-t-il ordinairement de notre opinion et tel qui est un républicain effréné pour avoir passé sa jeunesse au milieu des bouquins de la Grèce et de Rome ou auprès de parents et d'amis qui lui ont servi de modèle, serait-il un ardent royaliste, voire un esclave paisible ou même un sauvage indomptable, s'il avait vécu avec ceux qui s'estiment heureux dans l'une ou l'autre de ces trois conditions plus ou moins civilisées.

Cependant on ne peut pas dire qu'une pareille inclination à imiter les habitudes et les mœurs de notre entourage, soit déjà la folie contagieuse dont nous voulons parler, puisque par sa nature, elle est inhérente à notre organisation et à l'éducation première que nous recevons, mais elle annonce cette grande impressionnabilité qui plus tard, et le cas échéant, est susceptible de nous faire tourner la tête et de nous porter à imiter des choses beaucoup plus graves qui constituent une véritable insanité d'esprit et même une maladie corporelle.

Et pour en citer quelques exemples, nous n'aurons certes pas besoin de fouiller dans l'histoire et d'en exhumer des épidémies morales de politique, de guerres, de sciences occultes, de suicides, de maladies nerveuses et de cent autres folies épidémiques frappant des peuples entiers et se communiquant à leurs voisins, quand depuis soixante-deux ans, nous figurons nous-mêmes comme acteurs et témoins dans une tragédie imitative tout aussi délirante que ces faits anciens dont les annales du monde sont pleines et sommes par conséquent assez riches de notre propre fond pour en trouver dans nos archives.

Effectivement, que fit la France en 1789? Imitant dans un accès de folie insurrectionnelle les anciennes révolutions parlementaires de sa rivale d'outre-Manche, elle se figura qu'elle était esclave de quelques privilèges insignifiants et qu'elle devait conquérir une liberté chimérique.

Que fit la République de 93? Grotesque et atroce imitation des républiques d'autrefois, elle eut comme elles ses Saturnales, ses Brutus et ses Cromwel.

Que fit l'Empire? Tout réparateur et grand qu'il était, son règne phénoménal se laissa aller à une ambition démesurée et imita celui des Alexandre, des César, des Charlemagne et des Louis XIV.

Que fit Louis XVIII? Anglomane par circonstance et par goût, il eut la folie de nous *octroyer* un nouveau germe de révolution en imitant dans son absurde charte le gâchis constitutionnel de ses hôtes.

Que fit Napoléon en 1815? Oubliant son 18 brumaire qui avait sauvé la France, et répudiant un pouvoir presque absolu qui avait illustré son règne et qui seul pouvait le lui faire continuer, il eut la faiblesse, pour ne rien dire de plus, de convoquer un Champ-de-Mai, d'adopter le gouvernement parlementaire de Louis XVIII, et de le rendre même encore plus libéral avec son funeste acte additionnel aux constitutions de l'Empire, triple faute qui le perdit bien plus que le désastre de Waterloo, et l'envoya sur le rocher de Ste-Hélène.

Que fit l'opposition constitutionnelle sous la Restauration? Elle imita la Montagne de 93, agita pendant quinze ans la France du haut de sa tribune démagogique, conspira contre la royauté, eut son 10 août et renversa une seconde fois le trône, moins cependant le dénoûment de la guillotine qui fut remplacé cette fois par le port de Cherbourg et par la colonne de Juillet.

Que fit la chambre souveraine de 1830 ? Toujours composée des mêmes fous qu'avant, elle fabriqua sa *charte-vérité* sur le patron mutilé de celle de 1814, et lia les pieds et les mains du nouveau roi, *son sujet*, de telle sorte que ce malheureux monarque devait régner sans gouverner, boire le calice jusqu'à la lie et aller finalement mourir exilé à Claremont.

Que fit l'opposition pendant le règne de Louis-Philippe ? Elle continua de batailler contre le *pouvoir royal*, de donner des banquets révolutionnaires, d'exciter des émeutes, d'armer six ou huit fois le bras régicide de quelques misérables, non pour triompher comme en 1830, mais pour se faire piteusement chasser par la République de 1848.

Et qu'a fait cette république jusqu'à la bonne et solide correction du 2 décembre ? Elle a tant bien que mal imité les errements de défunte sa sœur et ceux de la république des Etats-Unis d'Amérique, en attendant que ses grandes destinées s'accomplissent.

Que faisaient les *honorables* de la haute Montagne ? Ils se faisaient honneur et gloire d'imiter leurs charmants devanciers, Robespierre, Danton, Marat, St-Just et compagnie.

Que faisaient ceux des étages inférieurs ? Ils imitaient les Girondins, moins l'énergie, la conviction et le talent.

Que faisaient les membres de la droite ? Tâchant d'imiter les Cazalès, les Duport, les Maury et autres orateurs royalistes de la première révolution, sinon pour l'éloquence, au moins pour le geste véhément et l'intonation dramatique, ils faisaient comme les sénateurs du

Bas-Empire au moment même où les barbares allaient s'emparer de Rome, et, au lieu de s'entendre pour les repousser, ils se querellaient entre eux sur le choix d'une dynastie, lorsque César, qu'ils se proposaient de jeter au bas de la roche Tarpéïenne, passa héroïquement le Rubicon, les mit à la porte et dispersa les Barbares, ce qui fut un tour *admirablement joué*.

Que faisait l'Assemblée nationale tout entière? Oh! c'était curieux, vraiment curieux pour les amateurs de comédie parlementaire! On y voyait 750 représentants qui imitant assez bien ceux de l'ancien Directoire, et se divisant en une vingtaine de partis commandés par un chef de file, murmuraient, applaudissaient, riaient, toussaient, crachaient, grognaient, trépignaient, frappaient leur table d'un couteau de bois en criant : *très-bien! très-mal! oh! ah! assez! non! silence! à l'ordre! la clôture!* et poussant d'autres exclamations parlementaires toutes aussi harmonieuses, tandis qu'un pauvre diable d'orateur se morfondait vainement à la tribune pour se faire écouter, avalait son verre d'eau sucrée et finissait par se croiser les bras et s'adosser contre le bureau du président, en attendant un moment de calme pour glisser quelques mots au milieu de la tempête. On y voyait — comme au beau temps du *Forum* romain — on y voyait la plupart de ses membres qui, dans un état d'agitation furieuse, s'interpellaient, s'injuriaient, se montraient le poing et s'en servaient quelquefois pour vider le débat, sans que, ni les rappels à l'ordre, ni les épigrammes à brûle-pourpoint, ni le tintement d'une énorme sonnette, ni la censure, ni l'expulsion de l'assemblée, ni enfin le couvre-chef du digne successeur des

Bally et des Boissy-d'Anglas pussent faire cesser ce scandaleux vacarme législatif.

Que font depuis 37 à 38 ans tous les rois constitutionnels de notre continent? Démoralisés par l'épidémie régnante du libéralisme, incapables de porter résolument le sceptre que la providence a placé entre leurs mains, ils font comme nos derniers rois ont fait et montent sur le trépied vermoulu de l'Angleterre pour y chanceler, jusqu'à ce qu'une révolution inévitable et définitive les renverse.

Que font actuellement les royalistes constitutionnels de France? Tous ensemble atteints d'une folie incurable, ils s'accordent, malgré leur triple culbute, à vouloir remonter sur ledit trépied anglais, mais les uns avec la royauté de 1814 et les autres avec celle de 1830.

Que font les socialistes de tous les pays? Nouveaux Gracchus, bandits et pillards en perspective, ils imitent la folie de Babeuf, de Maréchal et des autres niveleurs de notre première République.

Que font enfin la plupart des peuples de l'Europe depuis l'an de grâce 1848? Le voici :

Le 24 février au matin, comme vous savez, Paris se réveilla royaliste et prit tranquillement son café, sans imaginer que la monarchie pût périr. Après le déjeuner, une poignée de misérables et d'insensés, le rebut de sa population, eut la criminelle et sanglante fantaisie de renverser le trône de nos rois pour acclamer sur ses débris une république à laquelle, la veille même, nul ne songeait et dont d'ailleurs personne ne voulait. Les parisiens surpris, stupéfaits, fascinés comme le pauvre oiseau qui se précipite dans la gueule béante d'un serpent, l'acclamèrent aussi et se couchèrent républicains. Le lendemain, le télégraphe en porta la nouvelle aux quatre coins de la France, laquelle atteinte et saisie en moins de vingt-quatre heures par l'esprit de vertige parti de Paris, *imita* les parisiens et se fit républicaine.

Soudain et comme par l'effet d'une commotion électrique, l'écho républicain se fait entendre dans presque tous les états de l'Europe. Aussitôt, on y arbore l'étendard de la révolte; on y hurle des chansons patriotiques, chaque borne de carrefour y devient une tribune nationale; la scène de la rue des Capucines s'y renouvelle, elle va même plus loin, faute d'une porte de derrière; on y pend un ministre, on y en poignarde un autre, on y met sept à huit souverains en fuite, on y pille les palais, on y égorge les serviteurs dévoués, enfin tous les trônes y tremblent et s'y écrouleraient aux mêmes acclamations sauvages et révolutionnaires, si de braves soldats, si de fidèles et vaillants généraux ne tiraient leur épée pour combattre et vaincre l'anarchie.

Mais là ne s'est pas arrêtée la folie politique qui des bords de la Seine a si rapidement pris son essor jusqu'aux extrémités de l'Europe. Toujours les yeux fixés sur la France, foyer d'irradiation des idées *avancées*, ces avides plagiaires d'outre-frontières, la considèrent et l'épient attentivement, depuis lors, pour imiter ses élucubrations sociales, *ses tours de main* et les traduire en pantomime, dans leurs propres foyers. Sort-il de la tête de ses réformateurs un système bizarre et absurde, ils s'empressent de l'accueillir et de le répandre chez eux avec notes additionnelles et illustrations; y paraît-il un manifeste démagogique et incendiaire, aussitôt leurs presses clandestines le reproduisent et le lancent partout où il peut produire son effet; y éclate-t-il des émeutes, des attentats comme celui du 15 mai ou des journées sanglantes, telles que celles du 23 juin, ils s'en frottent les mains d'aise et s'apprêtent à avoir les leurs; enfin leurs frères et amis de France organisent-ils des banquets, des clubs, des manifestations, des réunions secrètes et des conspirations pour chasser les rois, pour exterminer et piller la bourgeoisie, eux-mêmes, comme ces démons subalternes qui sont placés sous l'influence imitative de Lucifer, en font autant et répètent ce que ces mauvais génies exécutent.

Il n'est donc que trop certain que par l'effet d'une épidémie morale et imitative, les peuples en masse comme les individus en particulier, sont susceptibles de perdre la raison et de devenir fous sous l'empire qu'ils sont d'une idée fixe qui les tourmente comme fait aujourd'hui la politique parmi eux, et comme vient de le prouver un docteur en médecine d'Allemagne, en soutenant en pleine académie une thèse intitulée : *De morbo democratico, novâ insaniæ formâ*. C'est alors une frénésie universelle, une espèce de fièvre chaude et continue pendant laquelle semblables à ces insensés qui se figurent être poursuivis par un vampire ou avoir le diable dans le corps, ils crient à la persécution, à la tyrannie, à l'esclavage et se livrent à toute sorte de contorsions pour se débarrasser de cet ennemi imaginaire. Mais ce qu'il y a de plus déplorable dans leur situation est l'impossibilité où l'on se trouve de les guérir, car s'il est possible de mettre quelques fous isolés en traitement, il ne l'est pas de donner la douche et d'appliquer la camisole de force à une nation tout entière. La seule chose qu'on puisse et qu'on doive raisonnablement faire en cette déplorable conjoncture est, après les avoir mis en tutelle, de leur interdire le libre exercice de leurs droits politiques, s'ils en ont, et de suivre à leur égard les conseils que nous donnons dans les conclusions et la recette qui terminent cet opuscule.

Mais pour compléter notre introduction à la Politicomanie, reste encore à dire un mot de deux autres phénomènes non moins singuliers que celui qui précède et à produire le tableau statistique de tous les fous de l'Europe.

Le premier consiste dans un signe organique de la folie politique, dans une énorme protubérance osseuse qui depuis une soixantaine d'années seulement s'est manifestée sur la tête de tous nos hommes d'Etat. Chacun sait, en effet, que d'après les observations de Gall et de Spurzheim, la surface du crâne est parsemée de petites bosses qui indiquent les penchants et les qualités bonnes ou mauvaises que nous avons. Or, un habile phrénologiste de nos amis qui depuis quarante ans a ramassé une précieuse collection de cinq à six cents têtes de fous et qui a palpé celles de toutes nos célébrités politiques, notamment de tous les principaux députés et représentants qui ont figuré et figurent encore dans nos assemblées législatives, a constaté que chez tous, sans exception aucune, la bosse de la politique, loin d'avoir un siége particulier à l'instar des autres bosses, tendait au contraire à absorber celles-ci, à arrondir et à boursouffler le crâne comme un ballon. Cependant, d'après lui, cette invasion étrange de la protubérance politique n'est pas tellement avancée qu'on ne puisse encore reconnaître un peu chez nos honorables les inclinations particulières qu'ils joignent à leur ardent amour pour les affaires publiques. Ainsi, chez bon nombre des citoyens de l'ex-montagne, il a trouvé les bosses de la révolte, du désordre, du carnage, de la destruction, de la ruse et de l'impiété. Chez quelques-uns, la bosse de la loquacité, et chez beaucoup, celle du mutisme oratoire et de l'interruption parlementaire.

A droite et au centre, au contraire, il a constaté qu'à part les anciens chefs de l'opposition royaliste, tels que MM. O.-B...., T....., et leur brigade dont la tête est aussi prodigieusement gonflée, la bosse de la politique a fait peu de progrès et s'allie d'une manière très-sensible à celles de l'ordre, du courage et de la fidélité, mais en se confondant toutes ensemble avec les bosses de l'inconséquence et de l'entêtement constitutionnel.

Quant à quelques têtes bizarres sur le compte desquelles nos lecteurs seraient peut-être bien aises d'avoir aussi des renseignements, nous ne citerons que celles de MM. de L...., V.-H.... et E.... de G...., qui ont offert à l'inspection de notre savant phrénologiste, outre la bosse de la politique démesurément grosse, celles de l'orgueil déçu, de l'inconséquence et de la versatilité, lesquelles avec les bosses d'une poésie rentrée chez les deux premiers et d'une palinodie fabuleuse chez le dernier, forment de leur crâne l'amalgame le plus grotesque qu'on puisse voir.

Il est vrai que parmi les protubérances signalées par Gall au commencement de ce siècle, celle de la politique ne s'y trouve pas, mais on en conçoit facilement la raison. En effet, alors la politique n'était pas à l'ordre du jour et si ce grand observateur s'était avisé de lui faire jouer un rôle dans son système, Napoléon, qui n'entendait pas raillerie sur ce chapitre et qui ne voulait reconnaître à ses peuples d'autres bosses que celle de la gloire et des conquêtes, Napoléon lui aurait assurément fait un très-mauvais parti. Dès lors, Gall se tut ou plutôt ne put reconnaître une protubérance qui, bien que datant de 1789, avait été violemment comprimée par le grand homme et ne laissait presque plus de traces.

Et à propos de toutes ces bosses d'où partent nos divers penchants et qui ont une si remarquable analogie avec les autres bosses que nous portons ailleurs, nous serions encore à même de citer un orthopédiste fameux qui, voyant qu'avec le secours de son art on peut dresser les bossus et faire marcher les boîteux, a eu l'ingénieuse idée de l'appliquer aux gibbosités de la tête et de fonder prochainement un établissement spécial dans lequel on traitera par la compression méthodique, celles de ces vilaines bosses qui nous font faire tant de sottises. Il compte donc sur la clientèle de certains ex-représentants, mais comment pourra-t-il persuader aux malades de cette espèce, aux utopistes et aux bavards par exemple, que leur folie se trouve renfermée dans une petite bosse osseuse moins grosse qu'une noisette, et qu'en enfonçant cette petite bosse il rendra la raison aux uns et paralysera la langue des autres?

Le second phénomène qu'il est bon de mentionner ici est celui de l'influence lunaire sur les fous, car nous ne sommes point de l'avis des esprits forts et incrédules, qui prétendent déshériter la lune de son antique influence sur les choses de ce monde, particulièrement sur les cervelles humaines. En effet, malgré l'observation de tous les temps et l'extravagance périodique de bien de nos contemporains dont le génie plane dans les régions supérieures, de savants auteurs en matière de folie soutiennent que le satellite de la terre est sans action sur les fous et que ce n'est que sa pâle clarté qui offusque ces Messieurs. Mais l'on ne nous persuadera jamais qu'un corps qui a 2139 lieues de circuit et qui n'est qu'à 80 mille lieues de la terre, qu'un globe qui se presse et s'attire constamment avec elle au point de soulever l'immense surface des mers et d'exciter les orages, la tempête et toutes nos vicissitudes atmosphériques, puisse être sans aucune influence sur un petit morceau de cervelle tel que le nôtre.

D'ailleurs, l'incrédulité ne doit-elle pas cesser lorsque l'évidence devient mathématique? Or, des calculs faits par plusieurs observateurs dignes de foi, notamment par l'abbé Bertholon, démontrent que c'est principalement aux nouvelles et aux pleines lunes que les fous entrent en fureur, et que c'est à ces mêmes époques que les morts subites et les coups de sang deviennent plus fréquents.

Si donc il est prouvé que certaines phases de la lune ont une action directe et excitante sur le cerveau des individus pris isolément, il n'y aurait certes rien d'impossible qu'elles n'exerçassent aussi une influence pernicieuse sur les masses d'hommes qu'on appelle *peuples*, et qu'elles n'y produisissent ces agitations intestines, ces grands bouleversements qu'on nomme *révolutions*.

Mais c'est aux chronologistes du jour qu'il appartient de compulser les anciens calendriers et de rechercher si les principaux évènements de ce monde ne se rapportent pas aux époques présumées influentes. Pour nous, nous nous contenterons d'ouvrir les almanachs de 1830 et de 1848, et de faire remarquer que les révolutions de juillet et de février éclatèrent tout juste un jour de premier quartier....., que celles de Bruxelles, de Varsovie, de Bologne, de Modène, de Vienne, de Rome, de Naples et autres, coïncidèrent aussi avec cette phase de l'orbite lunaire. Nous observerons encore que c'est toujours sous cette phase malfaisante et obscure d'un astre dont les amants et les voleurs seuls ont à se louer, qu'on a vu surgir les émeutes, les manifestations séditieuses, les conspirations et les comptes-rendus révolutionnaires de certains fous officiels ou apocryphes qui résidaient et résident encore à Paris, à Londres, à Genève, à Belle-Isle, à Lambessa, à la Guyane, aux Etats-Unis et dans tous les repaires socialistes de l'Europe. Enfin, comme dernière observation fort remarquable, nous ajouterons que c'était toujours à ces époques critiques que les séances de l'Assemblée nationale devenaient agitées et tumultueuses, qu'elles faisaient trembler la France et l'Europe, comme ces marées montantes et orageuses qui périodiquement soulèvent et épouvantent les vaisseaux qu'elles portent. Or, que faut-il de plus pour démontrer que l'influence de la lune n'est pas étrangère aux folies de ce monde et que les fioles de l'Arioste réagissent évidemment sur ses malheureuses destinées....!

Mais assez sur les pauvres fous ambulants qu'on ne peut malheureusement pas mettre au cachot — à moins qu'un bon décret ne les y envoie. — Assez sur ces monomanes incorrigibles qui courent librement les rues, les cafés, les banquets, les clubs et les lieux souterrains; qui fabriquent de la poudre et des balles pour organiser la société, et parlons un instant de ceux qui, atteints de la grosse folie et enfermés aux petites maisons, le sont souvent moins que les autres.

Autrefois, dans le bon vieux temps où la politique n'inquiétait l'esprit de personne, ces fous-là étaient fort rares et leur petit nombre n'exigeait que quelques cachots dans une ville telle que Paris, ce qui prouve incontestablement que sous le pouvoir absolu de nos rois, les cervelles étaient bien plus tranquilles et plus heureuses que sous celui de notre aimable souveraineté. Notez même qu'ils étaient beaucoup moins fous que ceux qu'on laisse libres aujourd'hui, et que gentils, charmants dans leurs excentricités, on les admettait volontiers à la cour pour y amuser d'augustes et très-raisonnables personnages. Mais autres temps, autres mœurs, et, grâce aux droits de l'homme proclamés et mis en pratique par notre première république, Charenton et tous les cachots de la France se sont peuplés d'un personnel tellement considérable et toujours croissant, que, sur l'insistance du président Dupin à l'une des séances de l'Assemblée nationale de 1850, le gouvernement républicain qui, comme de raison, doit soutenir l'existence, nous dirons même le confortable de ses frères captifs, fut obligé de leur accorder des secours extraordinaires, et qu'encore dernièrement l'administration des aliénés de Paris s'est vue dans la nécessité, pour dégorger ses hospices qui sont encombrés, de diriger un convoi considérable de fous sur la petite ville de Bourg-en-Bresse.

Aussi le diable et les révolutionnaires aidant, la

France entière ne peut-elle tarder de devenir complètement folle, car comment ses plus fortes têtes et celles de l'Europe ne partiraient-elles pas au milieu de la tourmente qui les agite depuis 62 ans, quand l'énergie libérale d'hommes aussi solidement trempés que l'étaient les Mirabeau, les Benjamin Constant, les Foy, les Casimir Perier, les Manuel, les Camille Jordan, les Garnier-Pagès et tant d'autres, s'est éteinte avec leur vie, on pourrait dire avec leur raison, dans les luttes politiques qu'ils eurent à soutenir !

Il résulte effectivement d'un tableau statistique déjà un peu ancien puisqu'il remonte à 1829, que l'on comptait alors en France 25,083 aliénés détenus, ce qui donnait environ 60 aliénés par cent mille habitants, mais il est certain que depuis lors leur nombre a augmenté d'une manière effrayante, du double au moins, et que chaque année, on est obligé d'agrandir les nombreux établissements affectés à leur détention, comme on fait également dans les autres Etats de l'Europe chez lesquels, à la même époque, le nombre de ces malheureux était en Angleterre, de 26,352; en Italie, de 10,785; en Hollande, de 7,951; dans le nord de l'Europe et de l'Allemagne, de 5,441; et en Espagne, de 312; total, 75,924 aliénés dont le nombre depuis 22 ans s'est accru de moitié et peut être évalué aujourd'hui à près de 153 mille pour toute l'Europe.

Et une nouvelle preuve de l'influence de nos institutions sociales sur la folie, est, comme on le voit, que celle-ci a une prépondérance très-sensible dans les Etats plus civilisés que les autres et que cette influence se fait sentir dans nos départements de France où le nombre des aliénés est en raison directe de leur plus ou moins de civilisation ou de corruption, pour parler plus juste. Ainsi, il est constaté par des tableaux comparatifs de leurs aliénés, que les départements de la Seine, de la Seine-Inférieure, de Maine-et-Loire, du Nord, de la Meurthe, des Bouches-du-Rhône, etc., ont beaucoup plus d'aliénés que ceux des Pyrénées-Orientales, des Ardennes, des Landes, des Hautes-Pyrénées, de la Creuse, des Hautes-Alpes et même du Rhône, où l'on exerce plutôt les bras que la tête.

Est-ce en effet que chez les sauvages il y a des fous? Y voit-on de ces êtres malheureux qui sont la honte et l'affliction de l'espèce humaine, de ces pauvres créatures qu'on est obligé d'enfermer comme des bêtes féroces? Non assurément. Donc la folie ne s'observe que chez les peuples civilisés, et c'est une maladie purement sociale qui peut servir de thermomètre pour indiquer leurs progrès intellectuels, témoin Athènes et Rome où il n'y eut jamais tant de fous qu'à l'époque de Périclès et d'Auguste, c'est-à-dire qu'au temps qu'on est convenu de regarder comme celui de leur plus grande splendeur; témoin toutes les nations nouvelles des deux mondes où la folie marche de pair avec la civilisation, et pour lesquelles les hospices d'aliénés sont l'accessoire obligé de leur Sorbonne, de leur Institut et de leur tribune.

Si enfin, pour tirer le rideau sur ce spectacle désolant, nous calculons maintenant le nombre des fous libres dont il a été question plus haut, c'est-à-dire de ceux qui sont en proie à une manie quelconque, mais plus particulièrement à la folie politique, nous pouvons sans exagération le fixer à 99 maniaques sur 100 individus ou aux quatre-vingt-dix-neuf centièmes de la population totale de la France, ce qui, pour une population de trente-cinq millions d'âmes, donne trente-quatre millions six cent cinquante mille maniaques et trente-cinq mille individus seulement possédant pleinement leur bon sens et leur raison. Mais il est juste d'observer que, comme pour les fous de la précédente catégorie, le nombre de ceux-ci ne se divise pas également entre les divers départements de la république et se trouve bien plus considérable dans les grands centres de population, tels que Paris, Rouen, Lyon, Marseille et autres villes *avancées* où l'on s'occupe beaucoup du *progrès social*, que dans les autres régions noircies par la statistique de M. Charles Dupin, où malheureusement pour les maisons de fous, la civilisation et les *lumières* sont encore considérablement *arriérées*. Aussi Paris a-t-il l'éminent avantage de réunir à lui seul plus de fous de cette espèce que nos 86 départements réunis, avantage que Londres possède aussi à l'égard de l'Angleterre, car Londres est le Bedlam de celle-ci, comme Paris est le Charenton de la France.

C'est donc encore là une des prééminences incontestables que notre Babylone moderne a sur toutes les autres villes du monde, comme leur reine en folie, et si quelque chose doit nous étonner au milieu des immenses privilèges dont elle jouit, ce n'est pas à coup sûr celui-là, puisque Paris étant, comme le disent ses admirateurs, l'*âme et le cerveau* de la France, il est tout naturel qu'à ce titre les fous de toute espèce y abondent et y soient en majorité tant à l'air libre qu'à Charenton et dans toutes les maisons de santé qui embellissent cette charmante capitale à laquelle, en terminant notre article, nous souhaitons bien sincèrement que Dieu rende enfin la raison et la paix, dont elle, la France et l'Europe ont un si grand besoin pour sortir de l'anarchie déplorable où une folle politique les avait naguères plongées.

PREMIÈRE FOLIE POLITIQUE.

Elle fut dès 1789 :

1° De croire qu'à cette époque l'ancien régime était tyrannique et ne valait absolument plus rien ;

2° D'opérer notre première révolution pour renverser la monarchie et nous jeter dans les excès d'une liberté effrénée.

> Une révolution est un des plus grands malheurs dont le ciel puisse affliger la terre.
>
> NAPOLÉON.

VOYONS, Citoyens révolutionnaires, causons un peu de cet ancien régime dont le nom seul vous donne des crises de nerfs et vous apparaît comme ces revenants et ces loups-garou qui font peur aux enfants. Peut-être que si vous êtes dans un de vos moments lucides, nous finirons par nous entendre..... Seulement vous excuserez notre franc parler et nos boutades : c'est une vieille habitude de laquelle nous ne pouvons plus nous corriger.

Vous pensez donc que l'ancien régime renversé si

inconsidérément par la révolution de 89 était une chose bien tyrannique, bien humiliante, bien détestable? — Certainement, répondrez-vous. Est-ce que par hasard vous voudriez soutenir le contraire?

Tout juste! parce que en conscience nous croyons que l'ancien régime valait beaucoup mieux que le nouveau et que nous ne sommes pas du grand nombre de ceux qui, le pensant au fond du cœur, sont assez sots pour ne pas oser le dire tout haut, peut-être vous autres pour les premiers. Causons donc de sang-froid et surtout ne nous fâchons pas.....

— Inutile, fort inutile, direz-vous sans doute; est-ce que vous auriez la prétention de vouloir ressusciter et réhabiliter dans l'opinion publique cet ancien régime qui a rendu nos pères si malheureux; qui a tant fait de mal à la France et qui finalement est mort et enterré depuis plus de soixante ans?

Un moment! Comme nous, vous devez un peu connaître l'histoire de notre pays et savoir que pendant quatorze cents ans et sous soixante-dix rois successifs, compris Louis-Philippe, la France posséda la plus belle monarchie de l'univers et que nul autre peuple ne s'éleva à un plus haut degré de prospérité et de gloire que le peuple français. Sans doute que cette antique et superbe monarchie eut ses imperfections et ses défauts puisque toutes choses au monde ont les leurs, même votre république, mais cela ne lui empêcha pas, quoi que vous en puissiez dire, de faire le bonheur de la France, car la France n'était certes pas monarchique malgré elle, et si elle avait voulu d'une république taillée sur le modèle de celles qui l'avaient précédée chez d'autres peuples ou sur les républiques contemporaines qu'elle avait sous les yeux, c'eût été bien plus facile pour elle de l'adopter volontairement qu'il ne l'a été pour vous autres révolutionnaires modernes de lui infliger deux fois la vôtre par trahison et par surprise.

Hélas! oui, au milieu de sa prospérité, au sein même de ses triomphes, la monarchie française éprouva parfois de cruels revers et eut des mauvais jours, mais est-ce que votre règne démocratique a toujours été heureux et couleur de rose? Oui, on peut lui reprocher de s'être quelquefois dans sa longue carrière écartée de la bonne voie et d'avoir fait quelque mal — mal du reste bien léger en comparaison de ses bienfaits — mais est-ce que, comme vous le disait naguère l'illustre orateur de la légitimité, vos révolutions n'en ont pas plus fait en quatorze ans à la France, qu'elle, monarchie, ne lui en fit en quatorze siècles? Oui, la monarchie eut de loin en loin des guerres civiles, quelques hommes méchants qui lui nuisirent, qui la sacrifièrent à leur ambition et à leur haine; elle essuya plus d'un désastre, mais en revanche, que d'hommes illustres elle produisit, que de conquêtes et de journées mémorables immortalisèrent son histoire, que de grandes choses elle fit, que de prodiges elle enfanta......! Et puis vous autres révolutionnaires, êtes-vous donc sans tache et sans reproche comme son brave chevalier Bayard? Des journées néfastes n'ont-elles jamais souillé vos lauriers? — entre vous, ne vous êtes-vous pas battus, proscrits, égorgés comme des tigres et des sauvages? Voyons, faites-nous un peu connaître le bien que nous fit votre première révolution, quels furent les grands hommes qui en sortirent? Hélas!

bientôt nous répondrons pour vous à cette triste question, et en attendant nous vous dirons seulement que ses hauts faits furent presque tous des crimes, et ses grands hommes des dupes, des niais ou des scélérats, à l'exception d'un seul cependant, du héros du 18 brumaire qui la traita comme vous savez et qui eut la gloire de l'immoler à la haine et à la vengeance de son pays.

Mais, allez-vous vous écrier, la féodalité, les impôts, le clergé, les moines et les mauvais rois de votre ancien régime, comment pourrez-vous les justifier? Comment! Voici ce que nous avons à vous en dire.

D'abord, pour la féodalité, vous devriez vous prosterner devant elle et l'encenser, puisque elle fut une bonne et belle république, aristocratique et fédérative, il est vrai, mais enfin une république implantée par la conquête et l'abus au milieu de la monarchie. En effet, vous savez ou vous ne savez pas que déjà dans le sixième siècle, il y avait en France trois espèces de terres possédées à divers titres : 1° celles dites *allodiales* que les Francs avaient conquises et s'étaient partagées ; 2° celles appelées *bénéficiaires* dont les premiers rois de France avaient fait cadeau à leurs dignitaires pour les récompenser des services qu'ils en avaient reçus ; 3° et enfin celles nommées *tributaires* par opposition aux autres qui étaient franches, lesquelles terres tributaires furent laissées aux vaincus à la charge par eux de payer aux vainqueurs certaines redevances. Or, il arriva que les possesseurs de ces deux premières espèces de terres les divisèrent en une multitude de fiefs jouissant des mêmes priviléges que ceux des titulaires primitifs et que tous les possesseurs de ces fiefs devinrent libres et indépendants dans leurs domaines respectifs, sans autre obligation que celle de se rendre hiérarchiquement hommage et de fournir à certains besoins de l'Etat, particulièrement à ceux de sa défense, tandis que, de leur côté, les possesseurs tributaires continuèrent d'être assujettis à la redevance et devinrent des serfs, mais des serfs beaucoup plus libres que ceux des républiques anciennes que vous imitez si mal.

Constituée sur ce pied, la féodalité française était donc une véritable république qui, comme celle de Rome, avait ses consuls dans la royauté; ses patriciens, dans les seigneurs; ses préteurs, dans les baillis et les sénéchaux; ses tribuns, ses censeurs et ses édiles dans ses *Missi Dominici* institués par Charlemagne; ses questeurs, dans les châtelains, et enfin ses esclaves dans les serfs dont nous venons de parler.

Que si vous trouvez, Citoyens, que cette république-là était beaucoup trop aristocratique et défectueuse pour des hommes tels que nos pères, nous vous répondrons que cependant elle fonctionna un peu mieux que les vôtres, qu'elle fut l'époque de nos temps héroïques, qu'elle engendra la chevalerie et une pépinière de familles illustres d'où sortirent les plus grands noms de France; qu'elle contribua pour beaucoup à nos magnifiques conquêtes, que d'elle naquirent le premier germe de notre littérature, ces mœurs courtoises et aimables qui nous distinguaient de tous les autres peuples de l'Europe, et qu'enfin elle vécut neuf siècles à partir du règne de Chilpéric jusqu'à celui de Louis XI, pendant que votre première république de 92 ne put, au milieu d'horribles convulsions, arriver à l'âge de douze ans, et que celle de 1848, tout aussi mal constituée que son aînée et à peine parvenue à son quatrième printemps, allait tomber dans une épouvantable anarchie, sans le bras vigoureux de son Président qui l'a relevée et établie sur une base plus solide.

Quant à ce qui touche la servitude féodale à laquelle furent condamnés ses tributaires, servitude qui vous offusque tant et semble justifier vos imprécations contre l'ancien ordre de choses, est-il bien vrai qu'elle fut aussi odieuse que vous le dites?

Ignorez-vous, et les historiens impartiaux du temps l'attestent, ignorez-vous que la plupart des seigneurs étaient les amis et les bienfaiteurs de leurs vassaux? Que ceux-ci ne se plaignaient nullement de leur soumission et des charges qu'ils supportaient; qu'au contraire ils aimaient et respectaient le régime féodal dont ils étaient les serviteurs dévoués et que ce ne furent point les véritables vassaux de 89 qui se révoltèrent contre le trône et la féodalité expirante, mais des seigneurs ruinés, des prêtres apostats et des mandataires infidèles?

D'ailleurs vos doléances posthumes là-dessus seraient-elles fondées; la servitude féodale aurait-elle été aussi oppressive et aussi insupportable que vous le prétendez, que pour notre compte nous aimerions encore mieux aujourd'hui être serfs, corvéables, taillables à merci et *vilains* à perpétuité sous sa bannière pittoresque, que d'être obligés de vivre sous le drapeau rouge que vous annoncez et d'endurer une tyrannie bien autrement cruelle et humiliante, celle de nous voir absolument dégradés de notre titre d'homme et d'être attachés comme des bêtes de somme à la glèbe du socialisme, car, puisque nous venons de prononcer le mot de *glèbe*, nous vous dirons que la glèbe féodale, loin d'avoir un caractère aussi abject et brutal que vous vous le figurez, était une mesure de haute et sage politique qui empêchait aux cultivateurs de déserter la charrue, comme ils font aujourd'hui, pour aller dans les grandes villes exercer de funestes industries, ou, ce qui est bien plus déplorable encore, pour s'y livrer au vice et au vagabondage.

Au surplus, ces prétendus esclaves-là, ainsi que l'observe un auteur fort compétent, — étaient des cultivateurs ordinaires qui partageaient les fruits. Libres dans le détail de leurs actions, ils acquéraient; et plusieurs rachetaient ce qui manquait à leur liberté avec les biens qu'ils gagnaient dans cette demi-servitude. Pourquoi donc penserait-on que la *nature humaine était avilie dans la plupart de ces individus* et ne se fait-on pas une idée plus juste de la condition où ils étaient, si on se représente des colons perpétuels auxquels on ôtait une ambition inquiète pour leur donner l'aisance et le bonheur? *felices sua si bona norint agricolæ.* Ce que Virgile exprimait aussi à l'égard de l'empire romain, où l'esclavage de la glèbe était généralement établi, en disant *qu'on ne pouvait distinguer le maître de l'esclave, tant leur vie était douce et leurs rapports affectueux* (1).

Mais après tout, Citoyens, à quoi bon évoquer l'ombre de notre ancienne féodalité, et n'y a-t-il pas bévue grossière ou mauvaise foi de votre part à soutenir que la

---

(1) *Des Corps politiques et de leurs gouvernements*, t. 1, p. 116.

révolution de 89 a détruit la véritable, celle dont nous parlons, quand tout le monde sait qu'en hostilité ouverte avec nos rois, Charlemagne commença, dès 1250, d'abolir l'esclavage dans toute la chrétienté; que plus tard, la puissance féodale fut successivement réprimée par Louis le Gros, par Louis le Jeune, par Charles VII et finalement anéantie par Louis XI, en 1461; que tout ce qui restait d'elle au 4 août 1789 étaient de beaux domaines qu'on lui enviait, l'exemption de quelques impôts, des lambeaux de priviléges tombés en désuétude, de glorieux souvenirs, des titres purement honorifiques et enfin la vaniteuse particule *de* dont beaucoup de gens — même vous autres sévères républicains — ne se font pas un scrupule de les lui piller aujourd'hui pour en décorer leur nom plébéïen, malgré le dédain apparent qu'ils montrent pour ces sortes de *hochets*?

Vous devez donc sentir qu'il est absurde d'accuser les absolutistes de vouloir rétablir la féodalité et qu'il ne leur est pas plus possible de la ressusciter qu'il ne le serait à vous de rendre la vie à un cadavre mort depuis 390 ans ou de ranimer les tombeaux poudreux de l'ancienne Rome pour y puiser les vertus patriotiques, le véritable amour républicain qui vous manquent et que vous n'aurez jamais.

Secondement, vous criez beaucoup contre les charges et les redevances de l'ancien régime, ce qui n'est pas juste du tout. Permettez-nous de vous en dire la raison :

D'abord, en principe, un Etat, quelle que soit sa forme de gouvernement, ne peut pas subsister sans revenus : vos deux républiques nous l'ont surabondamment prouvé. Or, comme jusqu'à Charles VII, les rois de France n'avaient point établi d'impôts directs sur le peuple et que c'étaient les grands seigneurs, leurs vassaux, qui étaient tenus non seulement de pourvoir à l'administration de leurs fiefs respectifs, mais encore de fournir leur contingent des hommes de guerre nécessaires à la défense de l'Etat, il fallait bien que ces seigneurs prissent des écus quelque part et qu'ils fussent à la fois les trésoriers de la couronne et ceux de leurs propres coffres.

Il est vrai que du droit à l'abus il n'y a jamais eu bien loin et que souvent les comptables de la hiérarchie féodale durent avoir, selon l'antique et perpétuel usage du fisc, leurs décimes de guerre, leurs centimes additionnels, leurs pots-de-vin, leurs tours-du-bâton et autres accessoires plus ou moins illicites, avec lesquels ils pressuraient les redevables et grossissaient le budget seigneurial; mais tant que ne joignant pas l'exemple à vos préceptes d'économie politique, vous ne prouverez pas que, comme au temps de Lycurgue, vous, révolutionnaires, avez exercé et exercez gratuitement vos patriotiques fonctions; que *pour battre monnaie*, comme il disait, Robespierre ne faisait pas couper la tête aux riches; que non contents des impôts de la dernière monarchie, que vous trouviez pourtant exorbitants, vous ne les avez pas aggravés avec celui des 45 centimes; que vos commissaires extraordinaires, vos proconsuls et vos représentants ont servi généreusement la république pour rien; tant que vous ne chasserez pas les porteurs de contrainte, les garnisaires et tous les receveurs généraux employés par la monarchie, lorsque vous devenez malheureusement les maîtres du pouvoir comme en 1792 et en 1848, — nous dirons à qui voudra l'entendre que les impôts de l'ancien régime étaient quatre à cinq fois moins forts que ceux d'aujourd'hui, et qu'il ne valait certes pas la peine de tout mettre sans dessus dessous pour remplacer le *collecteur de la taille* par le *percepteur* des contributions et pour opérer une aussi belle réforme financière.

Voulez-vous la preuve mathématique que depuis la révolution de 89, nous payons beaucoup plus d'impositions qu'autrefois? La voici :

Pendant le règne patriarcal de nos premiers rois, les revenus de l'Etat étaient nuls et ces monarques vivaient avec les petites rentes provenant de leurs domaines particuliers.

Plus tard et pendant plusieurs siècles les revenus ordinaires de la couronne ne s'élevèrent qu'à quelques centaines de mille livres qui, au taux de cette époque là, pouvaient valoir deux ou trois millions de la monnaie actuelle.

De 1422 à 1643, c'est-à-dire durant les 221 ans qui s'écoulèrent du règne de Charles VII à celui de Louis XIV, le terme moyen de tous les impôts du royaume fut de 31 millions 750 mille livres par an, représentant seulement le double de ce que cette somme vaudrait aujourd'hui.

Sous Louis XV, la totalité des recettes annuelles s'élevait à 312 millions, et sous Louis XVI à 500 millions environ.

Au mois de janvier 1791, l'ensemble des contributions directes et indirectes formait une somme de 524 millions, tandis que sous l'administration désintéressée et philanthropique de notre première république, ces deux espèces de contributions montèrent net à un milliard par an.

Mais ce petit milliard d'origine républicaine et sans exemple dans nos annales monarchiques, n'était encore qu'une goutte imperceptible au milieu de la pluie d'or que faisait tomber le tonnerre révolutionnaire et de tous les sacrifices qui étaient imposés à la France, car si calculant ce que lui coûta le gouvernement républicain, à partir du 22 septembre 1792 jusqu'au 30 avril 1804, nous joignons audit milliard annuel 45 milliards et demi d'assignats, 2 milliards 609 millions provenant de la vente des biens nationaux, 1 milliard produit par le mobilier des églises, le bénéfice énorme obtenu par le *tiers consolidé* et toutes les confiscations judiciaires de cet heureux temps, nous aurons une somme totale et approximative de 75 à 80 milliards, c'est-à-dire une somme beaucoup plus considérable dans ces onze ans et demi d'ère républicaine que ne l'avait été celle de la monarchie française pendant 1356 ans, depuis Clovis jusqu'à Louis XVI (1).

Ce furent donc, Citoyens, 7 à 8 milliards par an que touchèrent et gaspillèrent jusqu'au dernier centime les grands économes de cette époque néfaste, ceux-là même qui reprochaient si cruellement au malheureux Louis XVI, les prodigalités du fameux livre rouge et l'*énormité* du budget de 1789, bien que ce budget ne s'élevât qu'à 475 millions 294 mille livres, avec un mince déficit de 56 millions....! Mais poursuivons.

---

(1) Voir le *Compte-rendu de l'administration des finances de la république*, par Ramel.

En 1812, le budget du grand empire de Napoléon ne s'élevait pas tout à fait à un milliard de recettes.

Celui de 1814 à 1830 resta aussi au-dessous de ce chiffre, mais le budget des années postérieures à la *glorieuse* révolution de juillet, monta rapidement au-dessus d'un milliard et demi, et les recettes de 1848, par la gracieuse adjonction des 190 millions provenant de l'impôt extraordinaire des 45 centimes, frisèrent de très-près les deux milliards ronds.

Et si nous calculions avec M. Emile de Girardin d'*autrefois*, comme nous venons de le faire pour la première révolution, les pertes énormes que celle d'aujourd'hui a causées aux immeubles, aux capitaux, au commerce, au crédit, à toutes les transactions de la France seulement, — car pour les autres États de l'Europe qui en ont reçu le contre-coup, c'est incalculable — combien ne faudrait-il pas ajouter d'autres milliards à ce compte désolant.....!

Tel est, Citoyens, le tableau comparatif des charges de l'ancien régime avec celles du nouveau, et ce qu'il y a de plus scandaleux dans tout cela, c'est qu'avec un actif aussi énorme que celui qu'elles ont manipulé, vos trois révolutions aient encore augmenté la dette publique d'une manière effrayante, car non-seulement la première fit banqueroute et n'avait pas un sou à son service en brumaire an VIII, ainsi que l'attestent les *Mémoires* du duc de Gaëte; non-seulement la seconde nous aurait replongés dans la même déconfiture, sans la bonne et sage administration de Louis-Philippe, mais la troisième sous l'heureuse influence de laquelle nous avons le bonheur de vivre en ce moment, non satisfaite des 190 millions d'impositions extraordinaires que nous lui avons payés en gémissant, a encore élevé cette dette, — qui au 24 février n'était que de 4 milliards, — *à 5 milliards 728 mille francs, fin à* 1851, dette inouïe jusqu'ici, tandis que sous Louis XVI, elle était seulement de 4 milliards et quelques centaines de mille livres.....!

Ainsi, il est bien et authentiquement établi que pour *alléger* le budget fort raisonnable d'un demi-milliard que payaient les prétendus *esclaves* de 1789 et que pour faire face au petit déficit d'alors qui s'élevait à une cinquantaine de millions, les révolutionnaires ont fait sacrifier à la France plus de 100 milliards, qu'ils ont augmenté sa dette d'un tiers environ, qu'à chacune de leurs révolutions, ses impôts ont doublé et enfin que par l'effet *de leur dernier tour de main*, le budget de 1848 est monté à près de 2 milliards. Les charlatans!

Compte fait, nous avions donc raison de dire que les charges de l'ancien régime n'étaient presque rien; que les redevances, la taille, la capitation, le fouage, le champart, le péage, le lods, la gabelle, la dîme, la corvée, etc., n'étaient que des bagatelles en comparaison des impositions ruineuses, des subsides accablants, des réquisitions, des centimes additionnels, des surtaxes et de toutes les exactions révolutionnaires.

Répondant maintenant à vos griefs envers l'ancien clergé de France, nous vous dirons, Citoyens, que la conduite de vos devanciers à son égard fut horrible et que la postérité n'y voudra pas croire, car si jamais persécution eut le caractère de l'injustice et du sacrilége ce fut assurément celle que ces nouveaux païens dirigèrent contre lui. En effet, quels crimes lui imputaient-ils?

Etait-ce de posséder de trop grandes richesses, richesses qui après tout étaient le trésor et la ressource du pauvre? Mais on pouvait les lui ravir, comme on fit, sans poursuivre, incarcérer et égorger ses membres les plus humbles et les plus utiles, sans piller et profaner ses églises. Etait-ce parce que fidèle à sa conscience et à ses devoirs, il ne voulut pas prêter serment de fidélité à leur constitution civile de 1790, proclamer l'être suprême de Robespierre, s'agenouiller devant la déesse *Raison* et embrasser le culte *de la Théophilanthropie* de La Reveillère-Lépeaux? Mais la révolution en bannissant Dieu de la terre n'avait plus besoin de ses autels et le plus grand tort qu'elle pût reprocher aux prêtres d'alors était d'être les ministres d'une religion incompatible avec ses odieuses saturnales, car il a été dans la destinée du christianisme d'avoir toujours essuyé la persécution des païens, soit à Rome, lors de son origine, quand les empereurs le considérant comme l'ennemi de leurs dieux immondes, avaient à cœur de l'exterminer, soit sous les athées de la république de 93 qui le tourmentèrent, soit enfin sous ceux de la république actuelle, qui, pour le remercier de ce qu'il a béni leurs arbres de liberté, commencent à l'insulter et à prédire sa fin prochaine.

Mais ce qu'il y eut encore de plus révoltant et de plus impolitique de la part de ces hommes si tristement égarés, fut d'étendre leur fureur et leur inique persécution jusqu'à ces paisibles et saintes demeures où de pieux cénobites, entièrement voués à la solitude, ne s'occupaient nullement des affaires d'ici-bas; car eux aussi, quel mal leur avaient-ils fait et quel préjudice pouvaient-ils causer à leur république? Est-ce que sous un gouvernement soi-disant libéral, qui proclamait les droits de l'homme et l'indépendance individuelle, la tyrannie pouvait aller jusqu'à frapper et proscrire ces innocentes créatures?

Les couvents.....! Mais c'était le sage et utile refuge d'une population exubérante; c'était le cloître de ceux qui, revenus des illusions et des erreurs de ce monde, voulaient les expier dans la retraite; c'était le Portique des philosophes chrétiens qui, contristés de la perversité des hommes, fuyaient leur société; pour tous, ils étaient le véritable asile du bonheur et de la fraternité, du moins c'était ainsi que les envisageait l'ancien ordre de choses: mais pour eux, philosophes modernes, qui reconstruisaient la morale et une société à leur façon, il valait sans doute mieux de jeter sur le pavé une masse d'oisifs, de libertins et de voleurs, de fonder des maisons de jeux et de prostitution, d'organiser des légions d'émeutiers et de bandits!

Les moines....! vous en riez, Citoyens, vous vous en moquez et vous oubliez que sans eux nous serions encore dans la barbarie du moyen-âge où vous voulez nous replonger; que c'est grâce aux sciences, aux arts, aux langues grecque et latine, à la philosophie et aux principes mêmes de liberté qui trouvèrent un asile auprès d'eux, que les trésors intellectuels de l'antiquité franchirent cette époque ténébreuse et parvinrent jusqu'à nous. Quelle ingratitude! Les monastères nous ont transmis la civilisation dont nous nous énorgueillissons et leur mémoire est devenue parmi nous un objet de dérision et de mépris!

Mais pour abréger ces douloureuses considérations, tirons un voile funèbre sur bien d'autres ruines que nous pourrions remuer à la honte des Vandales de notre première révolution et élevons-nous par la pensée et l'histoire à la main, au sommet majestueux de l'édifice social qu'elle renversa, pour voir si la monarchie française eut réellement *d'aussi mauvais rois* que vous le dites.

D'abord, citez-nous une seule généalogie de 14 siècles, n'importe la profession, les lieux et l'époque, qui, d'un bout à l'autre de sa carrière, n'ait jamais payé tribut aux faiblesses de l'humanité, et soit constamment restée pure et sans tache? — Certes, si nous descendions brusquement du faîte, non pas jusqu'au bas-fond, mais seulement jusqu'aux classes moyennes des sociétés passées et présentes, il ne nous serait pas difficile d'établir, cela malheureusement à la honte de l'espèce humaine, que dans toutes les corporations possibles, il y a plus eu de mauvais serviteurs que de bons, plus de vices que de vertus; mais ne voulant pas faire ici un aussi triste étalage et devant considérer notre sujet d'un point de vue plus élevé, nous vous demanderons seulement, Citoyens révolutionnaires, si vos frères de l'antiquité n'eurent pas à Athènes, des archontes et des tyrans tels que Dracon; à Sparte, des éphores et des généraux tels que Lysandre; à Rome, des consuls comme Sylla et Marius; à Venise, des doges inquisiteurs et sanguinaires; à Gênes, des ducs ambitieux et traîtres; si les républiques de Suisse et d'Amérique eurent toujours pour chefs des hommes dignes de la liberté de Guillaume Tell, de Franklin et de Washington; si votre république de 93 ne fut pas gouvernée par Robespierre, Danton, Marat, Saint-Just et cent autres monstres pareils; si enfin celle de 1848 a eu pour créateurs et premiers ministres des citoyens tellement purs et désintéressés, qu'il faille les proclamer Pères de la patrie et les faire monter au capitole?

Si donc il ne peut rien y avoir de parfait sur la terre et si notre ancienne monarchie a eu comme le reste ses imperfections inévitables, au lieu de lui en faire un reproche on doit au contraire s'étonner que dans une aussi longue suite de rois que ceux qu'elle a comptés, on ne puisse pas en citer un seul, oui un seul absolument *mauvais* dans le sens rigoureusement attaché à ce mot et que la presque totalité ait eu les qualités requises pour remplir le haut et difficile mandat dont ils étaient investis, car pour quelques-uns qui restèrent au-dessous ou pour quelques autres qui s'y élevèrent, mais avec des défauts de nature à ternir leur règne, la France, Citoyens révolutionnaires, peut se glorifier à juste titre d'avoir eu des rois tels que Clovis Ier, Clotaire II, Pepin-le-Bref, Charlemagne, Raoul, Hugnes-Capet, Louis VI, Henri IV, Louis XIV, Louis XVI, Napoléon, Louis-Philippe, et nous pouvons vous citer avec orgueil ceux que le peuple et l'histoire surnommèrent *Auguste*, le *Lion*, le *Hardi*, le *Sage*, le *Bien-Aimé*, le *Victorieux*, l'*Affable*, le *Père du Peuple*, le *Père des Lettres* et le *Grand.....!*

Comme de leur côté, les autres Etats de l'Europe pourraient aussi confondre vos calomnies en vous rappelant les noms d'une foule de souverains qui les ont dignement gouvernés et dont la mémoire leur est chère.

Ainsi, Rome vous citerait Grégoire le *Grand* et Léon X; — Naples et la Sicile, Roger II et Frédéric I; — l'Italie, les Médicis, les Bérenger, les Visconti, les Gonzague, les Sforce, les d'Este, les Morosini; —

l'Espagne, ses six premiers Ferdinand, Philippe V et Charles III; — l'Allemagne, Henri I, Othon le *Grand*, Maximilien I, Charles-Quint, Ferdinand I, Marie-Thérèse et Léopold II; — la Hongrie, André II et Louis le *Grand*; — la Russie, Ivan le *Grand*, Michel Romanow, Fédor III, Pierre le *Grand*, Catherine II, Elisabeth Petrowna et Alexandre I; — la Prusse, tous ses Frédéric; — la Hollande, ses Guillaume d'Orange; — la Suède, les Wasa, Gustave-Adolphe, Christine, Charles X, XI, XII, XIII et Bernadotte; — le Danemarck, Knut le *Grand*, les trois Valdemar, Eric III, Marguerite, Christian III, IV, V et ses six Frédéric; — l'ancienne Ecosse, Robert I, Duncan, Malcolm III et Jacques V; — l'ancienne Irlande, les O'Neil, les O'Brien, les O'Connor et Edouard Bruce; — enfin, l'Angleterre pourrait vous citer Alfred le *Grand*, Henri I, Henri VII, Elisabeth, Guillaume III et George I.

Quelle belle nomenclature de rois, et vous osez les maudire, Citoyens! Mais ingrats que vous êtes, vous ne savez donc pas que les premiers d'entre eux furent des hommes plus simples et moins puissants que vous, et que si la majesté, la puissance et les défauts du trône s'accrurent ensuite avec le temps, ce fut le résultat naturel et nécessaire, comme chez tous les autres peuples, des progrès de la civilisation, du développement de nos mœurs qui, de concert avec ce pouvoir tutélaire et par un privilége national dont vous devriez être fiers, firent de la France le plus beau pays de l'univers avant que vos révolutions ne l'eussent ruinée et avilie.

Voyons, sévères républicains, vous qui, après la catastrophe de février, désertâtes vos mansardes pour vous carrer sans façon au Luxembourg, à l'Hôtel de Ville et dans tous nos palais ministériels; vous démocrates plus opulents, qui n'avez pas besoin de la révolution pour vivre aujourd'hui dans des hôtels somptueux, dans des villas élégantes telles que *Monte-Christo*, le château de *Saint-Point*, et le voluptueux manoir de l'auteur des *Mystères de Paris*, voudriez-vous bien vous résigner, tout plébéïens que vous êtes, à habiter le rez-de-chaussée ou plutôt la cage obscure et enfumée dans laquelle ne dédaignaient pas de demeurer nos rois de la première et de la seconde race? Consentiriez-vous, dans vos promenades luxueuses, à descendre du carrosse moëlleux où vous vous prélassez, pour monter sur la charrette à bœufs qui était leur unique voiture?

Vous qui ne pouvez dîner sans une profusion de mets fins que vous arrosez avec le Bordeaux, le Champagne, le café et un torrent de liqueurs, vous accomoderiez-vous bien du petit vin de l'Orléanais, qui était leur unique boisson, des deux plats et de la soupe au lard prescrits par la loi somptuaire de Philippe IV, en 1285?

Et vous qui savez si bien concilier l'austérité démocratique avec des revenus princiers, avec les vingt-cinq francs quotidiens que vous payait la France, avec les plaisirs les plus recherchés que vous vous procurez si largement, et qui criez tant contre le luxe des riches tout en ayant vous-mêmes une loge à l'opéra et en vivant comme des épicuriens, voudriez-vous, dites-le, la main sur le cœur, voudriez-vous troquer votre chapeau pointu contre la couronne de ces bons rois qui n'avaient d'autres jouissances que celles de visiter leurs petites métairies, de se promener à l'ombre des chênes et de se coucher à huit heures du soir?

Cependant votre haine et vos calomnies contre les trônes en général seraient peu de chose encore, si vous rendiez au moins justice aux princes qui firent du bien à la France et à l'Europe; mais telle est votre aveugle aversion pour tous les rois sans exception qu'aucun n'obtient grâce devant vous et qu'en masse vous les condamnez impitoyablement à l'opprobre.

Et pourtant, en commençant par ce qu'ils ont produit de plus aimable, n'est-ce pas sous leur règne que naquirent les troubadours, ces pères de la poésie française, sans lesquels M. Victor Hugo n'aurait jamais été ni vicomte, ni pair de France, ni académicien, ni représentant de la montagne et planterait humblement ses choux à Besançon; sans lesquels encore M. de Lamartine cultiverait sa chère vigne de Milli et n'aurait pas l'insigne avantage d'être à la fois un républicain par excellence et le vassal du Grand Turc?

A qui l'ancienne France dut-elle les capitulaires de Charlemagne, la justice du chêne de Vincennes, les établissements civils de saint Louis, les parlements, la jurisprudence romaine, le Code Napoléon et la cour des comptes? A nos rois et à notre empereur.

Qui est-ce qui la dota de l'Université de Paris, de nos bibliothèques, de la Sorbonne, du collége de France, des écoles de droit, de médecine et militaire, de l'Académie française, de l'Académie des Sciences, de l'Académie des Inscriptions et Belles-Lettres, de l'Académie française à Rome, de l'Observatoire et du Jardin des plantes? Nos rois.

Qui est-ce qui fonda les Invalides, le Val-de-Grâce, l'Hôtel-Dieu, tous les hôpitaux de France, l'école des sourds-muets, les postes, le canal de Briare, celui du Languedoc, les grandes routes, les manufactures de Reims, des Gobelins, de Tours et de Lyon? Nos rois.

Qui est-ce qui créa des armées régulières et permanentes, des places fortes, les fortifications du royaume, une marine florissante et redoutable? Nos rois.

Qui remporta cent victoires mémorables, fit de la France un peuple de guerriers et de héros, lui acquit ses plus belles provinces, lui donna ses établissements dans les deux Indes, et en dernier lieu sa colonie d'Afrique? Nos rois et notre empereur.

Qui fit ériger les belles églises de Saint-Denis, de Strasbourg, de Reims, d'Amiens, de Notre-Dame, de Sainte-Geneviève, de Saint-Sulpice, etc.; les châteaux de Chambord, de Fontainebleau, de Saint-Germain, du Louvre, du Palais royal, des Tuileries et de Versailles; les arcs de triomphe de Paris, ses anciennes et nouvelles colonnes, ses places, ses quais, tous ses plus beaux monuments? Nos rois et notre empereur.

Qui gratifia la France et l'étranger des bassins d'Anvers, de Flessingue et de Cherbourg; des admirables routes d'Anvers à Amsterdam, de Metz à Mayence, de Bordeaux à Bayonne, de Gênes à Nice, du Simplon et du Mont-Cenis; des aqueducs souterrains de Paris, de ses plus beaux ponts, de son palais de la Bourse et de bien d'autres merveilles? Notre empereur.

A qui est-elle redevable de sa littérature, de ses journaux, de ses musées, de ses théâtres, de ses promenades et de ses mœurs qui en faisaient le peuple le plus aimable et le plus spirituel de la terre? A nos rois.

Mais pour couronner ce magnifique panorama, qui est-ce qui établit les Champs de Mars et de Mai, les Assemblées nationales et les États généraux; qui détruisit la féodalité, abolit les servitudes, affranchit les villes, créa les municipalités, émancipa les communes en leur octroyant des chartes organiques; qui institua les parlements politiques et l'enregistrement des édits, proclama les libertés de l'Église gallicane, abolit la traite des noirs, commença de faire la répartition générale de l'impôt et réforma peu à peu l'ancien régime? Nos rois.

Enfin à qui la France doit-elle de s'être relevée du désastre de 1830; d'avoir eu, malgré l'acharnement hostile des révolutionnaires, dix-huit ans de paix et de prospérité pendant lesquels une administration habile et mémorable a inspiré la confiance, entretenu le crédit et le commerce, réduit les impôts, diminué la dette publique, établi notre colonie d'Afrique, élevé les fortifications de Paris, fondé le musée de Versailles et fait faire pour trente-quatre millions de réparations et d'embellissements tant aux bâtiments de la couronne qu'à ceux de l'Etat? Hélas! à notre dernier roi.

Voilà, Citoyens, une esquisse bien abrégée et très-imparfaite sans doute des services que la monarchie a rendus à notre pays, mais telle qu'elle est, voulez-vous bien nous permettre de mettre en regard ce qu'ont fait et ce qu'on doit attendre de toutes vos révolutions?

Eh bien! elles nous ont fait perdre Saint-Domingue, Sainte-Lucie, Tabago, l'Ile de France, Madagascar, les fortifications d'Huningue, les forteresses de Landau, de Philippeville et de Marienbourg. Elles ont démoli la Bastille, saccagé les églises, mitraillé les monuments, renversé les couvents, dévasté les châteaux, incendié nos maisons, mutilé nos édifices, bombardé Lyon et Toulon, ravagé la Vendée, profané les tombeaux de Saint-Denis, brûlé les archives du royaume, pillé les châteaux de Neuilly, du Palais royal, de l'archevêché et des Tuileries, dépavé les rues de Paris, mis plusieurs fois le trône en pièces, porté la désolation à l'étranger, etc., etc.; sans parler des machines infernales, des pétards qui leur servaient de feux d'artifices, de la *fameuse botte d'allumettes chimiques* avec laquelle le citoyen C.... voulait se donner l'innocent plaisir d'embraser tout Paris; de la colonne triomphale qu'elles ont érigée sur la place de la Bastille pour consacrer toutes ces ruines et en perpétuer l'effrayant souvenir; sans parler enfin de la guillotine et des barricades qui sont leurs édifices à elles.

Tels sont en miniature les monuments et chefs-d'œuvre que nous ont laissés vos révolutions pour éclipser ceux de la monarchie, et si l'on se demande, d'après un aussi beau passé, ce qu'on doit encore attendre d'elles, il n'est pas besoin d'être un bien grand prophète pour annoncer que ce sera toujours l'anarchie, du sang et d'effroyables malheurs, jusqu'à ce que les décrets de la Providence soient accomplis et que la civilisation triomphante, comme Eve sur le serpent, ait le dessus et leur écrase la tête (1).

---

(1) C'est quelques semaines avant la mémorable journée du 2 décembre 1851, que nous traçions ces lignes prophétiques.

C'est donc très-injustement, Citoyens, que vous dénigrez l'ancienne monarchie en soutenant qu'elle a été malfaisante pour la France et doit y être définitivement abolie ainsi que ailleurs, puisqu'il est constant, d'un côté, que nos rois malgré leurs faiblesses comme hommes, rendirent celle-ci heureuse et prospère, et, de l'autre, que cette forme de gouvernement est la seule qui convienne évidemment aux goûts, aux usages et aux mœurs de tous les Etats de l'Europe sans exception.

Cela étant, il nous reste, comme corollaire de ce qui précède, à examiner si la révolution de 89 était nécessaire et inévitable, et si son accomplissement a été un bien ou un mal pour la France.

Afin d'expliquer cette funeste révolution, la plupart des historiens ont cru en apercevoir la cause dans un concours de circonstances fatales telles que les désordres du règne précédent, le déficit des finances, l'impiété d'une philosophie dissolvante, l'influence occulte de la franc maçonnerie, les progrès de la civilisation, le reste des priviléges dont jouissait la noblesse et enfin l'opposition des parlements. Il est certain que tout cela, moins le *progrès*, y contribua pour quelque chose, mais il est positif aussi que c'est bien moins ces causes diverses qui la produisirent et la firent éclater que les innovations intempestives et l'incapacité des ministres qui tenaient alors le gouvernail, car la situation de la monarchie n'était pas encore tellement désespérée qu'un gouvernement résolu, énergique et réparateur n'eût pu la sauver. Ce qu'il lui aurait fallu dans des conjonctures aussi critiques, était un nouveau Louis XIV, des ministres de la force de Sully, de Richelieu et de Colbert, tandis qu'elle avait malheureusement pour roi, un autre Louis XII, beaucoup trop bon et trop libéral pour son époque, et pour conseillers et ministres des hommes faibles et intrigants, systématiques et aventureux comme Maurepas, Malesherbes, Turgot, Calonne, Brienne et Necker, surtout ces trois derniers qui, au lieu de combattre vigoureusement les idées de réforme révolutionnaire et de réparer le déficit fait par leur mauvaise administration, avec des moyens faciles qu'ils pouvaient employer, choisirent un poison pour remède et poussèrent Louis XVI d'abord à convoquer l'Assemblée des notables, et enfin les trop fameux Etats généraux de 1789.

Aussi dès ce moment gros d'orages et de tempêtes, fut-il aisé à ceux qui avaient la vue un peu longue, d'entrevoir que par le fait de cette convocation, la royauté abdiquait sa souveraineté en faveur du peuple et marchait droit à une ruine très-prochaine.

En douteriez-vous, Citoyens, et croyez-vous sérieusement qu'un tel malheur était inévitable et que la révolution qui en fut la suite n'aurait pas pu être prévenue par une détermination contraire à celle d'aussi coupables ministres? Eh bien! nous allons vous détromper en vous citant les paroles remarquables d'un des témoins oculaires de ce grand drame politique, celles que Napoléon adressa un jour, d'après les Mémoires de Bourrienne, au fils de Mme de Staël :

« Votre grand père (Necker) était un idéologue, un fou, un vieux maniaque. A soixante ans, vouloir renverser une constitution, faire des plans de constitution! Les Etats seraient, ma foi! bien gouvernés avec des hommes à systèmes, à théories, qui jugent les hommes dans les livres et le monde sur la carte....! Ils m'appellent quelque part l'homme nécessaire : oui, j'étais nécessaire, indispensable pour réparer les sottises de votre grand père, pour effacer le mal qu'il a fait à la France. C'est lui qui a renversé la monarchie, conduit Louis XVI à l'échafaud....... Oui, je vous le dis, Robespierre lui-même, Marat, Danton, ont fait moins de mal à la France que M. Necker. Lui seul a fait la révolution. Vous ne l'avez pas vue; eh bien! moi j'y étais, j'ai vu ce que c'était que les temps de terreur et de calamités publiques. De mon vivant ces temps ne reviendront pas. Vos faiseurs de plans tracent des utopies sur le papier, des imbéciles lisent leurs rêveries, on les colporte, on y croit, le bonheur général est dans toutes les bouches et bientôt le peuple n'a pas de pain, et voilà le fruit ordinaire de toutes ces belles théories.......! C'est votre grand père qui est cause des saturnales qui ont désolé la France, tout le sang versé dans la révolution doit retomber sur lui.... Je veux de la subordination, — respectez l'autorité parce qu'elle vient de Dieu..... Tenez-vous droit en politique, car je ne pardonnerai pas la moindre chose à tout ce qui tiendra à M. Necker. »

Eh quoi! en effet, sous le meilleur des rois, sous un roi qui commença par laisser à ses sujets le tribut de vingt-quatre millions qu'ils lui devaient pour son avènement; qui, volontairement et de son plein gré, venait de rappeler les parlements, de reconnaître l'indépendance des Etats-Unis d'Amérique, de convertir la corvée en un impôt pour tous les propriétaires, d'abolir les servitudes, les droits d'aubaine et de main-morte dans tous ses domaines; qui venait d'établir des *Assemblées provinciales* pour la répartition générale de l'impôt et de l'égalité des terres ; qui avait supprimé *la question préparatoire* dans la procédure criminelle et adouci le régime des prisons ; qui avait rouvert les portes de la France aux écrivains révolutionnaires et proscrits, tels que Voltaire et autres ; qui, par tous les moyens possibles cherchait à réparer les désastres du règne précédent ; qui voulait peu à peu, par des concessions progressives, faire jouir la France des bienfaits d'une sage réforme et qui enfin donnait l'exemple de toutes les vertus royales et privées *comme étant le plus honnête homme de son royaume ;* quoi ! disons-nous, il était *nécessaire* de se révolter contre un tel souverain, de le traiter comme un *tyran*, de lui arracher le pouvoir des mains et de bouleverser le royaume de fond en comble ! Quoi ! il était *utile* pour la France d'avoir une Assemblée nationale qui ne constitua que la révolte, le désordre et le crime, une Assemblée législative pour continuer cette œuvre de destruction et détrôner son roi, une Convention pour la couvrir d'échafauds, et un Directoire honni et méprisé qu'il fallut mettre à la porte !

Mais en vérité où en sommes-nous, où est donc notre bon sens pour voir ainsi un événement nécessaire dans les pages les plus honteuses de notre histoire, et n'est-ce pas un aveuglement inconcevable, encore un reste de ce vertige qui fit tourner la tête aux hommes de 89, moins aveugles que nous pourtant, puisqu'ils débutaient dans la carrière des révolutions et n'avaient pas l'affreuse expérience que nous avons acquise nous-mêmes, car pour qu'une révolution soit réputée juste et profitable, il faut, vous ne pouvez le nier, il faut que la somme du bien qu'elle a fait soit de beaucoup supérieure à celle du mal qui en est découlé. Or, si d'une main impartiale on prend la balance, qu'on mette d'un côté toutes les abominations dont la première révolution se rendit coupable, et de l'autre les réformes prétendues salutaires qu'elle a faites, qui ne sentira que son explosion fut une calamité et que la continuation du règne, non pas d'un roi aussi bon et aussi généreux que Louis XVI, mais des plus mauvais jours de notre monarchie, eût été cent fois préférable au sien !

En douteriez-vous encore, Citoyens, et vous demi-royalistes, qui ne l'ayant pas vue et n'ayant pas souffert de ses cruelles étreintes, ne l'apercevez que de loin et à travers un prisme trompeur? Eh bien, pour vous convaincre, nous invoquerons le témoignage de ceux qui la virent de près, de ses propres et imprudents auteurs, de ces malheureux tribuns qui, après avoir encensé son idole, la maudirent sur l'échafaud et dans les déserts empestés de Sinamary, comme le plus grand malheur qui eût jamais affligé la France. Nous vous citerons Mirabeau lui-même, son redoutable chef, qu'elle tua de douleur et de regret, et Bonaparte qui l'ayant foulée aux pieds fut béni comme le libérateur de son pays, et tous ceux qui, épargnés par sa hache, s'empressèrent de se rallier au pouvoir réparateur de l'empire.

Oui — et c'est notre conviction profonde, tout en respectant la consécration qu'il a bien fallu lui donner et l'opinion contraire de ceux qui sont de bonne foi — oui la révolution de 1789 fut un torrent destructeur, un vrai cataclysme social lâché par des aveugles qui ne purent plus l'arrêter quand ils s'aperçurent trop tard de ses désastres; oui, après avoir maudit ses premiers auteurs, nous devons imputer tous les maux qu'elle engendra et dont nous subissons encore la déplorable conséquence à sa première Assemblée constituante.

« Car, comme le disait dernièrement M. de Montalembert devant l'Académie française à propos de l'éloge
» de M. Droz qui a été un des premiers à dresser l'acte
» d'accusation contre 89 — car l'Assemblée constituante
» ne manqua pas seulement de justice, de courage et
» d'humanité, elle manqua surtout de bon sens en nous
» désapprenant à obéir, en nous faisant croire que l'on
» pouvait tout défaire et refaire en un jour, en inaugurant contre le plus doux et le plus irréprochable des
» rois, cette série d'attentats qui devait habituer un
» peuple égaré à toutes les injustices et à toutes les ingratitudes dont nous avons été témoins. Aussi Dieu la
» châtia-t-il surtout par la stérilité de ses œuvres. Elle
» prétendait fonder à jamais la liberté, et elle eut pour
» successeurs les tyrans les plus sanguinaires qui aient
» jamais déshonoré une nation. Elle avait pour mission
» de rétablir les finances, l'empire de la loi, la liberté;
» elle a légué à la France, la banqueroute, l'anarchie et
» le despotisme, sans même ce repos dont on fait à tort
» la compensation de la servitude. Elle a fait plus : elle a
» laissé des prétextes pour tous les abus de la force, et
» des précédents pour tous les excès de l'anarchie future.
» *Mais elle n'a rien fondé, rien!* L'ancienne société, qu'elle
» renversa, avait duré, malgré ses abus, mille ans; la
» nôtre, celle que la Constituante a voulu créer, est déjà
» à bout de voie, et elle dure à peine depuis cinquante
» ans. Si nous vivons encore, s'il nous reste une légis-

» lation civile, une organisation judiciaire, militaire, » administrative, fiscale, on sait à qui nous les devons : » aux éléments d'ordre et de vie que Louis XIV et Napo- » léon ont déposés dans nos codes, Napoléon surtout, » moins grand à mes yeux pour avoir vaincu à Auster- » litz et à Iéna, que pour avoir livré à l'esprit révolu- » tionnaire, dont il était issu, une première bataille, et » pour l'avoir gagnée. »

D'où la conséquence, selon ce nouvel et illustre académicien; — *que la révolution de 1789, telle qu'elle s'est faite, n'a été qu'une sanglante inutilité et que tout homme qui l'absoudra sans réserve prononcera d'avance la sentence de mort contre tout gouvernement de son choix et de son temps...., car pour vaincre et pour arrêter la révolution, il faut avant tout renier l'esprit révolutionnaire* (1).

Et vous persisterez, Citoyens, à soutenir que cette révolution nous fit du bien...!! Mais où est-il? Montrez-nous-le donc au milieu des décombres, de l'anarchie et du chaos dans lesquels, sauf le temps qu'a duré la première restauration impériale, elle nous a tous tenus plongés depuis le 17 juin 1789 jusqu'au 2 décembre 1851!..

Hélas! oui, inspiration désorganisatrice et cruelle, trahison et révolte audacieuse contre la souveraineté

---

(1) Nous ferons remarquer que le discours académique de M. de Montalembert contre la révolution de 1789, n'a pu avoir aucune influence sur l'opinion semblable que nous publions aujourd'hui, puisque nous l'émîmes déjà dans notre première édition de 1832, que cet article de la *Politicomanie* était, au mois d'octobre 1851, entre les mains de l'imprimeur pour le faire mettre sous presse, et que le discours dont il s'agit n'a été prononcé que le 5 février 1852.

du trône qui représentait la souveraineté nationale, elle fit le bien que nous allons vous rappeler en quelques mots pour résumer ce qui précède et suppléer un peu à tout ce que nous n'avons pu dire.

Avant 89,

Nous avions une monarchie admirable que nous aimions et qui voulait réformer progressivement elle-même ce que le temps pouvait avoir rendu défectueux; — la révolution prétendant mieux fonctionner qu'elle, l'anéantit et prit sa place pour la refondre et la régénérer à la minute.

Nous nous croyions les humbles sujets de la royauté, nous étions fiers de la majesté du trône qui représentait la France; — la révolution, indignée de tant d'humilité, proclama les *Droits de l'homme* et fit de chacun de nous un souverain indépendant qui peut se révolter quand bon lui semble.

Nous n'avions plus que l'ombre d'une féodalité dont les grands noms héréditaires illustraient notre beau pays; — la révolution, ennemie d'une aussi noble gloire, la proscrivit et la dépouilla.

La France payait seulement quelques centaines de millions d'impôts et n'avait qu'un déficit insignifiant; — la révolution, scandalisée de tant de charges, lui absorba chaque année quelques dizaines de milliards et fit banqueroute.

Nous avions des parlements passablement révolutionnaires et indépendants; — la révolution, les trouvant encore trop royalistes, les balaya comme le reste;

Nous avions la sublime religion du Christ, qui avait fait abolir l'esclavage et à laquelle le monde civilisé devait la liberté. — La révolution, par un sentiment de reconnaissance bien digne d'elle, brisa ses autels et lui substitua, *au nom de la loi*, l'Etre suprême de Robespierre;

Nous avions un clergé qui remplissait ses devoirs de chrétien avec un dévouement et un zèle tout évangélique; — la révolution, peu touchée de cette divine et pieuse sollicitude, le persécuta et l'immola à son ambition;

Nous étions l'un des peuples les plus libres de la terre, nos affaires allaient bien, nous vivions à bon marché, nous étions heureux et contents; — la révolution, pour augmenter ce bien-être, nous emprisonna, nous massacra, nous donna la terreur, le maximum et la famine;

Nous avions une justice digne héritière des L'Hôpital, des Séguier, des Molé, des d'Aguesseau; — la révolution ne voyant pas en elle une *magistrature* capable d'exécuter ses hauts desseins, la remplaça par le Comité du salut public et par les tribunaux révolutionnaires;

Nous n'avions alors qu'une potence pour pendre les scélérats; — la révolution, trouvant ce supplice inhumain et trop lent, inventa une machine plus expéditive pour trancher le cou aux honnêtes gens;

Nous, Français, nous formions une grande famille d'amis et de frères, que nulle dissension civile ne divisait, qu'aucune prééminence sociale ne rendait jaloux, qui pratiquait les devoirs de la charité envers ceux qui en avaient besoin; — la révolution, pour nous unir davantage avec son nouveau dogme *de liberté, d'égalité et de fraternité*, nous rendit furieux les uns contre les autres, nous brouilla à mort et fit de la France un peuple de suspects et de dénonciateurs;

Nous n'avions d'autres journaux que le *Mercure galant*

qui s'occupait de littérature, que la *Gazette de France* qui nous donnait de temps en temps quelques nouvelles amusantes ; — la révolution, trouvant ces publications insuffisantes et trop fades, nous inonda de feuilles ordurières et détestables comme celles du *Père Duchêne*, de *Camille Desmoulins* et d'autres écrivains de cette espèce.

Enfin, avant 89, nous étions gais, aimables et spirituels, nous ne songions nullement aux affaires publiques, nous ignorions heureusement pour notre tranquillité ce que c'était que la *Démocratie ;* — la révolution, irritée d'une aussi heureuse, ou selon elle, d'une aussi coupable indifférence, nous jeta à la tête la liberté de la presse, la tribune et la politique pour nous hébêter et nous rendre fous.

Comparez et jugez, Citoyens révolutionnaires !

SECONDE FOLIE POLITIQUE.

Elle fut de mal définir et d'exagérer les nouveaux Droits de l'homme et du citoyen.

> « Les seuls et véritables Droits de l'homme social sont d'adorer Dieu ; d'obéir à ceux qui le gouvernent ; de travailler, s'il en a besoin ; d'élever ses enfants ; de jouir des biens légitimement acquis ; de manger, de boire, de dormir et de passer son temps de la manière qui lui convient le mieux pourvu qu'elle n'ait rien de contraire aux lois, à la religion et aux mœurs de son pays. »
>
> SIOEO-TAO-CHIM, *empereur de la Chine.*

Il y avait donc nombre de siècles que nos pères vivaient heureux sous une monarchie fort tempérée, ne s'imaginant pas qu'il pût ni qu'il dût en être autrement, lorsqu'un beau matin de 1793 ils apprirent par la poste que cette monarchie était une *odieuse tyrannie* dont on avait fait bonne justice et que la Convention venait, par une nouvelle *Déclaration des Droits de l'homme et du citoyen*, de leur octroyer la liberté, l'égalité, la souveraineté et l'insurrection.

A une nouvelle aussi inattendue, aussi éblouissante, nos bons aïeux se regardèrent en face et se demandèrent en se frottant les yeux : — Mais qu'est-ce donc que *ces nouveaux droits sacrés*, *inaliènables*, *imprescriptibles*, que la Convention nous expédie si généreusement ?

Est-ce que par hasard nous n'aurions pas eu jusqu'ici le libre exercice de nos jambes, de nos bras et de notre langue ; le droit d'exercer nos professions, d'aller à la messe, de prendre nos repas quand nous avons faim, de délibérer sous le tilleul, de jouir de nos revenus, de vendre, d'acheter, d'ester en justice, de nous divertir, et surtout d'être des cavaliers fort galants ?

Est-ce que nous n'étions pas déjà souverains et maîtres absolus de nos biens, de nos femmes, de nos enfants, de nous-mêmes et du gouvernement de nos maisons ?

Comment ! nous, sujets humbles et fidèles, qui nous faisions un devoir de respecter nos supérieurs, de les honorer et de leur obéir ; qui considérions comme une obligation de leur lever notre chapeau et de nous incliner devant eux, nous serions devenus tout-à-coup leurs égaux et nous devrions les humilier au point de les tutoyer, de leur serrer la main, de ne plus leur donner les titres honorifiques qu'ils portent, et même de nous insurger contre leur personne !... Mais c'est à n'en pas croire nos yeux, ni la constitution qui fait de nous des *citoyens*, et jamais, oh ! non jamais nous ne pourrons nous résigner à tant d'audace !

— Taisez-vous, imbéciles que vous êtes ! — leur répondirent les *Sans-Culottes* d'alors. — Ne voyez-vous donc pas qu'en vertu de cette admirable déclaration faite *en présence de l'Etre suprême*, nous venons de conquérir des droits immenses, des droits inappréciables que nous avait escamotés la tyrannie.

» Ainsi désormais nous serons tous libres. Il n'y aura plus de rois, plus de seigneurs, plus de tyrans, plus de prêtres, plus de Bastille, plus de dîme, plus de taille, plus d'impôts, plus d'abus.

» Nous serons tous égaux parce que l'esclavage et les privilèges ont été abolis. A bas les Montmorency, à bas les Larochefoucauld, à bas les Richelieu, à bas tous les nobles et tous les aristocrates qui ne sont que de chair et d'os comme nous!....

» Nous serons tous.... nous allions dire des *frères*, mais nous nous apercevons que la susdite Déclaration et l'acte constitutionnel du 24 juin 1793, ne disent pas un mot de la *fraternité*, d'où il faut conclure que nous ne sommes pas plus frères qu'avant et que sous le règne réparateur de notre bonne Convention, nous pouvons continuer, pour fonder la liberté, d'être ennemis les uns des autres, de nous battre et de nous égorger.

» Nous aurons une liberté *indéfinie* de la presse, droit militant et vengeur qui nous permettra avec les journaux, les pamphlets et les caricatures, de flétrir nos anciens tyrans, de nous moquer de la royauté, des prêtres et des aristocrates.

» Nous aurons la tribune, les assemblées populaires, les clubs, les chaires d'église, la place publique, les bornes de carrefour pour parler, pérorer, gesticuler et manifester librement nos pensées et nos opinions patriotiques.

» Dès à présent, la souveraineté résidera dans le peuple, et le peuple souverain sera l'universalité des citoyens français. De la sorte, chacun de nous aura sa part de souveraineté, ne sera plus tyrannisé par un roi et se gouvernera comme il voudra.

» Il n'y aura plus de lettres de cachet ni d'arrestations arbitraires; plus de ces juges iniques qui nous condamnaient sans nous entendre, mais une justice douce et impartiale qui procédera dans les règles comme font en ce moment le Comité du salut public et les tribunaux révolutionnaires, dignes représentants de Thémis qui est devenue une de nos déesses.

» Nous aurons éternellement le droit de revoir, de réformer et même de *changer* notre Constitution lorsque nous en serons dégoûtés, attendu que c'est affaire de mode et que d'ailleurs une génération ne peut assujétir à ses lois une génération future, comme faisait la monarchie d'horrible mémoire.

» Quand le gouvernement s'avisera de violer les droits du peuple, l'*insurrection* sera pour le peuple en général et pour chaque portion du peuple en particulier, *le plus sacré et le plus indispensable des devoirs*, c'est-à-dire que tout citoyen qui croira ses droits lésés, pourra prendre un fusil, le charger à balle et tirer contre ledit gouvernement jusqu'à ce qu'il l'ait exterminé.

» Et pour que des esclaves aussi endurcis et aussi rebelles que vous autres ne parviennent pas à détruire notre sainte constitution, celle-ci sera burinée sur l'airain, exposée aux regards du peuple sur toutes les places publiques, confiée à la tendre sollicitude *des pères de famille, des épouses, des mères et des jeunes citoyens, et enfin mise sous la garde de toutes les vertus.* (Art. 25 et 57.)

» Voilà, indignes Citoyens, ce que signifie cette admirable constitution qui semble vous étonner et que vous bénirez bientôt, nous l'espérons, quand vous verrez qu'elle est destinée à transformer cette fois-ci le monde en un vrai paradis terrestre où, dans le pur état de nature, nous vivrons tous heureux sans rien faire, où chaque citoyen mettra au pot cette fameuse poule que la monarchie n'a jamais pu nous donner, où innocents et doux comme des tourtereaux nous roucoulerons du matin au soir, où enfin n'ayant plus besoin de rois, de prêtres ni de sacrements, nous pourrons tout simplement nous marier à la municipalité et nous faire enterrer sans cérémonie.

» — Mais, s'écrièrent nos nouveaux souverains plus ébahis que jamais, nous n'entendons absolument rien à la politique, et comment voulez-vous que des hommes, qui n'ont jamais manié autre chose que la charrue, le marteau, la navette, l'étrille et la demi-aune, puissent faire des lois et administrer la république?

» — N'importe! répondirent les Jacobins. L'amour de la liberté et de la patrie vous inspirera comme il inspira jadis les Démade, les Brutus, les Guillaume Tell, les Mazaniello et tant d'autres qui n'étaient aussi que de pauvres plébéïens. Et puis n'avons-nous pas déjà à la Convention le peintre David, le capucin Chabot, le boucher Legendre, le moine Chaumette, le comédien Collot-d'Herbois et une foule de patriotes non moins illustres, qui, sortis comme vous de la classe plus infime du peuple, sont cependant devenus tout-à-coup de grands et habiles législateurs. Oui, c'est de la profondeur du cerveau de tous ces grands hommes d'état, hôtes futurs du Panthéon, qu'est sortie l'immortelle constitution qui vous affranchit et vous fait souverains.

» Abjurez donc l'esclavage, Citoyens, et entrez immédiatement en fonctions. »

Tel fut à peu près le dialogue qui s'engagea d'abord entre les hommes de 93 et ceux de la résistance monarchique, lors de la nouvelle promulgation du fameux décret des Droits de l'Homme, *revu*, *corrigé* et *augmenté* par la Convention. Mais malheureusement pour la France que cette lutte patriotique et passablement bouffonne n'en devait pas rester là, et qu'après avoir été le pendant d'une scène de Sganarelle, elle devint une effroyable tragédie.

— Vous êtes libres et souverains, disaient les uns.

— Mais non, nous ne le sommes pas, répondaient les autres.

— Vous le serez !

— Nous ne le serons pas !

— Vous le serez malgré vous !

— Non, jamais ! plutôt la mort !

— Rebelles ! vous ne voulez pas l'être !.,. Eh bien ! nous allons employer les grands moyens pour vous y contraindre.....

— Employez-les !!!...

Et aussitôt étendues sur la fatale planche, la tête placée sous la hache des bourreaux, ces nobles et courageuses victimes expiaient héroïquement leur fidélité en criant : Vive la monarchie ! Vive le roi ! Vive la France !

Il est sans doute triste de le rappeler à une génération qui est étrangère à toutes ces horreurs, et qu'on voudrait encore pousser aux mêmes excès ; mais telle fut l'origine sanglante de ces Droits de l'homme pour lesquels on conspire, on s'insurge, on se bat et on se massacre en Europe depuis plus d'un demi-siècle ; car il a toujours été et il sera éternellement dans la pitoyable destinée des hommes de ne s'entendre sur aucune chose, de se quereller et de s'égorger pour quelques syllabes creuses auxquelles ni les uns ni les autres ne comprennent absolument rien.

Faut-il, Citoyens, vous le prouver en définissant les quatre mots sacramentaux qui sont devenus la base de ce que vous appelez la Constitution des Droits de l'homme ? Rien de plus facile.

I. Et d'abord qu'est-ce que la liberté ?

C'est..... ma foi ! bien fin qui peut le dire ; car comment, en effet, définir un mot vide, énigmatique et inintelligible, qui échappe à toute définition, un être métaphysique que Montesquieu lui-même n'a pu déterminer d'une manière satisfaisante, et dont le sens arbitraire a toujours varié selon les temps et les lieux où l'on s'est figuré en jouir, selon l'idée des peuples où ce qui était la liberté pour les uns était l'esclavage pour les autres !

Ainsi, la liberté des Romains ne fut pas la même que celle des Grecs, et la liberté de Carthage différa de celle de Rome. Plus tard, même instabilité et même dissemblance pour elle à Venise, à Gênes, à Florence, en Suisse, en Hollande, en Angleterre, aux Etats-Unis, en France et partout où, à diverses époques, les peuples ont eu la fantaisie de décorer leur gouvernement du nom pompeux de *République*. Et chez nous n'avons-nous pas eu, en quelques années, une douzaine de libertés bien tranchées? Liberté de la Constituante, liberté de la Législative, liberté de la Convention, liberté du Directoire, liberté du Consulat, liberté de l'Empire, liberté de 1814, liberté de 1830, liberté de 1848, sans compter la liberté des communistes, la liberté démocratique et sociale et vingt autres libertés qui, encore à l'état d'embryon, pourront éclore plus tard.

Et ne venez pas dire, Citoyens, que nous confondons ici le droit avec le fait, la mère avec des filles plus ou moins impures, que toutes ces libertés-là ne valaient rien et n'étaient qu'une corruption de la vôtre, parce que d'abord nous vous défions de nous apprendre en quoi consiste la liberté dont vous êtes les apôtres, — à moins que ce ne soit celle de Cartouche et de Mandrin, — et parce que ensuite un peuple souverain est incontestablement le maître, pour exercer sa liberté, de choisir telle ou telle forme de gouvernement qui lui plaît, par exemple de se faire gouverner à la Russe, à la Turque, à la Chinoise ou de toute autre manière, si tel est son plaisir, sans que pour cela il jouisse d'une liberté moins entière et moins parfaite que celle dont sont si fiers les vingt-deux cantons suisses et tous les autres états plus ou moins républicains des Deux-Mondes.

Car enfin, Citoyens révolutionnaires, vous ne pouvez nier que la conséquence logique de vos belles théories sur la souveraineté des peuples est que ceux qui exercent ce droit sont bien et dûment investis par lui de *la liberté absolue*, non d'adopter forcément un gouvernement démocratique, s'ils n'en veulent pas ; non de s'immoler fatalement à vos doctrines sauvages, s'ils en ont horreur, mais de se faire gouverner selon leur fantaisie et leur goût, puisque la véritable liberté des peuples souverains ne consiste et ne peut consister que dans la faculté qu'ils ont de choisir l'espèce de gouvernement qui leur convient le mieux, ainsi que l'observait déjà fort judicieusement, il y a près de 2,500 ans, un grand de Perse à Thémistocle qui lui vantait les institutions républicaines de son pays, quoique proscrit par elles. « — Grec, lui dit-il, chaque peuple a sa manière de penser. Vous estimez par-dessus tout la liberté et l'égalité ; » pour nous, nous estimons comme une chose bonne et » louable le devoir d'aimer notre roi comme étant le chef » de cet état et l'image du dieu de la nature. »

Les affranchir, à votre exemple, de toute autorité gouvernementale, même de celle de Dieu ; leur dire qu'ils sont *souverains*, qu'ils sont *libres*, et puis vouloir les assujétir *à certains devoirs antérieurs* qui enchaînent leur liberté d'élection et leur imposent l'obligation d'opter pour vos utopies démocratiques et sociales, est un contre-sens absurde qui choque l'esprit le moins clairvoyant. En effet, ou les peuples souverains sont libres, ou ils ne le sont pas : s'ils sont libres, ils ont certainement le droit de vous envoyer paître *avec vos devoirs antérieurs*, et de choisir le gouvernement qu'ils préfèrent : s'ils ne le sont pas, la souveraineté que vous leur offrez est donc un mensonge, et mieux vaut cent fois qu'ils continuent de rester sous le pouvoir antique et tutélaire qui les gouverne à leur satisfaction, que de se faire félons et transfuges pour passer sottement sous votre détestable bannière.

Peut-être pour vous tirer d'embarras et prouver que votre chère liberté a un sens très-clair, la définirez-vous vaguement, en disant « qu'elle est la négation absolue de l'esclavage ou cet état d'indépendance qui fait qu'un peuple généralement libre se gouverne par ses propres lois. »

Mais les anciennes républiques d'Athènes, de Sparte, de Rome et même les républiques modernes de l'Amérique seront là pour vous donner un démenti formel et vous répondre que jamais elles ne se firent de la liberté une idée semblable à la vôtre, que chez elles il n'y avait que vingt mille citoyens ou hommes libres sur une population de quatre cent mille âmes, et que tout le reste était esclave.

Or, quand on songe que ces trois premiers peuples eurent des législateurs tels que Solon, Lycurgue et Numa; des philosophes et des publicistes tels que Platon et Aristote; des orateurs comme Démosthène et Cicéron; lorsqu'on considère que tous ces grands hommes, amis bien dévoués des peuples dont ils réglaient les destinées, n'étaient pas les premiers législateurs qui ouvraient la carrière gouvernementale, et qu'ils avaient déjà pour eux l'expérience politique de tous les autres peuples qui les avaient précédés, l'orgueilleuse présomption de tous nos chétifs réformateurs doit sans doute s'incliner devant eux et reconnaître que s'ils allièrent si peu de liberté avec tant d'esclavage, c'est que, dans leur sagesse, ils le jugèrent nécessaire et ne crurent pas pouvoir faire autrement.

Telle fut, en effet, leur conviction à cet égard, que Platon, dans sa *République fondée sur la vertu*, et qui était l'idéal d'un gouvernement parfait, ne balança pas à maintenir l'ancienne division des citoyens en trois classes : celle des magistrats ou des sages, celle des guerriers ou gardiens de l'Etat, et celle des *mercenaires ou de la multitude à laquelle*, disait-il, *il ne prescrivait rien, attendu qu'elle était faite pour suivre aveuglément* les impulsions des deux autres; et qu'Aristote, dans *sa meilleure des Constitutions* composée de démocratie et d'oligarchie, ajouta à ces deux premières classes celle des *esclaves* comme une chose tout-à-fait naturelle et indispensable pour fonder une société quelconque.

Et ici se présente une grave et formidable question que nous ne ferons qu'effleurer comme le reste, question dont la seule formule va, Citoyens, vous faire dresser les cheveux sur la tête, laquelle est de savoir si les peuples modernes ont bien fait de proscrire l'esclavage de chez eux.

Il est vrai que le christianisme l'a résolue depuis longtemps en prêchant la liberté parmi les hommes, mais dans un sens bien différent de celui que vous lui donnez. Jamais l'intention de l'Evangile ne fut de les affranchir de l'autorité souveraine qui doit les gouverner, pour en faire des républicains sans principe et sans frein, des républicains à la Proudhon et à la Mazzini. En abolissant l'esclavage dans lequel la force des choses les avait placés avant son avènement, son but fut, non de les transformer en clubistes, en émeutiers, en rebelles et en oisifs, mais de les tirer de cet état pour adoucir leur position sous l'influence des vertus chrétiennes qu'il professait et qui seules pouvaient servir de contrepoids à une telle émancipation; car, en substituant cette liberté toute chrétienne à l'esclavage qui jusque-là avait été la pierre fondamentale des anciennes sociétés, il fallait bien qu'il la contînt avec les principes religieux d'où elle émanait, pour ne pas en faire une concession imprudente et funeste.

C'est ce qu'un écrivain profond, que vous n'avez probablement pas dans votre bibliothèque et que vous feriez cependant bien de lire quelquefois, démontre parfaitement.

« Dans tous les temps et dans tous les lieux, dit le comte de Maistre, jusqu'à l'établissement du christianisme et même jusqu'à ce que cette religion eût pénétré dans les cœurs, l'esclavage a toujours été considéré comme une pièce nécessaire du gouvernement et de l'état politique des nations dans les républiques comme dans les monarchies, sans que jamais il soit tombé dans la tête d'aucun philosophe de condamner l'esclavage, ni dans celle d'aucun législateur de l'attaquer par des lois fondamentales ou de circonstance.....................

....

» Celui qui a suffisamment étudié notre triste nature sait que l'*homme, en général*, s'il est réduit à lui-même, *est trop méchant pour être libre*. Que chacun l'examine dans son propre cœur, et il sentira que partout où la liberté civile appartiendra à tout le monde, il n'y aura plus moyen, *sans quelques secours extraordinaires*, de gouverner les hommes en corps de société...............

....

» *Le gouvernement seul ne peut gouverner*. C'est une maxime qui paraîtra d'autant plus incontestable qu'on la méditera davantage. Il a donc besoin, comme d'un ministre indispensable, ou de l'esclavage qui diminue le nombre des volontés agissantes dans l'Etat, ou de la force divine qui, par une espèce de *greffe* spirituelle, détruit l'âpreté naturelle de ces volontés et les met en état d'agir ensemble sans se nuire...................

. . . .

» Nous venons de voir l'état social ébranlé jusque dans ses fondements, parce qu'il y avait trop de liberté en Europe et qu'il n'y avait plus assez de religion. Il y aura encore d'autres commotions (ceci s'écrivait en 1817), et le bon ordre ne sera solidement affermi que lorsque l'esclavage ou la religion sera rétablie. . . . .

. . . .

» Il faut purifier les volontés ou les enchaîner : il n'y a pas de milieu. Les princes dissidents qui ont la servitude chez eux la conserveront ou périront. Les autres seront ramenés à la servitude ou à l'unité (1). »

Hélas! oui, Citoyens, d'après ce grand observateur dont les prophéties commencent à se réaliser, *il n'y a pas de milieu*, et il faut nécessairement ou que votre liberté échevelée et parricide cesse d'attaquer le christianisme qui l'a créée et mise au monde; qu'elle se pénètre bien de l'esprit de l'Evangile, qui la veut honnête, soumise et obéissante; qu'elle rentre dans le giron de l'Eglise pour vous faire pratiquer les devoirs qui vous sont imposés comme hommes libres, ou que tôt ou tard vous redeveniez esclaves. Choisissez !

Enfin, pour clore ce petit aperçu sur la signification de votre liberté, direz-vous que la Constitution de 1795 l'a parfaitement définie en déclarant que *c'est le pouvoir de faire ce qui ne nuit pas aux droits d'autrui et* TOUT *ce qui n'est pas défendu par la loi ?*

Mais si la liberté ne consiste qu'en cela, elle est cer-

---

(1) *Du pape.*

tainement mieux comprise et mieux observée à Saint-Pétersbourg, à Constantinople et à Pékin, qu'elle ne l'a été en France, en Espagne, en Italie, en Allemagne et ailleurs, non-seulement lors de sa première apparition désastreuse en Europe, mais encore pendant les trois ou quatre ans qui ont suivi la catastrophe de février, c'est-à-dire jusqu'au moment où vos attentats et vos folies vous ont fait mettre au cachot.

Car, en effet, comment se fit-il alors que vous, si fiers et si intègres démocrates, qui veniez de reconquérir *avec tant de gloire les Droits de l'homme sur une tyrannie usurpatrice;* que vous, que votre dernière révolution avait placés au beau milieu d'un paradis républicain où vous occupiez les premières places, où vous mangiez les plus beaux fruits, et où vous pouviez TOUT faire, à l'exception seulement *de toucher à la loi et de faire du mal à autrui*, comment se fit-il, disons-nous, que vous ne vous contentâtes cependant pas d'une liberté aussi confortable, et en abusâtes au point de vous révolter contre votre propre ouvrage, contre les lois de votre façon, de fomenter des insurrections continuelles, de faire les journées sanglantes de Juin, de ruiner tout le monde, de prêcher en pleine tribune l'assassinat et le vol, d'annoncer froidement la dernière heure de notre civilisation, de tenir la France dans la plus cruelle anxiété et d'épouvanter l'Europe par votre dévergondage démocratique et social!

Etait-il donc bien nécessaire que vous révolutionnassiez ainsi une troisième fois le monde pour lui faire cadeau d'une telle liberté!...

Et puis quelle misérable et grossière définition que lui donnent vos législateurs de 93, quand ils disent qu'elle n'est autre chose que *le pouvoir de faire* TOUT *ce qui ne nuit pas aux droits d'autrui!* Est-ce donc que, sans blesser ces droits, on ne peut pas faire beaucoup de choses mauvaises et répréhensibles?

Ah! Citoyens, ce n'est pas ainsi que les anciens et plus tard nos meilleurs philosophes définirent cette noble faculté de l'homme. Selon eux, la liberté ne devait pas seulement être une soumission absolue aux lois du pays, elle ne se bornait pas à conférer le vain titre de citoyen, à donner le droit de s'immiscer aux affaires publiques, et de se procurer des jouissances plus ou moins sensuelles, mais elle prescrivait encore des devoirs de la plus haute importance pour la prospérité des Etats, tels que ceux de combattre les passions de l'âme, d'observer les règles de la morale et d'obéir aux sages préceptes du ciel.

« Rien, disait l'illustre philosophe de Stagyre, rien n'est si opposé à la licence que la liberté. Dans tous les gouvernements, les particuliers sont et doivent être asservis, avec cette différence pourtant qu'en certains endroits ils ne sont esclaves que des hommes, et que dans d'autres ils ne doivent l'être que des lois. En effet, la liberté ne consiste pas à faire tout ce que l'on veut, comme on le soutient dans certaines démocraties, mais à ne faire que ce que veulent les lois qui assurent l'indépendance de chaque particulier, et *à pratiquer tous les devoirs de piété et de conscience, car les citoyens ne peuvent être plus ou moins libres qu'en raison de leurs vertus.* »

Oui, Citoyens révolutionnaires, c'est en concevant et en pratiquant ainsi la liberté que quelques peuples de l'antiquité purent devenir si puissants, et fonder, contrairement aux vues gouvernementales de la Providence, ces républiques florissantes, ces météores passagers que chacun de nous admire encore, mais que toutes vos révolutions immorales et sacriléges ne pourront jamais égaler, avec vos principes licencieux et impies.

Quelle différence, en effet, entre les mœurs austères de ces peuples primitifs et celles de notre époque! Chez eux, le mot de *liberté* était donc synonyme d'obéissance, d'honneur, de piété et de vertu, tandis que chez nous il veut dire révolte, anarchie et pillage. Quand un orateur montait à la tribune pour rappeler le peuple à ses devoirs, pour signaler une belle action ou pour prononcer avec l'accent d'une mâle éloquence le nom sacré de *liberté*, soudain un enthousiasme général, un frémissement universel s'emparait de tout l'auditoire et produisait cet élan admirable qui en faisait un peuple de sages et de héros, pendant que parmi vous, Citoyens, lorsque quelques forcenés hurlent *vive la liberté! vive l'indépendance!* ils entendent par-là crier : A bas les lois! à bas le pouvoir! à bas la religion! à bas la propriété! vive l'insurrection, l'anarchie et le pillage!

Et pourtant, Citoyens, savez-vous, en définitive, et pour résumer ce que nous venons de dire de la liberté, savez-vous bien quelle est ici-bas la seule et véritable liberté, quel est l'homme vraiment libre?

« *Quisnam igitur liber? Sapiens.* »

C'est le sage, rien que le sage, ainsi que le proclamèrent autrefois l'école de Zénon et la muse d'Horace.

« La sujétion, dit Montaigne dans son naïf langage, la sujétion essentielle et effectuelle ne regarde d'entre nous que ceux qui s'y conviennent et aiment à s'honorer et à s'enrichir par tel service. Car qui se veut tapir en son foyer et sait conduire sa maison sans querelle et sans procès est aussi libre que le duc de Venise. *Paucos servitus, plures servitutem tenent.* »

II. Passant maintenant à votre second dogme révolutionnaire, nous vous demanderons ce que c'est que l'*égalité?* (1)

Ici même difficulté pour définir un mot qui ne se trouve pas dans la nature et qui n'a jamais existé nulle part. En effet, dans les profondeurs du firmament, dans le sein des mers, sur la terre que nous foulons aux pieds, pas un corps céleste, pas un grain de sable, pas un animal, pas une feuille, pas un atome qui se ressemblent et qui aient une égalité de structure, de forme et de propriétés pareilles à celles d'un autre ; car c'est précisément de cette inégalité générale que résulte le mouvement de l'univers, sans laquelle celui-ci tomberait dans un état d'inertie, dans une immobilité complète qui serait le néant.

Est-ce donc que le chétif animal, qu'on appelle l'*homme*, doit seul, sous le rapport moral et politique, faire exception à cette règle générale établie par le Créateur ?

Assurément que dans le pur état de nature, lorsque les sauvages errent dans les bois sans être encore réunis en corps de société, ils sont égaux et n'ont entre eux

---

(1) Nous répétons ici une fois pour toutes que nous n'entendons nullement attaquer les principes de 1789 consacrés par le gouvernement impérial, et que notre critique ne s'adresse qu'aux extra-révolutionnaires endurcis et incorrigibles *qui font les morts* en ce moment.

d'autre supériorité que la force de leurs ongles et l'énergie contondante de leur poignet; mais n'est-il pas insensé d'en conclure qu'une fois soumis à un pacte social dont l'inégalité est le principe essentiel et fondamental, ils puissent pourtant y conserver leur égalité naturelle et y vivre absolument égaux en puissance, en fortune, en prérogatives, en considération, en intelligence, et qu'il est injuste d'établir parmi eux les rangs, les conditions, les classes et toutes les distinctions sur lesquelles a reposé jusqu'ici le mécanisme social?

C'est tellement absurde que cela ne s'est jamais vu ni imaginé chez aucun peuple : car vous savez aussi bien que nous, Citoyens, que dans les anciennes républiques une ligne de démarcation profonde divisait le peuple en trois classes distinctes, ainsi que nous l'avons vu plus haut, et qu'il y avait chez elles infiniment plus de distance de la première de ces classes à la dernière, qu'il n'y en avait sous votre règne de 1848, du président M..... à l'artiste qui lui frisait le toupet, ou qu'il ne s'en trouve aujourd'hui d'un brillant sénateur au plus abject des prolétaires.

Il nous faut donc traverser d'un trait deux ou trois mille ans pendant lesquels l'inégalité continua d'exister sur la terre, sans trouver le moindre vestige de sa rivale, et arriver droit au 18e siècle de l'ère chrétienne pour en découvrir le germe dans l'imagination de Montesquieu, de Buffon, de Diderot et de Rousseau. Oui, c'est à ces quatre illustres rêveurs ou soi-disant philosophes que ceux d'entre nous, qui sont nés misérables, idiots et malotrus, sont redevables de l'insigne avantage d'être devenus les égaux d'un prince et d'un archevêque.

Considérant les hommes sous un point de vue nouveau

et étrange, ils prétendirent, en effet, que l'égalité parmi eux était une loi de la nature, méconnue par les cent quatre-vingt générations précédentes, à partir d'Adam jusqu'à leur découverte; — quelle modestie! — et que, puisque la *nature* les avait fait égaux, il était juste que dans des temps aussi philanthropiques que ceux où ils avaient le bonheur de vivre, cette égalité devînt un droit et un élément constitutif dans leurs gouvernements.

Mais qu'entendaient-ils par le mot *égalité*, et quel usage devait-on en faire dans les sociétés modernes? S'agissait-il simplement d'y rendre les hommes égaux devant la loi ou bien de les y faire vivre à la manière des lapins et des pourceaux? C'est ce que ces grands interprètes de la nature ne se donnèrent pas la peine d'approfondir, se tenant pour satisfaits de la découverte de leur prétendu droit égalitaire et laissant aux *philosophes* futurs le soin d'en expliquer le sens et d'en faire l'application pratique.

Aussi depuis lors, l'occident de l'Europe, qui, sous ce rapport, se trouvait cependant bien mieux partagé que les races de Sem et de Cham, et qui jouissait déjà d'une égalité fort raisonnable, est-il en travail pour saper ses anciennes institutions et en *égaliser* les ruines jusqu'à parfait nivellement. Mais, en cela comme en bien d'autres choses, il ne pouvait y avoir uniformité de vues et de tendances parmi les modernes Gracchus qui veulent le réformer. Divisés en plusieurs partis plus ou moins égalitaires et plus ou moins *avancés*, les uns soutiennent que l'égalité doit être tout simplement celle devant la loi, et que chacun, selon ses moyens, peut avoir des terres, des châteaux, des titres, un habit brodé, une livrée, bonne cuisine et beaucoup d'esprit; les autres, trouvant cette égalité-là encore trop aristocratique, prétendent qu'il faut lui ôter ce qu'elle a de superflu et de vaniteux, pour la réduire à la portion congrue. Quant à ceux qui occupent les avant-postes du phalanstère, et dont, Citoyens, vous êtes les dignes représentants, ennemis déclarés de toutes les inégalités sociales qui offusquent leurs yeux et leur paraissent une criante injustice, ils veulent en faire table rase et forcer l'humanité entière, barbue ou non, à n'avoir que ses quatre membres pour toute propriété, à porter uniformément la blouse et à ne vivre qu'avec des patates, des figues et des pruneaux, comme on fait déjà dans l'attrayante Icarie. On a beau leur dire que ces inégalités sont la charpente obligée de tout édifice social; que, pour élever une pyramide, il faut une base et un sommet; que, dans tout composé organique, il y a des parties assujéties à la prééminence des autres; que l'égalité absolue est une pure chimère, et qu'enfin ils périront tous ensemble sous les décombres de l'ancienne société minée par eux, ils n'en persistent pas moins à soutenir que tous les hommes sont égaux *par la nature*, et que nulle distinction de rang, de fortune et d'intelligence ne doit subsister parmi eux.

Quelle démence!

Mais si votre cordonnier et votre chapelier sont vos égaux, Citoyens, qui donc vous chaussera et vous coiffera? Si nous sommes tous obligés de travailler un petit coin de terre ou de nous mettre sous le dur patronage de l'Etat pour vivre misérablement, que ferez-vous de notre commerce, de notre industrie, de nos villes, de nos monuments et de votre tribune? Si vous nous métamorphosez en buses et en oisons, que deviendront nos sciences et nos arts; où prendrez-vous des Alexandre Dumas, des Eugène Sue, des Georges Sand, des Victor Hugo, des Lamartine, pour amuser vos innocents loisirs; où trouverez-vous des Ledru-Rollin, des Marrast, des Dupont, des Béranger, pour badigeonner vos constitutions et chanter vos exploits; où seront la palette de David et le ciseau des Praxitèle de la révolution, pour graver vos nobles traits et les faire passer à la postérité?

Vous faut-il des paroles plus sérieuses et plus éloquentes pour vous démontrer que l'égalité politique telle que vous la concevez est un fantôme après lequel vous courrez éternellement sans pouvoir l'atteindre, à moins que de rentrer dans le chaos? Eh bien! nous vous citerons encore celles que l'académicien éminent, nommé plus haut, a prononcées dans son discours sur la Révolution de 1789, discours dont le retentissement a été européen:

« L'Assemblée constituante, dit-il, en créant un état politique et social qui ne s'était jamais vu dans le monde, osa se condamner à combattre sous toutes les formes les deux bases de toute société: l'autorité et l'*inégalité*; je dis l'inégalité qui est la condition évidente de l'activité et de la fécondité dans la vie sociale, qui est à la fois la mère et la fille de la liberté, tandis que l'égalité ne peut se concevoir qu'avec le despotisme; non pas cette égalité chrétienne dont le vrai nom est l'équité, mais cette égalité démocratique et sociale, qui n'est que la conséquence de l'envie, la chimère de l'incapacité jalouse; qui n'a jamais été qu'un masque et qui ne pourrait devenir une réalité que par la destruction de tout mérite, de toute vertu. Les législateurs de 1789 ont inscrit dans nos lois, hélas! et dans nos cœurs, en dépit de la nature et du bon sens, cette vaine promesse dont la réalisation, toujours promise et toujours attendue, constitue la société à l'état permanent de mensonge et de guerre. »

Oui, c'est bien cela, Citoyens, et si vous recueillant un instant pour sonder vos consciences républicaines, vous avez assez de franchise pour nous dire ce qu'elles en pensent au fond, vous avouerez que tous ces beaux sentiments d'égalité philanthropique, dont vous vous targuez avec tant d'humilité et d'abnégation apparentes, sont tout bonnement chez vous autres démocrates socialistes un mélange d'orgueil, de jalousie et d'impuissance, qui vous fait convoiter une supériorité à laquelle vous vous cramponneriez, si vous la possédiez vous-mêmes; que, pleins de cette funeste ambition et de cette implacable rivalité qui animèrent autrefois les plébéïens contre les patriciens, Thémistocle contre Aristide, César contre Pompée, Marius contre Sylla et les Gracques contre les riches, votre seul désir est de vous emparer, si vous le pouvez, du pouvoir, des biens, des honneurs qui nous appartiennent, et qu'enfin l'égalité n'est entre vos mains impures qu'un odieux prétexte, qu'un moyen trompeur, un *masque* en un mot, comme le dit l'illustre orateur ci-dessus, pour arriver à vos fins perverses et la fouler ensuite aux pieds.

Protesterez-vous des bonnes intentions qui président au grand œuvre égalitaire dont vous êtes les alchimistes, et de l'action toute bienfaisante du creuset révolutionnaire dans lequel vous voulez nous calciner? Direz-vous qu'aux termes de la *Déclaration des Droits de l'homme* vous n'aspirez qu'à jouir de l'égalité devant la loi? Mais l'impudence serait par trop forte, et nous répondrons hautement que vous mentez, parce que vous nous avez donné jusqu'ici des preuves nombreuses de votre haine pour les lois, quelque libérales et égalitaires qu'elles soient, et que nous savons très-bien que tant qu'elles n'auront pas tout nivelé comme la faulx des champs, vous les trouverez injustes et conspirerez contre elles.

Du reste, à quoi servirait de dissimuler la jalouse cupidité qui vous dévore, lorsque, non contents de vouloir l'élever à la hauteur d'un nivellement général, pour faire haro sur nos personnes et sur nos biens, vous l'étendez encore sans déguisement à des choses bien moins importantes que cela. Ainsi, possédés par le démon insatiable de l'envie, qui ne peut souffrir aucun avantage chez autrui, par le courroux que vous inspirent les dons naturels que nous pouvons avoir, par la rage que provoque dans votre cœur toute espèce d'autorité et de hiérarchie gouvernementale, vous nous regardez de travers et nous insultez, quand nous sommes mieux habillés que vous ou que nous avons une figure moins rébarbative que la vôtre; vous détestez et calomniez ceux qui ont le malheur de vous surpasser en mérite, en talents, en considération et en fortune; vous tournez en ridicule dans vos journaux, dans vos pamphlets et vos ignobles caricatures tout ce qu'il y a de plus sacré et de plus respectable parmi les hommes : religion, gouvernement, clergé, chef de l'Etat, ministres, hauts fonctionnaires, magistrats, généraux, soldats, rien de ce qui touche au pouvoir ou à l'administration du pays n'échappe à la souillure de votre plume envenimée et de votre burin éhonté, et, élevant la fureur égalitaire qui vous tourmente de la base jusqu'au sommet de l'édifice social, jusqu'au ciel même comme les mauvais anges de la création, vous la dirigez contre tous les rois de l'Europe que vous voulez pendre ou poignarder, contre Dieu et la providence que vous voulez aussi détrôner : car tel est l'excès de votre délire, que tout ce qui a de l'éclat vous offusque, et que, s'il vous était possible de barbouiller le soleil avec la bave virulente qui découle de votre bouche, vous ne manqueriez pas d'obscurcir et d'éteindre cet astre bienfaisant. Voilà ce que c'est que votre égalité !

Mais pour adoucir un aussi sombre tableau qui n'est cependant qu'une esquisse incolore du radicalisme farouche dont vous aspirez à gratifier l'Europe, hâtons-nous de dire, Citoyens, que tout cela est pure extravagance de votre part, et que si, comme la tempête passagère qui agite et confond un instant tous les éléments, vous parvenez à ressaisir la foudre pour nous exterminer et rétablir pendant quelque temps le règne de votre *triangle égalitaire*, c'est-à-dire les horreurs de 93, nous en serons victimes bien entendu, mais que ce règne de nouvelle destruction ne sera certainement que l'orage d'un moment, pour purifier définitivement la terre d'une engeance telle que la vôtre, et que la Providence qui a déjà tiré deux fois l'Europe de l'abîme que vous lui creusiez, la Providence, indignée de tous vos attentats, saura bien encore nous envoyer le bras vengeur d'un troisième, d'un quatrième sauveur, s'il le faut, pour vous y précipiter vous-mêmes et faire prévaloir l'ordre final.

Sachez, en effet, mauvais et impuissants génies que vous êtes, que tant que l'aigle majestueux fera trembler le serpent qui siffle dans ses serres, et que le chêne ombragera le cytise et sera plus fort que le roseau ; que, tant que le ver rampera à côté du papillon, et que parmi les hommes il y en aura de spirituels et de sots, de robustes et de faibles, de bons et de méchants, de grands et de petits, de jolis et de laids, jamais, non jamais, votre égalité ne pourra régner sur la terre, et que toujours on verra au milieu des champs qui nous nourrissent et des jardins qui charment notre vue, que toujours on verra pousser les chardons et la ciguë dont vous êtes le type et la trop vivante image.

III. Mais assez sur cet article, et disons un mot de votre fraternité.

Oh ! pour elle nous pourrions parfaitement la définir et vous parler de la tendresse avec laquelle vous l'avez pratiquée à différentes reprises en France, en Italie, en Espagne, en Autriche, sur les bords du Rhin, en Suisse et partout où vous avez pu planter sa bannière. Nous pourrions vous rappeler frère Robespierre, frère Couthon, frère Saint-Just, frère Fouquier-Tainville, les aménités de 93, la *glorieuse* révolution de Juillet, l'*immortelle* révolution de 1848, les *héroïques* journées de Juin, l'archevêque de Paris, le général de Bréa, M. Rossi, un ministre autrichien dont le nom nous échappe, et enfin tous les témoignages de touchante fraternité que vous ne cessez de nous donner depuis plus d'un demi-siècle...! Mais à quoi bon remémorier ici ce que tout le monde sait et ce que personne ne peut avoir oublié ! Laissons donc de côté tous ces faits apologétiques et ne considérons que le dogme en lui-même.

Savez-vous bien, Citoyens, qu'à voir la manière dont vous interprètez et appliquez votre fraternité, elle n'est pas du tout aimable ni rassurante pour nous autres pauvres chrétiens qui ne l'aimons déjà guère et voulons tout simplement être frères en Jésus-Christ! En effet, d'après l'Evangile qui est un livre un peu plus respectable que la Constitution de 93, la fraternité est un sentiment d'amour et de charité qui doit unir tous les membres de la grande famille humaine, organisée par la révélation et le christianisme, telle qu'elle est aujourd'hui, tandis que d'après vous, la fraternité républicaine n'est qu'une impulsion de bestialité et de cruel égoïsme qui veut détruire la propriété, la famille, les liens du sang, c'est-à-dire nous ruiner, nous désunir, nous abrutir et étouffer dans nos cœurs tous les nobles et généreux sentiments que Dieu y a mis. Or, quand nous ne connaîtrons plus notre père, notre mère, nos frères, nos sœurs et notre pays natal; quand nous ne posséderons plus rien de ce qui peut nous attacher à la terre et nous inspirer de douces affections; quand nous serons assimilés à des troupeaux de porcs ou de moutons qu'un loup transformé en berger conduira à coups de bâton; lorsque enfin d'un œil terne et larmoyant nous nous regarderons les uns et les autres avec un air de pitié, comment voulez-vous que nous puissions aimer et tendre les bras à une aussi odieuse fraternité, à cette fraternité de Caïn!

Nous tromperions-nous, Citoyens, et calomnirions-nous le socialisme? Mais alors c'est votre faute, et vous devez vous en prendre à la maladresse avec laquelle vous tracez la route par où le vieux monde doit arriver au nouveau, car au lieu de la hérisser de guillotines menaçantes, de la couvrir de ces horribles bulletins qui nous annoncent une prochaine extermination, de vouloir la paver avec nos têtes ensanglantées ; vous devriez la semer de fleurs et de fruits savoureux, la couvrir d'un berceau de jolies guirlandes, nous montrer, dans une perspective enchanteresse, la nouvelle terre promise où elle conduit, pour que nous fussions tentés de vous y suivre, et non la convertir en un enfer anticipé, non nous faire violence comme au taureau qu'on mène à l'abattoir sur les dalles déjà souillées du sang de ses véritables frères.

Est-ce qu'à notre place vous courberiez gracieusement la tête sous la massue prête à la frapper et imiteriez le sublime courage de la plupart des victimes qu'immola votre première révolution ? Non, non, les hommes sanguinaires sont lâches pour eux comme pour autrui, et semblables à ce cruel Henriot qui, au 9 thermidor, se cacha honteusement sous l'une des tables de l'Hôtel-de-Ville, ou à ce gros tribun qui, au Conservatoire des Arts et Métiers, se sauva par un vasistas, vous trembleriez de tous vos membres et mourriez de frayeur avant d'avoir reçu le coup fatal. Dès-lors laissez-nous donc tranquilles avec votre sanglante fraternité ! Elle nous fait horreur et nous n'en voulons point.

IV. Nous voilà arrivés, Citoyens, au plus beau fleuron de votre couronne républicaine, à ce droit de souveraineté et d'insurrection auquel vous tenez tant et dont vous avez fait un si glorieux usage.

Bien certainement que nous n'oserons pas dire avec de Maistre « que l'homme, en sa qualité d'être à la fois moral et corrompu, juste dans son intelligence et pervers dans sa volonté, ne peut être souverain et doit être nécessairement gouverné (1) » ; ni avec Henri Fonfrède « que la souveraineté du peuple *est une erreur en droit* et *un mensonge en fait* (2) » ; ni avec Mgr l'évêque de Chartres « qu'*elle est absurde et impossible dans son exécution* (3) » ; puisque, grâce à elle et à un de ses bons moments, vingt millions de suffrages nous ont tirés trois fois de vos méchantes griffes où nous nous trouvions par sa faute ; mais enfin, puisque vous avez une souveraineté à part de même que la liberté, l'égalité et la fraternité qui caractérisent votre secte, il doit bien nous être permis de l'examiner sans la confondre avec la véritable souveraineté nationale qui est notre gouvernement actuel, et qu'à ce titre nous respectons, tout en faisant nos réserves pour les abus qui peuvent en découler, ainsi que nous le verrons plus loin.

Et d'abord savez-vous bien d'où vient la souveraineté, quelle est son essence? « Plaisante question, allez-vous dire, mais *elle vient du droit primitif, fondamental, primordial des nations ; elle vient de la volonté générale qui, en détruisant le droit divin, a ramené la société à son principe philosophique, à son but purement rationnel* (4). »

Ah ! c'est comme cela que vous raisonnez, et la souveraineté nationale serait tout simplement, selon vous, un attribut de la volonté de l'homme et de sa raison ! Belle garantie vraiment ! Ici, nous nous arrêtons pour

---

(1) Du pape, l. 2, ch. 1.

(2) *Mémorial de Bordeaux* (de décembre 1835).

(3) Mandement du 20 octobre 1851.

(4) *De l'Ordre, des causes qui le troublent et des moyens de le rétablir*, par M. Gautier, ancien pair de France.

vous faire une seconde question : Etes-vous athée? Si vous avez le malheur de l'être, fermez ces pages et retournez aux œuvres de d'Holbach et de Lalande; si vous ne l'êtes pas, veuillez lever les yeux vers le ciel, et, en dépit de l'astronome que nous venons de citer avec dégoût, nous dire s'il n'y a pas là-haut le grand souverain duquel émanent toutes les souverainetés de ce monde?

Certes, il n'y a qu'un aveugle ou un fou qui puisse le nier. Cela étant, comment ne voyez-vous donc pas que toutes nos pauvres petites souverainetés terrestres dont nous sommes si fiers, soit qu'elles s'exercent par un ou par tous, procèdent nécessairement de ce grand maître et doivent se mouler, se calquer sur l'unité, l'ordre et la sagesse qui éclatent dans son admirable ouvrage; que tout libres et souverains que nous sommes, nous exerçons cette souveraineté en son nom, et que, par conséquent, elle relève de la puissance de Dieu ou de son *droit divin*, ce qui est la même chose.

Envisagées ainsi — et elles ne peuvent l'être autrement — nos souverainetés nationales sont donc une émanation, une représentation de la souveraineté divine, et, à peine de forfaire à leur mandat, elles sont toutes obligées d'obéir elles-mêmes aux lois, non d'une raison et d'une volonté aussi vicieuses que les nôtres, mais aux lois immuables et éternelles du grand livre qui est ouvert devant leurs yeux.

Or ces lois portent en caractères évidents et très-lisibles, que nulle société ne peut subsister sans chef; que si les sociétés sont investies par Dieu d'une portion de sa souveraineté, c'est un privilége transitoire, momentané, qu'il leur a accordé pour en choisir un à son image, et que, lorsque ce choix est fait pour telle forme de gouvernement que ce soit, bon ou mauvais, elles sont tenues de le respecter, de lui obéir, de lui être soumis pendant tout le temps que dure le contrat formel ou tacite qu'elles ont consenti; car, Citoyens, si vous admettez en principe, comme l'ont fait vos stupides législateurs, *que l'insurrection des peuples est le plus saint des devoirs*, comment voulez-vous qu'un chef, quelque bon et parfait qu'il soit — fusse Dieu même — puisse rester longtemps à la place précaire où vous l'aurez mis un instant par l'effet d'une souveraineté aussi capricieuse?

Et si dans l'espace céleste où il y a bien aussi une souveraineté et un gouvernement, il existait une pareille instabilité; si, par exemple, la terre pouvait se révolter contre la lune et le soleil, parce que la première y excite des intempéries, et parce que le second n'y dispense pas uniformément la lumière et la chaleur, que deviendrait l'ordre de l'univers?

« Mais quand nos chefs sont des despotes, des tyrans, des mauvais souverains, répondrez-vous, nous avons, certes, bien le droit de les guillotiner, de les pendre ou tout au moins de les chasser pour en choisir de meilleurs. »

Des tyrans!... Et qu'est-ce que c'est qu'un tyran? Dites-nous donc ce que signifie ce mot, vous qui savez si bien les définir? Veuillez nous apprendre où finit le pouvoir légitime et où commence la tyrannie; nous montrer nettement la limite qui les sépare; nous dire combien il faut d'actes tyranniques pour avoir le droit de se révolter contre un souverain; s'il n'est pas des cas où le despotisme et même la tyrannie sont nécessaires?

Répondrez-vous avec le docteur *Beattie*, démocrate anglais, que lorsqu'il s'agit de résister à la souveraineté d'un *tyran*, le peuple doit se déterminer *par les sentiments intérieurs d'un certain instinct moral dont il a la conscience en lui-même, et qu'on a tort de confondre avec la chaleur du sang et des esprits animaux?*

O Molière! où es-tu donc?.....

Ou bien direz-vous avec le docteur *Barkeley*, démocrate du même pays, qu'en fait d'insurrection, l'*homme, en sa qualité d'être raisonnable, doit se laisser diriger par les préceptes d'une sage et impartiale raison?*

O escobar de la politique, inclinez-vous!.....

Mais à notre tour, Citoyens, nous répliquerons que, dans aucun cas, ce que vous appelez la *tyrannie* ne peut justifier la révolte, et qu'un *tyran*, quelque méchant qu'on le suppose, est infiniment préférable à une révolution toujours plus tyrannique que lui. Nous autres Français en savons quelque chose. Est-ce, en effet, qu'Athènes, Sparte, Syracuse et Rome furent plus heureuses après la chute d'Hippias, de Nabis, de Denys, de Tarquin et de César? Est-ce que l'Angleterre et la France ont beaucoup gagné à renverser des *tyrans* tels que Charles Ier, Louis XVI, Charles X et Louis-Philippe?

« Cessons donc de divaguer, dit le comte de Maistre, à propos du pouvoir suprême de déposition exercé par les anciens papes, et prenons enfin notre parti de bonne foi sur la grande question de l'obéissance passive ou de la non résistance. Veut-on poser en principe que, pour aucune raison imaginable, il n'est permis de résister à l'autorité; qu'il faut remercier Dieu des bons princes et souffrir patiemment les mauvais, en attendant que le grand réparateur des torts, le temps, en fasse justice; qu'il y a toujours plus de danger à résister qu'à souffrir? J'Y CONSENS ET JE SUIS PRÊT A SIGNER POUR L'AVENIR. Mais s'il fallait absolument en venir à poser des bornes légales à la puissance souveraine, j'opinerais de tout mon cœur pour que les intérêts de l'humanité fussent confiés au Souverain Pontife. »

« Les défenseurs du droit de résistance, continue-t-il, se sont trop souvent dispensés de poser la question de bonne foi. En effet, il ne s'agit nullement de savoir *si*, mais *quand* et *comment* il est permis de résister. Le problème est tout pratique, et posé de cette manière il fait trembler. Ce droit d'opposition reposant sur une tête unique et connue, pourrait être soumis à des règles et exercé avec toute la prudence et avec toutes les nuances imaginables, au lieu que dans la résistance intérieure, il ne peut être exercé que par les sujets, par la foule, par le peuple en un mot et par conséquent par la voie seule de l'insurrection. »

Voilà, Citoyens, en quoi consistent l'essence et l'exercice de la véritable souveraineté politique des nations, telle que Dieu l'a créée pour constituer leurs gouvernements, souveraineté que vous mutilez d'une manière si audacieuse, quand elle ne s'accorde pas avec vos vues ambitieuses et révolutionnaires, souveraineté dont vous vous emparez violemment pour fonder de votre côté les factions et la révolte.

En effet, vous admettez bien d'abord — et comment faire autrement! — vous admettez une souveraineté nationale qui, par l'élection et la majorité des suffrages, doit nécessairement triompher de la minorité et la soumettre au choix qu'elle fera, cela dans l'espoir de tirer vous-mêmes de l'urne électorale un gouvernement révolutionnaire et des noms dignes de lui; mais si le sort ne favorise pas vos desseins machiavéliques, si vous êtes vaincus, semblables alors à ces filous qui prétendent avoir gagné quand ils ont perdu, vous faites aussitôt volte-face à la majorité, votre souveraine, et vous écriez avec l'accent du dépit et de la colère : « Non, vous n'êtes pas les vainqueurs; non, le scrutin n'est pas pour vous! La loi électorale est mauvaise et les élections ont été faussées! C'est nous, minorité, qui sommes les véritables souverains; c'est nous qui sommes le vrai peuple; c'est nous qui finirons par triompher!.... »

Et vous insurgeant aussitôt contre la souveraineté nationale, dont un instant avant vous étiez les ardents apôtres, vous vous livrez à ces conspirations souterraines, à ces émeutes sanglantes, *à ces tours de mains* liberticides, à ces surprises révolutionnaires qui vous ont effectivement fait triompher en 1789, en 1830 et en 1848.

Quelle duplicité!... Et vous criez contre les tyrans!... Mais vous, minorité rebelle et indisciplinable, vous minorité infime et turbulente, dont le nombre est si faible en comparaison de celui de vos adversaires, n'êtes-vous donc pas cent fois plus tyrannique que l'était Néron? Car Néron représentait au moins un principe, celui de la souveraineté du peuple romain tout entier, tandis que vous, la lie et le rebut de vos nations respectives, vous ne représentez que la folie, la trahison et le crime.

Est-ce, en effet, que la véritable souveraineté des peuples, quelles que soient d'ailleurs sa force et sa puissance, a jamais eu le droit d'enfreindre ses traités, et que, lorsque l'ordre social exige que tous les membres d'une société bien organisée soient soumis à une justice obligatoire, coërcitive, pour l'exécution de leurs contrats privés, elle seule aurait, quand bon lui semble, le privilége exorbitant de rompre les siens?

Certainement non, puisqu'une fois qu'elle s'est soumise au chef dont elle ne peut se passer pour être gouvernée, il s'est opéré entre eux une transmission de droits, une vraie cession — *Ei, et in eum omnem potestatem transtulit* — qui l'a dépouillée et au moyen de laquelle le souverain qui la représente est investi de tous les pouvoirs nécessaires pour gouverner.

C'est donc un accord bien autrement important et sacré que ceux qui surviennent journellement entre simples particuliers, et si, au mépris du respect qui lui est dû, les factions qui existent dans tous les gouvernements — comme le ver rongeur au milieu des plus beaux fruits — viennent à arborer l'étendard de la révolte, lui souverain a le droit incontestable, s'il n'est pas faible et pusillanime, de les réprimer à coups de fusil et de canon; car, — pardonnez-nous cette comparaison un peu triviale mais juste — car les peuples souverains ressemblent assez aux chevaux pétulants et vicieux qui se laissent difficilement mettre le frein, et qui, une fois emjambés, ont besoin que le cavalier tienne la bride ferme et les fustige pour n'être pas désarçonné.

Raisonnez, en effet, tant qu'il vous plaira sur votre prétendu droit d'insurrection et sur l'*impossibilité où sont les générations de se lier légalement entre elles*, il n'en est pas moins vrai que toute société est nécessairement établie sur un contrat formel ou tacite auquel elle doit se soumettre, sous peine de grandes calamités, quelquefois de vie ou de mort, et que, lorsqu'elle est assez imprudente pour le violer, elle ne manque jamais, afin d'échapper à une dissolution infaillible, d'en faire incontinent un autre sur les lambeaux mêmes de celui qu'elle vient d'anéantir.

Or, si pour exercer ce droit insensé, un peuple léger et fantasque, comme il y en a tant aujourd'hui, se met en insurrection permanente pour attaquer le gouvernement établi, pour défaire le lendemain ce qu'il a fait la veille, pour vouloir substituer un nouvel ordre de choses impossible à un tempérament et à des mœurs nationales, qui ne peuvent point s'en accommoder, pour se tuer enfin sous prétexte de se guérir, c'est évidemment un peuple de fous indigne de la souveraineté qu'il s'attribue, puisque, de votre aveu, la souveraineté est fille de la raison, et que la raison veut que les nations conservent leurs anciennes institutions et n'y touchent qu'avec la plus grande réserve.

Et observez bien, Citoyens, que ceci n'est pas une pure supposition de notre part, et qu'une pareille tendance insurrectionnelle existe actuellement en Europe, car tout le monde sait que parmi vos frères et amis les plus *avancés*, — lisez *enragés*, — comme on les appelle par une trop pudique métaphore, il existe une classe d'êtres à part, une espèce de bêtes fauves, de monstres amphibies, qui passent les trois quarts de leur vie dans des antres profonds et qu'on nomme *conspirateurs*, lesquels conspirateurs, après avoir respiré pendant quelques jours l'air libre et pur qui les asphyxie, s'empressent de conspirer encore, de conspirer toujours pour se faire condamner comme victimes de la liberté et s'enfoncer voluptueusement dans la solitude infecte des cachots, leur domicile de prédilection.

Aussi ces pauvres fous nous paraissent-ils plutôt dignes de pitié que mériter l'attention sérieuse dont la justice les honore par des arrêts solennels qui leur donnent une si grande importance, et voudrions-nous qu'au lieu de les envoyer pompeusement à Vincennes, à Belle-Ile, à Lambessa, à Cayenne, à Botany-Bey, à Jackson, en Sibérie et autres lieux pénitentiaires, on se contentât de les enfermer tout bonnement aux *Petites-Maisons*, où au moins d'habiles médecins dans ce genre de spécialité pourraient les saigner, les purger avec l'ellébore, leur faire administrer la douche à l'*Ecossaise* et peut-être les rappeler à la raison.

Cependant pris au sérieux, tous ces symptômes de dissolution sociale ne laissent pas que d'alarmer l'observateur philosophe et de lui présenter une énigme à résoudre.

En effet, on peut bien admettre que des hommes pervers, que des proscrits animés par la vengeance, par l'ambition et le désir effréné de revenir au pouvoir, prêchent l'insurrection pour rentrer dans leur patrie à travers le feu, le sang et les larmes de leurs concitoyens, parce qu'il y aura toujours des Catilina tant que le monde vivra; on peut bien encore concevoir que des misérables qui n'ont rien à perdre et qui espèrent s'enrichir dans des insurrections continuelles consentent à servir d'instruments aux premiers, parce qu'on connaît la méchanceté du cœur humain quand la cupidité s'en empare; mais que des hommes qui ont honneur, femme, enfants, fortune, profession, commerce et tranquillité à conserver, se laissent pourtant entraîner à la première révolte venue et aient toujours leur fusil chargé pour la soutenir et se faire casser la tête, voilà qui confond l'intelligence la plus pénétrante et dépasse toutes les bornes qu'elle peut avoir, si l'on ne veut pas considérer cela comme un acte de véritable folie épidémique.

Mais enfin, Citoyens, ne pouvons-nous pas vous convaincre et persisterez-vous à soutenir, malgré tout ce que nous venons de dire, que vos droits illimités à la souveraineté et à l'insurrection sont une belle et sainte chose dont vous voulez jouir à votre fantaisie? Eh bien! pour ne plus vous contrarier, nous allons abonder dans votre sens, renchérir même sur vous et vous conseiller, puisque vous voulez être souverains tout-à-fait indépendants, de vous insurger le plutôt possible contre la souveraineté *par délégation*, de la répudier, de la chasser comme vous tenant encore dans un demi-esclavage, et d'adopter soit l'ingénieux système de vos apôtres Ledru-Rollin et Considérant, qui veulent *le gouvernement direct du peuple par le peuple*, soit celui de l'*an-archie* vanté et proposé par le *Créateur* Proudhon, *ad libitum*.

Pour mettre le premier en exécution, rien de plus simple ni de plus pittoresque. Comme à Rome, vous aurez votre *forum;* seulement, au lieu d'un, vous en établirez la bagatelle de 36 mille, ni plus ni moins pour la France. Là, le bonnet rouge sur la tête, les bras nus, la barbe en désordre, l'écume à la bouche, le visage enluminé par des libations préalables, vous discuterez vous-mêmes vos affaires, et si vous ne pouvez pas vous entendre avec la langue, vous en viendrez héroïquement aux soufflets, aux coups de poing, aux coups de trique et à une mêlée générale pour les régler à la satisfaction de tout le monde. Comme vous voyez, cette souveraineté-là sera *directe*, moins décevante et infiniment plus expéditive que celle de la *députation* et du régime parlementaire.

Dans le second système offert par l'aimable et philanthrope Proudhon à l'humanité souveraine et toujours opprimée, chacun de vous sera souverain à sa guise, à la manière des ours et des loups. Vous n'aurez plus de dieu, d'autels, de propriété, de famille, de justice, de gendarmes ni de prisons. Vous pourrez voler et tuer impunément, vivre en un mot sans gouvernement comme le tigre et le lion du désert. Ce sera donc le sublime du genre, d'autant plus que dans cette république-là vous crierez : *Vive le diable!* vu que c'est le diable en personne qui sera le génie tutélaire d'une aussi délicieuse société à laquelle son fondateur a donné le nom euphonique d'*an-archie*, mot charmant qui en dit plus à lui seul que tous nos plus beaux traités de politique ensemble.

Et là ne se borneront pas les avantages immenses que vous procurera, comme souverains, l'un ou l'autre de ces deux gouvernements, selon qu'il vous plaira de choisir le premier ou le second, ou même d'en former un amalgame éclectique, si tel est votre plaisir ; vous serez encore dispensés de l'obligation patriotique de vous insurger à chaque instant, de faire des manifestations et des émeutes à la minute, de dépaver vos ci-devant capitales, d'élever des barricades gigantesques, de vous faire mitrailler et finalement enterrer comme des héros sur la place de la Bastille, — ce qui, après tout, n'est pas fort gai ni très-glorieux, — à moins toutefois que vous ne veuillez vous insurger contre vous-mêmes et détrôner votre propre personne, puisque vous régnerez tout seuls sur elle : car enfin, belliqueux Citoyens, il ne peut plus y avoir de *juste-milieu* dans la politique de l'Europe, — elle sait où il conduit, — et il faut nécessairement que vous optiez ou pour la souveraineté nationale telle que Dieu et les hommes sensés l'ont constituée sur la terre, ou que d'accord avec elle, si elle le veut, vous établissiez ensemble la nouvelle et admirable société dont nous venons de vous faire une légère description.

« Mais vous raillez, allez-vous peut-être dire ; vous nous arrachez une à une toutes nos libertés ; vous ne nous accordez aucune des conquêtes faites par nos glorieuses révolutions ! »

Toutes ! non. Pour avoir la paix, nous sommes tout disposés à vous faire beaucoup de concessions, à vous accorder même plus que vous ne méritez. Voyons : que voulez-vous ?

Vous voulez avoir le droit imprescriptible de vous lever tard ou matin, de travailler ou de ne rien faire, de prendre votre café au lait en lisant *le Charivari ou le Journal pour rire* ; de vous promener à droite ou à gauche, à pied ou en omnibus ; de fumer votre cigare en regardant les affiches ou en flanant sur les boulevards ; de courir les cafés, les tabagies, les spectacles, et enfin d'aller vous coucher. — Accordé.

Vous voulez vous donner des airs d'égalité avec tout le monde ; ne plus saluer personne ; avoir autant d'intelligence, d'esprit et de talents qu'un membre de l'Institut, et être aptes à tous les emplois ; abolir les titres de noblesse, bien que des chevaux de race tels que *Zéphir*,

Juliette et *Rampono* aient leur généalogie et leurs parchemins au *Stud bock français*. — Accordé.

Vous voulez être nos *frères* tout en nous montrant les dents et nous faisant les gros yeux comme l'ogre qui grogne et flaire une proie qu'il ne peut atteindre. — Accordé.

Vous voulez jouir d'une fraction infinitésimale d'une souveraineté qui vous donne plus d'orgueil et de souci que n'en ont les empereurs de la Chine et de Maroc. — Accordé.

Vous voulez avoir l'insigne privilége de faire des élections du matin au soir ; d'écrire *Pierre* ou *Paul* sur un bout de papier pour savoir qui sera Président, député, membre du conseil municipal et caporal de la garde nationale. — Accordé.

Vous voulez porter une barbe dégoûtante d'orang-outang, une cravate rouge et un chapeau pointu ; faire les matamores et nous appeler *aristo* en nous regardant de travers. — Accordé.

Mais ce que nous ne vous accordons pas et ce que nous ne vous accorderons jamais,

C'est — sous prétexte d'exercer vos prétendus *Droits de l'homme* — de faire violence aux mœurs et aux lois fondamentales de l'Europe, en imposant à celle-ci vos utopies absurdes et impraticables ;

C'est de vouloir fonder une liberté, une égalité, une fraternité et une souveraineté qui ne peuvent être bonnes que chez les sauvages ;

C'est d'organiser des sociétés secrètes, de conspirer sans relâche, d'avoir une presse souterraine, des armes de guerre et de fabriquer de la poudre à canon ;

C'est de former des assemblées populaires, des meetings, des clubs, des affiliations; d'avoir une tribune, un mot d'ordre, des emblèmes, un gouvernement révolutionnaire dans le gouvernement légal;

C'est de vous ameuter comme des forcenés, de chanter la *Marseillaise* et le *Ça ira*, de faire des manifestations séditieuses et des révoltes sanglantes, de dépaver les rues, d'y élever des barricades pour en faire un champ de bataille et un lieu de carnage;

C'est de renverser les trônes, de dévaster les palais, de piller nos propriétés, de violer nos femmes, de massacrer nos enfants et d'incendier nos maisons;

C'est de dilapider la fortune publique, de voler ses caisses, d'imposer et de mettre à sac les malheureuses contrées par où passent vos révoltes;

C'est de faire marcher à la tête de vos bandes insurrectionnelles, et la corde au cou, les prêtres, les sous-préfets, les procureurs du parquet, les maires, tous les notables habitants des lieux que vous désolez, pour vous en faire un plastron contre les balles vengeresses qui doivent vous frapper;

C'est de nous demander la bourse ou la vie au coin des rues, puis de nous poignarder, de nous assommer ou de nous jeter à l'eau;

C'est enfin d'assassiner nos braves gendarmes, de fusiller nos factionnaires, et de fabriquer de ces nouvelles machines infernales qui sont à votre usage contre le chef de l'Etat.

Tels sont, Citoyens, les concessions bien assez libérales que nous vous faisons pour vivre en paix, vous conseillant de les accepter avec résignation et de vous y soumettre tant que l'immense majorité de l'Europe exécrera vos infâmes doctrines et aura pour la gouverner des souverains aussi dignes et aussi énergiques que le sont ceux de la France, de la Russie, de l'Autriche, de Naples et de Rome.

TROISIÈME FOLIE POLITIQUE.

C'est d'avoir cru et de croire que les révolutionnaires ont créé une nouvelle science politique.

J'ai voulu de la science
Pénétrer l'obscurité.
O nature! abîme immense!
Tu me laisses sans clarté.
J'ai recours à l'ignorance;
Le savoir est vanité.

SALOMON, dans l'*Ecclésiaste*.
(*Traduct. de Voltaire.*)

Le plus savant homme qu'ait produit le monde est, sans contredit, ce divin Socrate qui, après avoir réformé la philosophie, créé la morale, démontré l'existence de Dieu et l'immortalité de l'âme, approfondi toutes les sciences métaphysiques et avoir eu des disciples tels que Xénophon, Platon, Antisthène, Criton et plusieurs autres non moins illustres, avoua franchement ne savoir qu'une seule chose: *c'est qu'il ne savait rien.*

Au moins celui-là était plus humble et plus modeste

que tous nos savantasses modernes, que tous nos grands esprits dont l'orgueil insolent s'élève jusqu'aux nues et prétend ne rien ignorer.

Et pourtant que savent-ils? Est-ce que si nous les mettions sur la sellette pour leur poser, non les hautes questions de philosophie, de morale, de religion, de physique, de politique, de droit et de médecine auxquelles personne ne comprend rien, mais pour les interroger seulement sur les choses les plus naturelles et les plus simples du monde, ils ne seraient pas un peu interloqués?

Si par exemple nous leur demandions pourquoi deux et deux font quatre, comment ils digèrent leur dîner, d'où vient que le plaisir leur fait épanouir la rate, que la douleur fait suinter leurs glandes lacrymales, que l'ennui les fait bâiller, qu'une prise de tabac les fait éternuer, et *quare opium facit dormire*, que répondraient-ils?

Hélas! ils hésiteraient, ils bredouilleraient, ils se grateraient le front, et, pour ne pas rester courts sur une question aussi capitale que celle de l'opium, ils répondraient gravement avec Argan : *Quia est in eo virtus dormitiva cujus est natura sensus assoupire.*

Car enfin, quelque savants qu'ils prétendent être, ce ne sont, après tout, que de gros automates qui calculent, digèrent, rient, pleurent, bâillent, éternuent et dorment comme vous et comme nous, sans mieux savoir d'où cela provient et comment cela s'opère.

Non pas cependant que nous leur fassions un reproche d'une pareille ignorance, puisqu'elle est notre patrimoine commun, et que Dieu a voulu que notre pauvre nature humaine ignorât tout et ne pût rien expliquer, pas même les choses qui tombent sous ses sens, mais ennemis déclarés des philosophes, des controversistes, des idéologues, des utopistes, des rhéteurs, des avocats et des pédants de toute espèce, quelles que soient la robe et l'hermine dont ils se parent, nous voudrions qu'au lieu de s'élancer témérairement dans les espaces inconnus et ténébreux où ils s'égarent et perdent la raison; que reconnaissant leur impuissance absolue pour expliquer les moindres mystères de la nature, ils fussent plus modestes et se contentassent d'étudier ce qui est accessible à une intelligence aussi bornée que la leur, parce que l'expérience de tous les temps a prouvé que ce sont l'orgueil, le faux savoir et les systèmes de ces hommes présomptueux qui ont perdu le monde.

Considérez, en effet, dans l'histoire de leurs hauts faits tous les anciens monuments scientifiques qu'ils ont tour à tour élevés et renversés; l'immense quantité de découvertes, de théories, de querelles et de volumes tombés dans l'oubli le plus complet; examinez attentivement les nouvelles doctrines avec lesquelles ceux de notre époque reconstruisent si bruyamment leurs sciences respectives; admirez surtout la jalousie, la rivalité, les mortels dissentiments qui les animent tous ensemble, et vous resterez convaincus que, comme les Danaïdes, ils passent follement leur vie à vouloir remplir un tonneau sans fond, ou que semblables à un aveugle de naissance qui tenterait, avec un bâton à la main, de faire le tour du monde pour l'explorer, ils marchent à l'aventure et trébuchent à chaque pas sans pouvoir jamais rien découvrir de réel; vous reconnaîtrez que toute leur science se borne à observer, tant bien que mal, des effets incompréhensibles qu'ils prennent pour des causes, à examiner çà et là quelques phénomènes qui confondent leur entendement, à donner aux uns et aux autres une nomenclature plus ou moins barbare, à en tirer des conséquences hypothétiques qui ne reposent sur rien, à ériger leurs rêveries *en lois naturelles* et *en principes fondamentaux*, enfin à bâtir là-dessus des théories absurdes, des systèmes ridicules qui s'entrechoquent et se détruisent.

Sans doute qu'au milieu de ce chaos stérile de sciences plus ou moins chimériques, que dans le sein de nos écoles ou de nos académies on pourrait trouver quelques traces de connaissances vraies et utiles, mais que signifie une aussi misérable pacotille placée en regard de tout ce que nous ignorons? Et si Dieu daignait enfin faire luire le flambeau de la vérité sur la terre, quelles ne seraient pas la confusion et la honte des savants qui s'imaginent savoir quelque chose!

Désire-t-on, néanmoins, que nous prenions les sciences pour ce qu'on veut qu'elles soient? Eh bien! nous y consentons par courtoisie envers ceux qui les cultivent, mais alors sans condition formelle de distinguer celles qui ont un peu ce caractère de celles qui ne l'ont pas du tout; car il nous importe d'établir ici qu'il y a science et science, comme il y a *fagot* et *fagot*.

Or qu'est-ce qu'une science?

D'après la méthode de Bacon, — la meilleure de toutes, — c'est un ensemble de connaissances et d'inductions fondées sur l'observation et l'expérience de certains faits naturels *qui sont constamment les mêmes*, dernière condition essentielle pour qu'elle soit réellement une science.

Ainsi depuis Euclide, c'est-à-dire depuis plus de deux

mille ans, on a observé que la grandeur et ses propriétés donnent lieu à des calculs rigoureusement les mêmes: donc les mathématiques sont une science. Ainsi depuis Thalès on a vu que le mouvement des astres, toujours d'une régularité admirable, peut être déterminé par des supputations exactes : donc l'astronomie est une science.

Ainsi encore, et pour arriver à notre sujet, on a observé que, sauf quelques exceptions qui ne détruisent pas la règle, le gouvernement monarchique pur a été naturellement et perpétuellement le gouvernement de tous les peuples de la terre et qu'il se fonde sur des principes nécessaires et invariables: donc la politique d'observation et d'expérience, en tant qu'elle s'applique à l'étude des anciens gouvernements, est une véritable science.

Mais en est-il de même pour la politique des révolutionnaires? Assurément non, puisque dédaignant l'observation et l'expérience des temps antiques dont ils ne parlent que pour en médire et les calomnier, ils n'en tiennent aucun compte et prétendent avoir *inventé* une nouvelle science politiqne.

Et qu'est-ce donc que cette nouvelle science politique?

Selon les révolutionnaires, c'est la science du progrès par excellence, celle de gouverner *démocratiquement* le monde.

Fort bien. Mais comment faut-il s'y prendre pour le gouverner de la sorte?

Ha! ici commencent la difficulté et la confusion des langues gouvernementales, car en toutes choses le *comment* est le nœud gordien de la pratique.

Un premier vous répondra que c'est avec le gouvernement constitutionnel, un second avec la république blanche, un troisième avec la république rose, un quatrième avec la république rouge, un cinquième avec le socialisme, un sixième avec le communisme, un septième avec l'anarchie, un huitième avec...... enfin, chacun de ces éminents législateurs, qui, certainement chez eux, ne savent pas gouverner leurs marmitons, vous présentera son *comment* gouvernemental, sa constitution organique avec retranchements, adjonctions, amendements, modifications et perfectionnements, à peu près comme chaque matin les journaux des douze capitales de l'Europe portent à la connaissance de leurs lecteurs la découverte de nouvelles pilules merveilleuses ou d'un *clysopompe* ingénieux pour gouverner et réglementer leurs fonctions digestives.

« Prenez, prenez, s'écrie chacun d'eux en jouant de la grosse caisse et des timbales, prenez avec confiance cette admirable recette, fruit précieux de mes veilles et de mon génie ; mettez-la sur-le-champ en pratique; suivez ponctuellement les préceptes salutaires qu'elle trace, en les substituant aux friperies monarchiques dont vous êtes servilement affublés, et aussitôt vous verrez la santé de l'Etat, si précaire et si misérable chez vous, prendre un air de jeunesse, de vigueur et de prospérité inconnues jusqu'ici. Oui, avec mon plan de gouvernement, le meilleur qui ait jamais été imaginé, je vous promets que les affaires publiques marcheront toutes seules sans roi, ministres, préfets, directeurs, juges ni avocats ; que les huissiers, les porteurs de contrainte, les gardes du commerce, les gendarmes, l'armée tout entière passeront à l'état de momie pour garnir nos musées comme simples objets de curiosité; qu'il n'y aura plus de pauvres, de prolétaires, de fluxions de poitrine ni de crises de nerfs; que tout le monde pourra avoir à son ordinaire le Bordeaux, le Champagne, la perdrix aux choux et le moka tout pur; qu'enfin gouvernés selon mes principes politiques, l'âge d'or reparaîtra parmi vous avec sa délicieuse escorte de chalumeaux et de tambourins...... Allons un petit air de musique.... Approchez! approchez!.... Qui en veut de notre système? Il ne coûte que la bagatelle de deux sous!.... »

Et d'accourir et de lever le nez en l'air comme les badauds de foire qui tendent la main aux savants galonnés et à breloques qu'on y voit pérorer en plein vent, les niais de notre siècle, — car le nombre en est grand, — tendent aussi la leur à tous ces Cagliostro de tribune, à tous ces faiseurs d'utopies biscornues, qui travaillent au grand œuvre de la régénération sociale et débitent l'orviétan politique dont ils sont les inventeurs.

Telle est effectivement l'abondance des systèmes politiques dans notre pauvre vieille Europe, dont les charlatans ont toujours été jaloux d'avoir la pratique, qu'on les y débite par douzaines, à peu près comme on fait des bourriches d'huitres, et que le seul nom de leurs auteurs est devenu si embarrassant pour ceux qui, comme nous, ont la mémoire courte, qu'étant entré un jour chez un libraire du coin qui tient cette marchandise, il s'engagea entre nous deux le dialogue suivant :

— Que désire le Citoyen?

— Je désire le système religieux et politique de.... Ma foi! je m'embrouille, aidez-moi donc! de.... de....

— Voulez-vous le système d'Epicure, de Lucrèce, de Gracchus, de Catilina, de Brutus?

— Non.

— Celui de Manès, d'Arnaud de Brescia, de Wiclef, de Jean Huss, de Jérôme de Prague?

— Non.

— Celui de Luther, de Zwingle, de Calvin, de Jurieu, de Vanini, de Knox, d'Arminius, de Fox?

— Non.

— Celui de Voltaire, de Diderot, de d'Holbach, de Raynal, de Morelly, d'Helvétius, de Dupin, de Lalande?

— Non.

— Celui de Babeuf, de Maréchal, de Robespierre, de Revellière-Lepaux, de Saint-Simon, d'Augustin Thierry, d'Auguste Comte, d'Olinde Rodrigue, de Bazard, du père Enfantin, d'Owen?

— Non.

— Celui de Charles Fourier, de Victor Considérant, de Cabet, de Pierre Leroux, de Dezeimeries, de Bastiat, de Ledru-Rollin, de Georges Sand, de Louis Blanc?

— Non.

— Celui de Kossuth, de Mazzini, de Kinkel, de Treichler, de Lamartine, de mon oncle Thomas dans l'île de Fernandès, de l'abbé Châtel, du dieu Guigonnet, de l'abbé de Lamennais?

— Non.

— Celui de.... Ah! je devine, Citoyen; c'est sans doute le *Système du diable* par Proudhon, que vous voulez?

— Tout juste; c'est celui-là qu'il me faut comme devant être le plus intéressant de votre superbe et édifiante collection. Donnez-le moi?

« Mais vous ravalez la science politique et religieuse des révolutionnaires, dira-t-on, en faisant d'elle la propriété exclusive de quelques saltimbanques qui, après l'avoir déshonorée en Europe, ont été contraints d'aller la professer chez les Iroquois et les Peaux-Rouges d'Amérique, tandis que ses légitimes propriétaires, que ses vrais adeptes étaient les docteurs et Gros Bonnets de l'ordre. »

Les Gros Bonnets! hélas! ils ne s'accordaient pas mieux entre eux que les petits. En veut-on la preuve? Bien entendu que nous n'irons pas la chercher à l'*Académie des sciences morales et politiques*, où Messieurs les membres en sont encore à la lettre A de leur dictionnaire et dorment fort tranquillement dans un fauteuil à la Voltaire, ce qui est une règle fondamentale dans toutes les Académies du monde. Mais si franchissant à pieds joints le sanctuaire de la science politique à l'état d'assoupissement, nous tombons dans la région des véritables travailleurs, dans le haut fourneau encore chaud qu'attisaient et exploitaient les Vulcains officiels expulsés par le 2 décembre, cette preuve ne nous fera pas défaut.

Est-ce, en effet, qu'il y avait union de vues bien intime et entente cordiale bien parfaite non-seulement entre la droite et la gauche, entre le centre droit et le centre gauche de défunte l'Assemblée nationale, — que Dieu lui fasse miséricorde, — mais encore entre les nombreux partis qui divisaient ces quatre fractions principales de la chambre?

Mon Dieu non! tout le monde sait bien que c'était une vraie pétaudière. Or, tout en respectant les morts et en souhaitant que la terre leur soit légère, nous demanderons le cas qu'il faut faire de la science politique de ces 750 *Gros Bonnets* qui, parfaitement libres, chacun en son particulier, d'agir sans principes fixes et sans boussole conductrice, de voguer à leur gré au milieu des écueils qui les entouraient, de débiter à la tribune nationale toutes sortes de billevesées et de se nuancer différemment de leurs voisins sur toutes les banquettes d'une pareille cohue, ne ressemblaient pas mal à ces mosaïques grotesques qu'on voit à Pompéïa ou à ces habits bigarrés qui courent les rues les jours de carnaval?

Nous demanderons encore s'il faut considérer comme *Ouvrages scientifiques* ces productions monstrueuses et sataniques, dernier terme de l'extravagance humaine, dans lesquelles les impudents docteurs de la révolution sapaient ouvertement la base de toutes nos anciennes institutions religieuses et politiques; ces Journaux infectes et détestables qui, avant la dernière restauration impériale, distillaient chaque matin le poison et la mort dans tous les coins de la France?

Sans doute qu'en se plaçant au point de vue de leurs auteurs, ils étaient *de la science*, mais de cette science qui tire son origine de l'envie et de l'orgueil, de cette science, ennemie de Dieu et de sa création, que le serpent a introduite dans le monde pour séduire et perdre les hommes, pour les pousser à la révolte contre l'ordre et l'autorité, pour les exciter à enfreindre tout ce qu'il y a de plus saint et de plus respectable parmi eux.

Voilà ce que fut toujours, ce qu'était encore naguère et ce que sera éternellement la science des révolutionnaires quand, la livrant à sa perversité originelle, on ne l'enchaînera pas comme ces bêtes féroces qu'on tient en cage pour en préserver la société.

Mais abrégeons avec elle un examen si peu attrayant et arrêtons-nous une minute seulement sur le seuil de la science ou art moderne qu'on appelle *Economie politique*, pour voir si l'intérieur de son sanctuaire ne présente comme l'autre que vide et déception.

Qu'est-ce effectivement que l'Economie politique?

L'auteur d'un *Dictionnaire* qui vient de paraître sur cette matière avoue ingénûment qu'on n'en sait absolument rien, et que bien des écrivains, à commencer par Adam Smith, ont tenté de la définir *sans pouvoir y parvenir*.

« Devrais-je en rougir pour la *science*, dit en toutes lettres le savant et malheureux professeur Rossi, que l'économiste doit avouer que la première des questions à examiner est encore celle-ci : *Qu'est-ce que l'Economie politique; quels en sont l'objet, l'étendue, les limites?* »

Ce qui est confirmé par M. Arrivabène, écrivain belge, qui s'en plaint d'une manière bien autrement amère que l'ancien *économiste* du collége de France.

Cependant Smith, J.-B. Say, Sismondi, Storch, Malthus, Fr. Scorbek, etc., ont bien essayé de donner des définitions plus ou moins contradictoires, mais M. Coquelin, auteur du susdit Dictionnaire, les trouve toutes mauvaises, et, sans vouloir se faire fort d'en donner une bonne lui-même, il demande un peu consterné : « *La trouvera-t-on cette définition?* » A quoi il répond gravement : *Peut-être !*

Admirable! Ainsi il existe à Paris, à Londres, à Madrid et ailleurs, des sociétés, des chaires et des journaux d'économie politique, qui enseignent une science *indéfinissable* et de laquelle on ne connaît ni l'*objet*, ni l'*étendue*, ni les *limites*. Et, pour en raisonner, nons avons *cent cinquante* traités généraux, ni plus ni moins, sans compter un grand nombre d'autres traités spéciaux sur cette *science*, lesquels exposent longuement des doctrines qui n'ont aucun sens et ne reposent sur *rien!*

Mais ce qu'il y a de plus plaisant dans tout cela, c'est qu'en publiant son gros dictionnaire d'Economie politique, qui est une compilation de tout ce qu'on a écrit sur une matière aussi lumineuse, et qui semble, par conséquent, destiné à soutenir les nouvelles doctrines économiques, l'auteur déclare, néanmoins, que ce qu'il y a de mieux à faire dans ce genre est de suivre l'école des *Physiocrates* ou de Quesnay, — l'un des premiers qui ait écrit sur l'économie politique au commencement du 18e siècle, — laquelle proclama la fameuse maxime : *Laissez faire, laissez passer;* c'est-à-dire soutenait avec raison que le meilleur système d'économie politique consistait, non à adopter les théories arbitraires et artificielles des révolutionnaires, non à vouloir réformer les us et coutumes du vieux monde, mais *à respecter les anciens usages établis par le temps et à suivre l'ordre naturel des sociétés.*

Ce qui revient à dire que les révolutionnaires sont de fort mauvais novateurs en toutes choses, et que, dans l'intérêt du monde, il vaudrait infiniment mieux qu'il fût administré comme au bon vieux temps, que d'avoir l'économie politique qu'ils ont créée et mise en œuvre pour le ruiner.

Dès lors et cela étant, nous voudrions bien savoir à quoi nous sert tout ce fatras de livres politiques qui surchargent nos bibliothèques, et quelle opinion on doit avoir aujourd'hui, outre les auteurs ci-dessus nommés, de ces *grands* publicistes et économistes qu'on appelle Morus, Bodin, Grotius, Sidney, Pufendorf, Montesquieu, Rousseau, Blackstone, Turgot, Delolme, Bentham, etc., etc.?

Le monde leur doit-il donc beaucoup de reconnaissance pour avoir soulevé les questions brûlantes qui s'agitent depuis près de trois siècles, et peut-on assurer qu'il en soit mieux gouverné et plus heureux qu'autrefois?

La réponse ne serait certes pas difficile à faire, si nous voulions établir ici une comparaison entre ce qu'était l'Europe avant l'apparition de tous ces grands discoureurs et ce qu'elle est devenue depuis lors; mais cela nous mènerait trop loin, et il suffira pour l'intelligence de ce court aperçu de faire remarquer qu'antérieurement à la renaissance des lettres dans l'occident de l'Europe, tous les peuples y étaient contents et satisfaits au milieu de l'heureuse ignorance où ils vivaient, comme il était déjà arrivé aux autres peuples de l'antiquité avant le règne de leurs sophistes, et que c'est juste à cette époque de la renaissance, lorsque des ergoteurs de toute espèce se mirent à faire de la science, à interpréter les livres sacrés, à fouiller dans ceux des anciens philosophes, à imaginer des théories et des systèmes absurdes, que s'allumèrent d'abord ces guerres de religion dont la durée fut de 250 ans, et qu'éclatèrent ensuite, comme conséquence naturelle de la liberté de conscience obtenue les armes à la main, tous ces mouvements insurrectionnels, toutes ces révolutions sanglantes qui, pour conquérir la liberté politique, ont déjà tant de fois tourmenté l'Europe et qui, en ce moment encore, la menacent d'un bouleversement général.

Voilà en deux mots quels ont été les éminents services que ces prétendus grands esprits ont rendus à l'humanité en se posant orgueilleusement comme les réformateurs de deux sciences qui ne pouvaient être réformées dans leurs principes fondamentaux, celles de la religion et de la politique. Avant eux, l'Europe avait eu, sous ce double rapport, mille ans de foi, de calme et de prospérité; après eux, ils lui ont légué, fin à ce jour, trois siècles de discorde, de guerres, de meurtres, de pillage, et toute cette série de malheurs qui en ont fait le pays le plus infortuné de la terre.

Et cependant l'objet d'une bonne et véritable science politique est de faire le bien et non le mal, d'être utile aux hommes et non de leur nuire; car si, sous prétexte d'améliorer leur condition, elle la rend pire, elle n'est évidemment qu'un fléau et une cruelle jonglerie.

Or, lorsqu'il est malheureusement démontré par une expérience aussi longue que celle qui nous a martyrisés pendant 62 ans, que les révolutionnaires se sont horriblement fourvoyés, que leur politique libérale, loin d'avoir fait le moindre bien à l'Europe, de pouvoir se vanter de la plus petite amélioration, a été constamment pour elle une cause de troubles et de catastrophes, il est assez prouvé, ce nous semble, que cette politique-là est abominable et digne du pilori.

Du reste, telle a toujours été sa destinée malfaisante, lorsque devenant une politique bâtarde et systématique, elle a eu l'ambition de se substituer à la politique traditionnelle et d'expérience qui est la seule bonne dans ce monde. Il est de fait que jamais les peuples ne furent si mal gouvernés qu'aux époques, tant anciennes que modernes, où plusieurs d'entre eux, renonçant au gouvernement monarchique qui les avait faits ce qu'ils étaient, eurent la coupable fantaisie, dans l'espoir chimérique d'être plus heureux, d'essayer les théories de leurs législateurs improvisés.

On parle beaucoup des lois de Minos, de Lycurgue, de Solon et de Rome républicaine, comme ayant été des chefs-d'œuvre de législation, mais c'est encore là une de ces illusions produites par le prisme trompeur de l'histoire; car toutes ces institutions artificielles et de circonstance étaient si peu conformes à la nature de l'homme et au seul gouvernement qui lui convienne, que d'abord elles ne purent s'établir que sur quelques territoires fort peu étendus; qu'ensuite elles y engendrèrent des dissensions interminables, et que finalement il fallut les abandonner pour revenir à l'ancien ordre de choses, sans que par la suite aucun peuple ait pu les adopter ni même les imiter en quoi que ce soit.

Que penser donc de la sagacité de nos révolutionnaires qui, ne voulant pas profiter des leçons de l'histoire, espèrent être plus heureux que leurs devanciers et fonder à perpétuité une république universelle! Comment! leur science politique serait assez puissante pour produire ce résultat inouï et détrôner tous les rois!

Mais alors pourquoi, sur une cinquantaine de constitutions qu'ils ont bâclées pour l'Europe, à partir du 14 septembre 1791 jusqu'au 4 novembre 1848, à l'effet d'expulser ou de faire mourir à petit feu tous ces malheureux rois, n'y en a-t-il pas eu une seule de bonne et de viable, et a-t-il fallu revenir peu à peu ou par des coups d'Etat nécessaires au gouvernement primitif qu'ils avaient renversé? Certes, cette expérience-là n'est guère encourageante pour leurs manufactures constitutionnelles, surtout pour les pauvres dupes qui usent de leurs produits, et il nous semble que si au fond la science dont ils sont tant glorieux avait vraiment une vertu prolifique et régénératrice, elle devrait avoir enfanté autre chose que des monstres ou de chétifs avortons.

Hélas! quelle honte accablante pour la mémoire de ces hommes égarés qui, méconnaissant la sagesse et l'indispensable nécessité des anciennes institutions monarchiques de la France, les attaquèrent et les détruisirent dans le but insensé de les rajeunir et de les rendre meilleures!

Que diraient, en effet, les principaux auteurs de notre première révolution, tels que Mirabeau, Barnave, Mounier, Brissot, Vergniaud et leurs amis; que diraient ceux de la seconde, comme Benjamin Constant, Foy, Camille Jordan, Royer-Collard, Casimir Perier, Lafitte et leurs anciens alliés de la gauche, si, sortant tous du tombeau dans lequel la tourmente révolutionnaire les fit descendre prématurément, ils lisaient l'histoire lamentable de tous les malheurs que leurs doctrines libérales et leurs folles constitutions ont attirés sur l'Europe depuis la terreur de 93 jusqu'aux journées néfastes de notre dernière république!

Ce qu'ils diraient! hé, mon Dieu! ils maudiraient la révolution, ils gémiraient de leurs égarements politiques, *ils en demanderaient pardon à Dieu et aux hommes*, comme fit déjà de son vivant M. Lafitte; ils se frapperaient la poitrine en s'écriant avec M. de Montalembert, *meâ culpâ, meâ culpâ;* enfin ils chercheraient à obtenir de la postérité une absolution qu'elle leur accordera bien difficilement.

Voilà certainement les doléances qu'ils feraient entendre, s'il leur était possible de voir aujourd'hui la profondeur de l'abîme dans lequel leur fausse science nous a d'abord précipités deux fois ; mais sans évoquer davantage l'ombre des révolutionnaires qui ne sont plus et auxquels, en bons chrétiens, il faut bien pardonner le mal qu'ils ont fait à la monarchie, quelque grand qu'il soit, nous interpellerons les vivants, ceux qui aimaient tant à *interpeller* l'ancien gouvernement, et dont la *science* a opéré récemment une troisième révolution, pour leur demander s'ils sont bien fiers du triomphe qu'ils expient en ce moment dans la solitude ou l'exil, et si eux et leur science méritent l'apothéose pour les quatre années d'affreuses calamités par où ils viennent de nous faire passer ?

Peut-être objecteront-ils que la faute en est à la corruption du siècle qui n'a pas répondu à leurs généreux efforts, que les hommes sont devenus ingouvernables et que la politique révolutionnaire y a perdu son latin. Mais si le siècle est corrompu et si les hommes ne peuvent plus être gouvernés, à qui faut-il s'en prendre, si ce n'est à cette politique elle-même qui les a pervertis ?

Quelle inconséquence ! Elle a répudié tout le fruit, tous les trésors d'une expérience de six mille ans ; elle a professé publiquement des principes subversifs qui minent profondément la société et doivent tôt ou tard la faire sauter en l'air ; elle a détruit l'influence tutélaire de la religion et de l'autorité sans laquelle il n'y a pas de gouvernement possible ; elle a brisé les liens sacrés et vivifiants qui existaient entre le ciel et la terre, pour soutenir l'homme dans sa faiblesse et le conduire dans un monde meilleur ; elle a éteint dans les cœurs tous les sentiments de piété, de morale, de respect, de commisération, d'humilité chrétienne qui les animaient autrefois, pour leur substituer l'orgueil, la méchanceté et l'indépendance; elle a adopté une forme de gouvernement qui bouleverserait le paradis lui-même si l'Angleterre.... non, si satan pouvait l'y faire entrer; enfin, elle a suspendu sur sa tête un droit d'insurrection qui, comme l'épée de Damoclès, la menace sans cesse de lui percer les entrailles à la moindre occasion; et puis, après avoir fait toutes ces belles choses, elle s'écrie stupidement que le torrent révolutionnaire la déborde, et qu'elle ne peut plus gouverner les hommes!

Mais comment serait-il possible qu'elle les gouvernât avec de pareils éléments de désordre! Qu'elle sache donc cette politique aveugle et imprévoyante que les hommes sont ce qu'on les fait; qu'on ne peut les gouverner que lorsqu'on les rend gouvernables, et que si un phénomène doit surprendre au milieu du chaos qu'elle a créé, c'est de voir que l'Europe soit encore debout et qu'elle ait eu assez de bon sens et de courage pour résister jusqu'ici aux éruptions volcaniques de la tribune, au venin pestilentiel de la presse, aux surprises républicaines, aux crocs-en-jambe des Robert-Macaire de *la Sociale* et à toutes les embûches insidieuses avec lesquelles ses implacables ennemis cherchent à la renverser pour en faire leur pâture.

Telle est la science politique des révolutionnaires de notre époque, et tel est le but vers lequel tendent tous leurs efforts. Race maudite de Dieu dans la postérité de Caïn et de Cham dont ils descendent en ligne droite et sont les représentants, leur rôle fut constamment le même dans tous les temps et chez tous les peuples où il y eut des révolutions; car ce sont eux, en effet, qui bouleversèrent les empires d'Assyrie, de Médie, d'Egypte et de Perse; qui renversèrent les monarchies de Grèce et de Rome; qui, sous les noms de Wisigoths, d'Ostrogoths, de Huns et de Vandales ravagèrent l'Europe et la plongèrent dans la barbarie; qui ensuite formèrent les factions dites des Albigeois, de la Jacquerie, des Maillotins, des Hussites, de la Réforme, des Frères-Rouges, des Niveleurs, des Ecrivassiers, etc.; qui plus tard révolutionnèrent la Grande-Bretagne et la France, y firent périr deux rois sur l'échafaud et couvrirent celle-ci de ruines sanglantes; qui enfin désignés de nos jours sous les hideux sobriquets de Jacobins, de Sans-Culottes, de Montagnards, de Radicaux, de Socialistes, de Républicains-Rouges et autres dénominations semblables, s'agitent et grouillent dans tous les cloaques révolutionnaires, pour aviser aux moyens d'attaquer une bonne fois notre continent et de le mettre à sac.

Tant que le monde vivra, il y aura donc de cette race-là, et il faut s'y résigner comme aux moustiques et à la vermine dont il a plu à Dieu d'affliger la terre. Qui sait même si les optimistes n'ont pas raison de soutenir que tout est bien ici-bas, et si, en ce qui touche la science des révolutionnaires, elle ne serait pas le pôle négatif de cette grande pile sociale qui a peut-être besoin de produire des secousses et des commotions politiques parmi les peuples, pour que ceux-ci vivent et ne tombent pas dans l'inertie?

Un fait certain, — et nous conclurons par là, — c'est que deux sciences politiques contraires se disputent aujourd'hui le monde pour le gouverner et le soumettre à leur domination, lesquelles sont la science du bien et la science du mal.

La première, partant de Dieu qui est pour elle le souverain de la nature entière, le chef suprême de tous les peuples de la terre, observe d'abord, dans l'étroite sphère où peuvent pénétrer ses regards, l'unité d'action qui fait mouvoir tous les corps célestes dont notre petit globe est entouré. De là, suivant la série des siècles qui se sont écoulés depuis les premières générations jusqu'à nous, et étudiant attentivement l'histoire politique de toutes les nations, elle remarque encore que la même unité de pouvoir les a toujours gouvernés, et que quelques exceptions à cette règle générale la confirment au lieu de la détruire.

Se fondant donc sur l'observation, l'analogie et l'expérience, elle en tire la conséquence rigoureuse que toute association a besoin d'un moteur unique, d'un chef tout puissant pour la diriger, et que les sociétés humaines sont astreintes, comme le reste, à cette condition d'existence, c'est-à-dire que Dieu a voulu qu'elles se soumissent au pouvoir monarchique pur, comme étant un *prolongement* du sien et le gouvernement politique par excellence.

La seconde, partant au contraire de Satan et des atomes crochus d'Epicure, niant l'existence de Dieu et de sa providence, soutient que les hommes doivent pleinement jouir par eux-mêmes de tous les droits naturels qui leur compétent, et qu'ils n'ont besoin pour être gouvernés que de la *Déesse-Raison* entourée d'institutions démocratiques et sociales.

Mais, entre ces deux sciences belligérantes, qui sont aussi incompatibles que le sont entre eux l'ordre et le chaos, la lumière et les ténèbres, le feu et l'eau, le bien et le mal enfin, il s'en est glissé officieusement une troisième qui, dans le vain espoir de les concilier et de les amener à arrangement par des concessions mutuelles, a eu la singulière idée de les marier ensemble au moyen d'une espèce de contrat synallagmatique ou de *charte* qui les fait gouverner de compte et demi, et de vouloir, malgré les querelles sans fin qui n'ont cessé de diviser un aussi triste ménage partout où il a existé, malgré le divorce et les dénoûments tragiques qui en ont toujours été la suite, de vouloir, disons-nous, que cette malheureuse alliance n'en soit pas moins le meilleur des gouvernements possibles, ce qui constitue la science mixte tour à tour nommée des Idéologues, des Doctrinaires, des Equilibristes, du Juste-milieu, des Ventrus, etc.

Ainsi, par suite de la fatale mésintelligence qui divise les hommes en toutes choses, et par l'effet de l'esprit corrupteur qui dénature leurs meilleures institutions, la première et la plus importante des sciences du monde, celle qui a pour objet de le gouverner et à laquelle Dieu n'a pu manquer de donner une certitude mathématique, comme à toutes les autres lois de sa création, cette science se divise donc en trois écoles principales et bien tranchées, sans compter une foule de systèmes dissidents qu'elles ont produits, lesquelles sont: 1° l'école monarchique pure; 2° l'école républicaine; 3° et l'école constitutionnelle ou parlementaire.

Quelle est maintenant celle de ces trois écoles qui doit avoir la préférence sur ses rivales comme étant la bonne et la vraie? C'est ce que la suite de cet examen critique apprendra au lecteur sensé et de bonne foi.

QUATRIÈME FOLIE POLITIQUE.

C'est d'avoir cru au progrès social des révolutionnaires.

> Enfants deshérités, qui n'avez rien recueilli de la grande succession des siècles et ne laisserez rien à vos descendants, soyez moins fiers de votre indigence; jamais il n'en exista de plus profonde ni de plus hideuse. Qu'avez-vous en propre que votre folie, votre ignorance, vos doutes et des crimes dont le récit épouvante l'avenir.
>
> LAMENNAIS.

PINDARE a-t-il eu raison de dire que les derniers jours voient toujours les plus heureux et les plus sages, ou, en d'autres termes, que l'humanité avance sans cesse vers une perfectibilité croissante?

Telle est la grande question que les efforts de Platon, de Leibnitz, de Shaftesbury, de Bolingbroke, de Pope et de Condorcet n'ont pu résoudre, et qui est encore à l'état de problème aussi vierge que si on n'y avait jamais touché.

« Mais comment, vont dire ceux qui s'imaginent que

l'esprit humain progresse, comment! on ignorerait si, en philosophie, en morale, en littérature et en politique, nous avançons ou nous reculons! »

Expliquons-nous. Oui, la perfectibilité indéfinie est un problème insoluble, ou plutôt une folie à l'égard des aveugles qui marchent dans les ténèbres et qui croient avancer; non, elle n'en est pas un pour les hommes sensés et modestes qui aperçoivent les bornes de l'intelligence humaine et savent s'arrêter. Que les premiers veuillent, en effet, nous apprendre si les quatre sciences ci-dessus ont fait un pas en avant; si elles ont avancé d'une ligne seulement depuis Thalès, Pythagore, Socrate, Platon, Lycurgue, Solon, Aristote et autres hommes de l'antiquité qui s'en occupaient il y a deux ou trois mille ans?

Un fait bien certain est que, par sa nature inquiète et aventureuse, l'homme a la manie de courir après le merveilleux et l'impossible, et qu'il a toujours existé parmi les soi-disant savants une certaine classe de niais qui ont constamment été les Don Quichotte du progrès et les gobe-mouches de la nouveauté. Rester dans le domaine des choses connues et qui sont les seules dont il puisse raisonnablement jouir, est effectivement pour l'homme un supplice insupportable, parce que, condamné par sa faute première à satisfaire une curiosité et une ambition insatiables, il lui faut du nouveau, encore du nouveau, jusqu'à ce qu'il rencontre une cruelle déception, semblable en cela au voyageur imprudent qui, dégoûté du bien-être qu'il trouve près de son clocher natal, va dans des régions lointaines et inconnues pour y chercher la misère et souvent la mort.

Ainsi, on a successivement vu les astrologues, les cabalistes, les alchimistes, les philosophes, les mathématiciens, les médecins, les physiciens, les théosophes, les publicistes et les idéologues disserter gravement sur l'influence des astres, sur le pouvoir des esprits, sur la pierre philosophale, sur les causes premières, sur la quadrature du cercle, sur les trois angles d'un triangle, sur la panacée universelle, sur le mouvement perpétuel, sur la lampe inextinguible, sur le parfait bonheur, sur le meilleur des gouvernements possibles, etc., c'est-à-dire qu'on les a vus sans relâche à la piste d'une chimère; car chaque siècle a eu la sienne qui l'a absorbé et morfondu jusqu'au moment où le siècle suivant s'en est moqué et l'a remplacée par une autre, attendu qu'en créant le monde, Dieu a voulu que tout le travail d'une génération qui finit fût un sujet de pitié et de risée pour la génération qui commence.

Cela posé, on se demandera donc fort naturellement quelle est la chimère que poursuit le siècle actuel?

Eh! mon Dieu, vous le savez comme nous, cher Lecteur, c'est le progrès social, ce sentier fleuri et sans fin, qui, partant de l'esprit humain, son unique et inépuisable source, doit peu à peu conduire les homme à une perfectibilité telle, s'il faut en croire le philosophe Condorcet et ses disciples, qu'ils deviendront des dieux et seront immortels.

Voilà qui sera délicieux, sans doute, pour les heureux de ce monde que ne satisfait pas entièrement le procédé Gannal et qui désirent reconquérir le paradis terrestre; mais ne trouvant pas que le vocabulaire de la révolution soit très-clair, et encore tout effrayés des épaisses ténèbres d'où nous sortons à propos des quatre petits substantifs que nous avons examinés plus haut, nous l'arrêtons de nouveau sur les frontières de la définition, et, comme font les douaniers à l'aspect d'une marchandise suspecte, nous allons un peu sonder ce mot *progrès* qui, dans ses mains, sent singulièrement la falsification et la contrebande.

Ouvrant donc le dictionnaire, nous voyons que *progrès* signifie *avancement, mouvement en avant, accroissement quelconque en bien ou en mal.*

Or, si l'on peut progresser en avant ou en arrière, à droite ou à gauche, en haut ou en bas, *en bien ou en mal* enfin, il s'agit de savoir en quoi consiste le mode de progression des révolutionnaires, et quel est le véritable sens qu'il a.

Et d'abord commençons par mettre de côté et hors de discussion le progrès des sciences physiques et des arts matériels, celui dont on ne peut nier la prodigieuse activité, qui nous fait faire trente lieues à l'heure, qui correspond comme la foudre, qui coupe les membres sans souffrance, qui invente chaque jour de si jolies choses, qui couvre nos tables de mets nouveaux et appétissants, qui enfin est à la veille de nous faire planer dans les airs et de nous envoyer habiter la lune. Ce n'est pas de celui-là dont il est question ici, — progrès du reste qui n'est pas le fait des révolutionnaires, — mais du progrès philosophique, littéraire, moral et politique, ce qui est bien différent tant pour la valeur du mot que pour ses conséquences.

Examinons donc rapidement quels sont les progrès que la révolution a faits ou qu'elle est capable de faire dans ce dernier genre, et qu'elle nous permette pour faire cette appréciation d'invoquer parfois l'opinion d'hommes plus compétents que nous dans des matières aussi différentes.

Voyons! quels sont ses progrès en philosophie, à partir du 18e siècle?

Selon Charles Nodier et bien d'autres, l'école philosophique du 18e siècle « était une école d'hypocrisie et de mensonge, qui n'attestait l'humanité que pour séduire la confiance, qui ne fonda que des ruines, et qui n'a pas laissé, pour compensation de tout le mal qu'elle a produit, la trace d'une action honnête. »

Beau début vraiment!

Quant à la nouvelle école philosophique à la tête de laquelle se trouvent les Royer-Collard, les Cousin, les Jouffroy, les Lherminier, les Fourier, les Broussais, etc., qui s'intitule *Ecole noocratique, individualiste, doctrinaire, éclectique, excentrique,* etc., et qui prétend que la noocratie « *est le gouvernement de l'intelligence pure* », voici comment M. Alexis Duménil, dans une critique intitulée: *Recettes politiques*, s'exprime à son égard:

« C'est vraiment un spectacle digne de pitié de voir en quel état se trouve dans nos écoles la philosophie..... Notre esprit ne saura bientôt plus de quoi s'aviser pour mettre sur ce siècle le cachet de la sottise et de la *folie*.... Je veux, oubliant un moment le fanatique troupeau des dupes, arriver droit à ces graves et illustres docteurs brevetés, payés, rémunérés, pour former le goût et éclairer la raison. C'est de leur public enseignement que se répandent toutes les sources de l'erreur; c'est de leurs doctrines sans frein que coulent à plein bord le sophisme et l'esprit de vertige, et lorsque je vous aurai montré la corruption sur son trône, en robe et en hermine, vous excuserez plus volontiers cette malheureuse jeunesse instruite à tous les désordres et nourrie de tous les poisons. Appelez tant qu'il vous plaira, chaires et écoles, les lieux où professent vos philosophes! Pour moi, je ne puis assister à leurs cours et leur entendre débiter leurs impertinentes maximes, que je ne me croie d'abord à *Charenton* ou dans quelque salle d'*hôpital!*.... »

Quel progrès!... Mais poursuivons.

« Une philosophie, disait dernièrement M. Granier de Cassagnac à propos de la sage réforme universitaire faite par le gouvernement du 2 décembre, une philosophie, c'est-à-dire des systèmes personnels sur Dieu, sur l'âme, sur le monde, nous a toujours semblé une chose raisonnable pour les athées, mais souverainement absurde pour des hommes qui ont une religion. Qu'on apprenne Pythagore, Epicure, Zénon, Socrate, Aristote, faute de mieux et en l'absence d'une révélation claire et précise, nous le comprenons; mais qu'on aille encore chercher le mot de l'énigme universelle dans ces livres, quand on a l'Evangile et qu'on y croit, voilà ce qui nous paraît extravagant. Car enfin un système de philosophie, c'est en définitive une révélation, et révélation pour révélation, soit dit sans offenser personne, nous aimons encore mieux celle de Jésus-Christ que celle du premier de nos philosophes.... On ne comprendra pas un jour qu'un grand pays et des gouvernements sérieux aient établi des écoles, des chaires et un budget pour faire enseigner publiquement *divers galimatias* imaginés par Pierre, par Paul ou Jacques; et surtout on ne comprendra pas que trente-cinq millions de catholiques aient sottement consenti à payer grassement les *insulteurs* patentés, pensionnés, titrés et décorés de leurs croyances. »

Voilà donc, en définitive, la philosophie des révolutionnaires qui a pour logement *Charenton*, pour langage un *galimatias*, et pour récompense un décret qui l'a ignominieusement chassée de nos colléges, *triplicité phénoménale et éclectique*, — comme dirait M. Cousin, — qui prouve incontestablement et d'une façon *intuitive* que cette science a fait d'immenses progrès métaphysiques, tant sous le manteau herminé de Locke, de Spinosa, de Condillac, d'Helvétius, de Saint-Lambert, de Volney, de d'Holbach, de Cabanis, de Gall et de leurs successeurs en matérialisme, que sous celui de Descartes, de Malebranche, de Kant, de Royer-Collard, de Cousin, de Gérando et de toute la brigade sensuo-éclectico-spiritualiste de notre époque.

Est-ce que par hasard les révolutionnaires auraient été plus heureux sous le rapport littéraire? Mais quel est l'homme assez présomptueux et assez aveugle pour oser dire que la France nouvelle et les autres Etats de l'Europe en révolution ont fait quelques progrès en esprit et en littérature? Que la France, que l'Angleterre, que l'Allemagne et que tous les autres pays qui sont dans le laborieux enfantement de la liberté, veuillent bien, en effet, nous citer le nom des grands esprits, des littérateurs vraiment illustres qui ont paru chez eux pendant cette triste période de leur existence!

Hélas! il y a paru une foule de prosateurs, d'historiens, de libellistes, de pamphlétaires, de pédagogues, d'écrivassiers en tout genre, dont le nom et les ouvrages, après avoir fait un certain fracas de coterie, sont tombés dans l'oubli ou le mépris.

Il y a paru une multitude de journalistes qui auraient pu être des gens de beaucoup d'esprit et dignement servir leur pays, s'ils avaient voulu diriger leurs talents vers une littérature solide et de bon goût, mais qui, pour le vain orgueil de donner chaque matin au public le produit de leur alambic littéraire, n'ont eu qu'une popularité momentanée et sont tombés avec leurs feuilles éphémères.

Il y a paru une nuée de poètes insipides qui ont aspiré à détrôner la muse descriptive et didactique de Virgile, d'Horace, du Dante, de Milton, de Boileau, de Lafontaine, de Schiller, de Delille, etc., poètes dont le gazouillement nébuleux et baroque annonce à la fois la décrépitude du Parnasse et l'engoûment ridicule de ses chalands.

Il y a paru une masse de romanciers, de conteurs, de dramaturges, de feuilletonistes, de beaux phraseurs, de femmes abandonnant leur pot au feu, de jeunes gens portant encore le maillot du collége, qui, pour acquérir une honteuse et funeste célébrité, ont inondé l'Europe d'ouvrages tellement incongrus et dégoûtants, qu'on ne comprend pas comment il peut y avoir, au milieu de la civilisation actuelle, des êtres assez dépravés pour les composer et pour les lire.

Combien, en effet, peut-on nommer de véritables littérateurs qui, depuis une soixantaine d'années, aient réellement illustré l'Europe? Cinq ou six au plus, tels que Goëthe, Châteaubriand, de Bonald, de Maistre, Fontanes et Lamennais; encore furent-ils presque tous obligés de s'expatrier pendant les premiers orages de la révolution, pour aller composer leurs livres chez les Hurons, en Russie, en Angleterre et en Italie.

« La révolution française, disions-nous il y a bientôt vingt ans dans *Un mot sur la bêtise du siècle*, la révolution, en abolissant les priviléges matériels de la société, a aussi détruit l'aristocratie morale, ces grandes capacités intellectuelles qui brillaient autrefois sous l'influence des vieux principes, et qu'on ne voit plus aujourd'hui. De même qu'elle a morcelé la propriété, elle a brisé l'esprit pour en donner à tout le monde, c'est-à-dire à personne; car il n'y a assurément rien de moins spirituel que la multitude de petits philosophes, de petits savants et de petits littérateurs, dont la France nouvelle fourmille. Autrefois un homme de tête avait de l'esprit pour mille, et actuellement cent mille n'en ont pas pour un. Aussi est-il évident que l'intelligence humaine est en baisse, qu'elle subit un mouvement rétrograde, que jamais le monde savant ne fut plus misérable, que jamais les hommes d'esprit ne furent plus rares, et que, dans aucun temps, la société entière ne montra moins d'aptitude aux lumières. »

Une chose bien certaine est qu'à part les cinq à six hommes nommés ci-dessus et qui appartenaient plutôt au 18e siècle qu'à la génération nouvelle, qu'à part encore Napoléon, la révolution n'a pas produit un seul génie, et que, mère vicieuse et dénaturée, elle enfanta d'abord des monstres, puis des hommes médiocres et enfin des sots. Car, comme le disait Châteaubriand, de nos jours, *la bêtise est devenue une puissance* parmi des novateurs qui, arrivés au comble de l'imbécillité, prennent le chaos pour le progrès, les ténèbres pour la lumière, le mal pour le bien, le diable pour Dieu; qui reculent et disent qu'ils avancent, qui démolissent et prétendent qu'ils construisent, et qui, atteints de cécité et de vertige, se croient sérieusement illuminés et sur la voie du progrès social.

Napoléon lui-même, dont le jugement était si sain en toutes choses, faisait peu de cas de la littérature contemporaine. Causant un jour d'elle avec le comte de....., l'un de ses familiers, il lui dit en levant les épaules de pitié : « Ce pauvre Tracy! que ne dort-il au sénat! A-t-il affaire de bavarder à l'Académie! Tenez, je crois qu'on a donné trop d'importance aux lettres et aux littérateurs : dès qu'ils ont écrit quinze pages ou aligné trente vers, ils se croient de grands personnages. Presque tous sont des brouillons, des cabaleurs, des insolents ; ils sont surtout insatiables. Il m'en coûte plus de 200,000 francs distribués par an à Baour, Parceval, Treneuil, Michaud, Campenon et autres ; et, à les en croire, ils ne sont pas assez payés du fatras dont ils ont formé ma couronne poétique. N'est-il pas vrai qu'ils m'ont bien couronné? »

A propos d'un article de revue publié par M. Villemain et dont le résumé est : *Les lettres, c'est l'esprit humain lui-même ; l'étude des lettres, c'est l'éducation de l'âme*, M. Sainte-Beuve critique sévèrement cette fausse assertion dans les termes suivants :

« Oui, dit-il, j'ai toujours aimé à le croire, les lettres classiques, ce devait être l'enseignement de l'âme, son baptême d'énergie, de désintéressement et d'indépendance à travers la vie. Mais pourrait-on dire aujourd'hui à plusieurs de ceux qui ont le plus cultivé les lettres dès leur jeunesse, qu'y avez-vous gagné pour la morale même et pour la pratique libérale de la vie? Vous, les maîtres dans les humanités classiques, quels préceptes de conduite en avez-vous tirés? quelle élévation morale au-dessus des autres qui vous entouraient? de quel désintéressement particulier avez-vous fait preuve?....

« Vous paraissez vous plaindre que l'esprit ait le dessous en ce moment. Mais à qui s'en prendre? Il y a eu abus de l'esprit. Tout professeur célèbre, tout écrivain habile s'est cru propre à être politique, orateur, ministre et gouvernant. Pendant quelque temps ces ambitions se sont contenues dans un cercle de personnes distinguées; mais bientôt, avec le débordement croissant, tout a été envahi. *Tout jeune homme se croyait fait pour être homme de lettres, tout homme de lettres pour être journaliste, tout journaliste pour être ministre ou président de l'Etat. Il n'y avait plus de digue et on a dû mettre l'esprit aux arrêts.* »

Oui, M. Sainte-Beuve, par une heureuse expression qui vous appartient, l'esprit ambitieux de nos jeunes et vieux littérateurs *a été mis aux arrêts*, et nous ajouterons aux arrêts *forcés*, ce qui est sage et bonne justice; car il était temps de mettre un frein au dévergondage littéraire et à l'infatigable ardeur de tous ces barbouilleurs de papier. Mais est-il bien sûr que la nouvelle réforme faite dans l'enseignement littéraire pourra réprimer d'une manière efficace l'envahissement de l'écritoire dans un pays où tout le monde, *lettré* ou non, en paletot ou en jupons, est affamé de ce genre de célébrité; au milieu d'un peuple où la marquise du Deffand ne voyait avec raison que des *trompeurs*, des *trompés* et des *trompettes;* ne conviendrait-il pas d'y bâillonner, au moyen d'une bonne censure, d'abord les écrivassiers eux-mêmes, et puis les louangeurs de profession, cette bande d'amis et de compères, qui se passent la rhubarbe et le séné, en exaltant, en vantant réciproquement le mérite de leurs œuvres, pour piquer la niaise curiosité des badauds et débiter leur marchandise littéraire?

C'est à la haute sagesse du gouvernement actuel qu'il appartient d'aviser et de boucher hermétiquement tous les soupiraux par où peuvent s'exhaler les vapeurs pestilentielles de cette honteuse littérature qui a souillé l'Europe; c'est à lui que reviendra l'honneur d'imprimer aux jouissances de l'esprit une tendance plus honnête et plus digne. Après avoir assaini les sources de l'instruction publique, dont l'eau pure et limpide restera encore longtemps de couler, il ne voudra pas sans doute que le limon infecte de la vieille école, qu'un romantisme impudique et échevelé, ou que des doctrines perverses continuent de répandre leur poison dans le monde; et si notre faible voix peut arriver jusqu'à lui, nous le supplions instamment d'y mettre terme dans l'intérêt des mœurs publiques qui, sous l'égide des révolutionnaires, n'ont certes rien gagné et sont tombées dans la plus déplorable situation.

Et comment auraient-elles pu s'améliorer sous un tel patronage, elles qui sont la conséquence immédiate de l'observance des principes religieux, de la soumission aux lois, du respect pour les personnes et la propriété, des vertus civiles et privées, de tous les devoirs, en un mot, que les révolutionnaires eux-mêmes renient et transgressent!

Voyons, en effet, ce qu'en pensent les meilleures têtes de notre époque.

« Il est impossible, — c'est encore Napoléon qui parle, — il est impossible que ces *insensés* (les hommes de son siècle), puissent vivre longtemps en paix, et quand même

Dieu leur donnerait le paradis, il faudrait qu'ils l'abandonnassent de nouveau, parce qu'ils sont sortis de l'état d'innocence pour lequel il est fait.... La cupidité, l'envie, la vanité, la fausse gloire et un nombre infini de besoins et de passions indomptables les poursuivent comme des furies. A travers cette vie orageuse, ils parlent sans cesse de vertus, de générosité et d'amour, tandis que, semblables à un chancre incurable, le vice, l'intérêt, l'ambition rongent les replis les plus cachés de leur cœur. Ils connaissent et imitent fort bien l'usage de notre temps: faire semblant de servir Dieu et d'aimer les hommes; et s'abandonner en secret à toutes sortes d'actions les plus honteuses; sous le masque de l'hypocrisie dont ils se couvrent continuellement, ils cachent soigneusement leur méchanceté et leurs crimes; ils feignent en dehors des vertus qu'ils n'ont pas; ils se singent réciproquement par un langage doux et flatteur, et quoique aucun d'eux ne croie à la vertu de l'autre, néanmoins, par lâcheté, ils jouent ensemble le rôle qu'ils ont appris, manquant de courage pour se montrer tels qu'ils sont.... Les meilleurs d'entre eux sont justement ceux qu'on condamne, et d'autant plus qu'ils ne savent pas feindre; la fausse vertu des autres donne plus d'éclat à leurs crimes. Tel est mon siècle (1). »

« L'ordre social, disait M. de Châteaubriand après la révolution de 1830, l'ordre social se décompose; l'anarchie introduite dans les intelligences menace la société matérielle. On ne s'entend sur rien; la confusion d'idées est incroyable. Si le voisin n'égorge pas son voisin, ce

(1) Mémoires de M. de la Rochefoucault.

n'est pas qu'il soit retenu par le pouvoir, c'est que le *progrès* de la civilisation, — singulier progrès que celui-là ! — lui ôte la pensée de la violence. Aucun parti, aucun individu ne croit intérieurement à la durée de l'ordre politique établi. »

« La dépravation, disait quelque temps avant M. de Lamennais, va croissant; les liens de famille se relâchent, ou plutôt on ne connaît plus ni mariage, ni paternité; un homme a sa femelle et ses petits, voilà tout, et encore souvent ne sait-on à qui ils appartiennent. Les vices se propagent, on les étale sans honte à tous les yeux. Au sens moral à peu près éteint, succède une sorte de mouvement aveugle qui pousse stupidement des êtres dégradés vers tout ce qui promet quelque jouissance à leurs grossiers appétits. Quelquefois un instinct féroce se développe en eux; ils ont soif de sang, et des forfaits inouïs épouvantent le monde. »

Pour savoir du reste si nos mœurs nationales ont fait de grands progrès vers le bien depuis 1814 jusqu'à 1851, c'est-à-dire pendant les trente-six ans d'agitations constitutionnelles et républicaines qui ont tourmenté la France, il est un moyen authentique et bien simple d'y parvenir, lequel consiste, sans parler de l'immoralité privée que la justice ne peut atteindre, à compulser les registres des tribunaux correctionnels, ceux des cours d'assises et des autres branches de l'administration. Or, il résulte de ce hideux examen, surtout du dernier rapport du ministre de la justice, comprenant le dernier quart de siècle qui vient de s'écouler, que les crimes et délits de vols, d'escroquerie, d'abus de confiance, de tromperie, de rébellion, de sacrilége, d'outrage, de vagabondage, et d'attentats à la pudeur, ont augmenté dans une proportion effrayante, notamment depuis 1830; qu'année commune, il y a 7232 accusations criminelles, 178,573 préventions correctionnelles, 2340 suicides, 130,000 enfants trouvés, 23,141 séparations de corps ou de biens, plusieurs millions de filles publiques et infiniment moins de mariages qu'autrefois.

Tel est en abrégé le joli petit tableau que nous présente l'état moral de la France pendant le règne des révolutionnaires, et encore abstraction faite de l'influence pernicieuse qu'il a exercée sur les autres Etats de l'Europe, qui se piquent d'imiter nos mœurs et nos travers. C'est donc un certificat de haute moralité *progressive* que nous livrons à l'admiration du lecteur sans plus ample commentaire.

Passant maintenant au contrôle des progrès politiques que ces grands citoyens prétendent avoir faits depuis 1789, tout ce que nous avons déjà dit dans cet opuscule suffirait sans doute pour en démontrer la folie et l'absurdité, mais afin de l'établir d'une manière plus sensible et surtout plus éloquente que nous ne pourrions le faire nous-mêmes, nous allons encore emprunter la parole incisive de cet écrivain du premier ordre, dont la défection subséquente dans les rangs de la révolution prouve seulement qu'après avoir glorieusement servi la bonne cause, l'esprit humain, par une de ces inconséquences qui lui sont propres, peut faiblir et tomber dans l'erreur.

Voici donc, à propos de l'*orgueil de notre siècle*, comment s'exprime l'abbé de Lamennais :

« Ses progrès en politique ne sont pas moins merveilleux. Là, comme ailleurs, on a commencé par anéantir ce qui était, ce qui avait même toujours été, et jusqu'aux notions que les peuples s'étaient constamment formées du pouvoir, des lois et des institutions nécessaires à l'existence des Etats. Ensuite on a fait des théories, et surtout des expériences. Dans leur simplicité, nos ancêtres avaient fondé une monarchie qui a duré quatorze cents ans. Nous pouvons les en plaindre : cependant ils trouveraient peut-être des raisons pour excuser une faute qui les a privés de l'inappréciable avantage de voir comme nous sept ou huit constitutions en trente années, et de vivre sous les douces lois de la Convention..... La stabilité a aussi son prix. Mais pour que quelque chose soit stable dans la société, il faut des principes fixes, des idées arrêtées, des maximes immuables; il faut enfin que les esprits soient réglés et contenus par des croyances générales. Jadis il n'y avait rien d'incertain, ni dans les droits ni dans les devoirs, non plus que dans leur fondement. Chacun savait ce qu'il était, ce qu'il devait être. On s'est lassé de cela : vingt-cinq millions d'hommes placés dans les divers degrés de la hiérarchie sociale se sont demandé mutuellement leurs titres, puis ils se sont mis à raisonner, et bientôt après à égorger, confisquer, proscrire au nom de la raison. On écrivit sur les murs *liberté*, *égalité*, et jamais aucune nation ne subit un plus abject esclavage et une plus affreuse oppression.

» Jusqu'ici je ne vois pas clairement ce qui justifie l'orgueil du siècle, en ce qui tient à la *perfection* de l'ordre social. S'agit-il des doctrines? est-ce par ses lumières en ce genre qu'il se croit supérieur aux siècles précédents? Alors qu'il nous dise quelles sont les vérités qu'il a découvertes. Il a rejeté les maximes anciennes ; en a-t-il d'autres à leur subtituer? Je ne parle pas des vagues opinions, des inconstantes idées de chaque individu : je demande qu'on m'indique la doctrine *du siècle*. Qu'est-ce que le pouvoir? Le sait-il? Sait-il ce que c'est que la loi, ce que c'est qu'un droit, ce que c'est qu'un devoir, ce que c'est que la propriété? Ne fera-t-on qu'une réponse à ces questions? Est-on d'accord sur ce qui constitue un gouvernement légitime, sur les lois fondamentales, sur les principes d'administration, sur quelque chose enfin? Non, tout est en question, tout est en doute, jusqu'à la Souveraineté.

» S'agit-il des œuvres? Je vois ce qu'on a détruit; qu'on me montre ce qu'on a fondé. Qu'ont produit ces innombrables tentatives pour reconstruire l'édifice social? Que reste-t-il de tant de vains essais? Tout devait être éternel, et rien n'a eu de lendemain.

» Encore une fois, qu'est-ce qu'on a fondé? Quels monuments publics, quelles institutions bénies du pauvre attestent le soin de la postérité, et l'amour de l'homme pour l'homme? Qu'osera-t-on comparer à la multitude presque infinie d'établissements consacrés par nos pères au soulagement des malheureux? Qu'a-t-on fait pour l'infortune? Elle avait autrefois des asiles, aujourd'hui elle a des prisons!

« Enfants déshérités, qui n'avez rien recueilli de la grande succession des siècles et ne laisserez rien à vos descendants, soyez moins fiers de votre indigence; jamais il n'en exista de plus profonde ni de plus hideuse. Qu'avez-vous en propre que votre *folie*, votre *ignorance*, vos doutes et des crimes dont le récit épouvante l'avenir? Vous vantez cependant *l'amélioration des mœurs*; et les cachots regorgent de coupables, et vos vertus fatiguent le bourreau.

« Après avoir parlé *du progrès des lumières*, je voulais parler aussi des progrès du bonheur. J'ai vu le monde en feu, les trônes qui s'écroulent, les Etats bouleversés jusques dans leurs fondements, l'Europe couverte de ruines.... Je me suis tu. »

Certes, si jamais éloquente flagellation fut donnée à l'orgueil progressif de notre siècle, c'est à coup sûr celle-là; et cependant il est juste de reconnaître que ce n'est pas seulement aux idées nouvelles du moment, à l'esprit révolutionnaire régnant, qu'il faut attribuer la fatuité des progressistes français, mais aussi à la légèreté et à l'inconstance toujours gauloises de notre caractère national. En effet, curieux et versatiles comme nos ancêtres, nous aimons la nouveauté et le changement. Sommes-nous heureux possesseurs d'une chose qui nous a d'abord plu et qui mérite notre affection? Bientôt nous nous en dégoûtons, quelque bonne qu'elle soit, et nous ne restons pas tranquilles jusqu'à ce que nous l'ayons remplacée par une autre qui nous semble meilleure et préférable. Ainsi, dès qu'on nous annonce une innovation fabuleuse, une découverte puérile, une œuvre nauséabonde, comme celles de la perfectibilité indéfinie, d'une charte-vérité, de l'homéopathie, d'un arcane merveilleux, d'un roman de George Sand, d'une utopie de Pierre Leroux ou Proudhon, soudain nous tombons dans l'extase et l'admiration; les termes nous manquent pour vanter le mérite de ce que nous ne connaissons pas encore, et, pleins d'enthousiasme, nous adoptons le tout jusqu'à ce que le temps et l'expérience nous aient appris que nous sommes des dupes et des imbéciles.

Pour preuve et dans le but toujours illusoire de progresser vers le mieux, voyez effectivement quelle a été l'inconstance politique de ce petit pays qui s'étend du 13e au 26e degré de longitude, et du 42e au 52e de latitude nord!

Là, après une sujétion de plusieurs siècles qui, quoi qu'on en puisse dire, avait bien son mérite, il s'avise un beau matin de secouer un joug qui ne pesait guère, pour se faire gouverner par un roi constitutionnel. — On doit le croire satisfait..... — Pas du tout; il tranche la tête à son roi, massacre un grand nombre de ses frères et se constitue en république. — Pour le coup, il doit être content.... — Nullement; il maudit son pouvoir et nomme un empereur. — Mais cette fois?.... — Pas encore content; son empereur chancelle, et au lieu de le soutenir, il accepte des mains de l'étranger le frère du roi qu'il a guillotiné. — Et il n'est pas encore satisfait?.... — Mon Dieu, non! Au bout d'un an il ouvre les bras à l'empereur déchu et chasse le roi couronné. — Et ce n'est pas encore fini?.... — Tant s'en faut; il laisse enlever son empereur par l'étranger et rappelle le roi chassé. — Et puis?.... — Et puis après quinze ans de luttes parlementaires, il assomme la garde royale et chasse encore le roi. — Et après?.... — Après cet acte héroïque, il fait un roi tout neuf et le place sur le trône. — Dieu soit loué! cette fois-ci, il est content sans doute?.... — Moins que jamais; pendant dix-huit ans il conspire contre le nouveau monarque, attente six ou huit fois à sa vie, parvient à le chasser comme ses prédécesseurs, met le trône en pièces et proclame une seconde fois la république. — Ah! nous y voilà! il est content, n'est-ce pas?.... — Allons donc! content! horriblement ennuyé de sa république, et désirant au bout d'un an de la voir à tous les diables, il se met à crier résolument *Vive l'Empereur!* — Et ensuite?.... — Ensuite la république est renversée et l'empire rétabli. — Et enfin?.... — Enfin il en est là bien meurtri, bien las, bien repentant de toutes ses évolutions gouvernementales, reconnaissant, un peu tard, qu'il en a été la victime, et que ce qu'il a de mieux à faire à présent est de renoncer à la perfectibilité politique à laquelle il aspirait, pour se replacer sous l'autorité franche et loyale du nouveau souverain qu'il s'est choisi.

A la bonne heure! Voilà ce qu'on peut appeler un bon et véritable progrès, un progrès aussi clair que le disque d'un beau soleil d'été succédant à la tempête; car en politique comme en stratégie, le progrès ne consiste pas toujours à marcher en avant, à gambader comme le lièvre qui finit par tomber dans le piége, mais le plus souvent à rétrograder à propos, à battre en retraite à temps, dès qu'on s'aperçoit qu'on fait fausse route ou qu'on occupe une position dangereuse. Aussi l'immortelle retraite de Moreau et toutes celles que vante l'histoire furent-elles, selon nous, infiniment moins glorieuses et surtout moins profitables à la France, que ne l'a été, au milieu des appâts trompeurs et des embûches de toutes sortes qui allaient la subjuguer, le retour spontané et volontaire de son peuple aux principes éternels d'autorité et de soumission qui doivent régir le monde, c'est-à-dire à ceux d'une monarchie solidement constituée.

Nous savons bien que les révolutionnaires incorrigibles et les peuples de l'Europe qui nous ont précédés ou suivis dans la carrière libérale, appellent cela *une reculade* et se moquent de la résolution suprême qui nous a fait faire un pas en arrière pour ne pas tomber dans l'abîme ; mais que nous importent le dépit des uns et la mystification des autres, pourvu que nous soyons enfin heureux et que nos affaires aillent bien ?

« Votre progrès, dirons-nous aux premiers, votre progrès serait tout simplement absurde et impossible ; il ne mériterait certes pas qu'on s'en occupât sérieusement, s'il ne recelait en lui des intentions odieuses et criminelles. Vous avancez, oui, vous avancez, mais pour démolir, renverser et détruire tout ce qui fait la force, la gloire et la prospérité de l'Europe. Vous avancez ou plutôt vous voudriez avancer, nous le savons, mais par des sentiers obscurs et détournés pour nous sauter dessus, comme avance le bandit qui cherche à détrousser les passants, ou comme fait le tigre affamé qui veut se repaître de sang et de carnage. Vous avancez enfin, nous ne le nions pas, mais, ainsi que le confessait dernièrement un de vos frères convertis, vous avancez appuyés *sur vos doctrines sauvages et rachitiques, pour anéantir la civilisation et assassiner le vrai progrès*. Voilà comment vous avancez !

« La France, dirons-nous aux seconds, après une navigation orageuse à travers les écueils et les récifs d'une fausse liberté, après avoir passé par les plus douloureuses épreuves, est enfin heureusement arrivée au port, grâce au pilote habile et courageux qui l'y a conduite, tandis que vous, peuples constitutionnels de l'Europe à qui notre funeste expérience ne dessille pas les yeux, vous encore battus par la tempête parlementaire et débordés par le progrès démocratique qui vous submerge, donnez actuellement au monde étonné le triste spectacle de vos discordes civiles et pourriez fort bien faire naufrage avant d'avoir atteint la planche de salut. Ne riez donc pas tant de sa délivrance miraculeuse et tâchez de faire comme elle, si vous pouvez !

Quelle folie en effet de croire que le progrès humain peut impunément transformer les lois fondamentales de la société et changer les mœurs des peuples qui leur sont soumises, comme si la Providence ne les avait pas tracées d'avance ! Ecoutons là-dessus un écrivain dont le style et les principes ne s'accordent guère avec ceux de notre époque, mais qui n'en mérite pas moins l'estime et le respect des gens sensés :

« Nous nous déplaisons volontiers, dit Montaigne, de la condition présente... Rien ne presse tant un Etat que l'innovation : cependant le changement donne seul forme à l'injustice et à la tyrannie. Quand quelque pièce se démanche, on peut l'étayer ; on peut s'opposer à ce que l'altération et corruption naturelle en toutes choses ne nous éloignent trop de nos commencements et principes, mais d'entreprendre de refondre une si grande masse et de changer les fondements d'un si grand bâtiment, c'est faire comme ceux qui pour décrasser effacent, qui veulent amender les défauts particuliers par une confusion universelle et guérir les maladies par la mort : *Non tàm commutandarum quam evertendarum rerum cupidi* (Cic. de Off. 2).

« Le monde est inepte à se guérir, ajoute-t-il ; il est si impatient de ce qui le presse, qu'il ne vise qu'à s'en défaire, sans regarder à quel prix. Nous voyons par mille exemples qu'il se guérit ordinairement à ses dépens. La décharge du mal présent n'est pas guérison s'il n'y a en général amendement de condition... Toutes grandes mutations ébranlent les Etats et les désordonnent, et pour nous voir si piteusement agités que n'avons-nous pas fait?... Le pis que je trouve en notre Etat, c'est l'instabilité, et que nos lois non plus que nos vêtements ne peuvent prendre aucune forme arrêtée. Il est bien aisé d'accuser d'imperfection un gouvernement, car toutes choses mortelles en sont pleines; il est bien aisé d'inspirer à un peuple le mépris des anciennes observances; jamais homme n'entreprit cela qu'il n'en vînt à bout; *mais d'y établir un meilleur état à la place de celui qu'on a ruiné, à ceci plusieurs se sont morfondus de ceux qui l'avaient entrepris.....* Dans les affaires publiques, il n'est aucun si mauvais train, pourvu qu'il ait de l'âge et de la constance, qui ne vaille mieux que le changement et remuement. Nos mœurs sont extrêment corrompues (que n'en dirait-il donc pas à présent!) et penchent d'une merveilleuse inclinaison vers l'empirement; de nos lois et usances il y en a plusieurs de barbares et de monstrueuses; toutefois pour la difficulté de nous mettre en meilleur état et le danger de croulement, SI JE POUVAIS PLANTER UNE CHEVILLE A NOTRE ROUE ET L'ARRÊTER EN CE POINT, JE LE FERAIS DE BON COEUR..... »

Telle fut en effet l'opinion de tous les temps et des meilleurs législateurs que, dans les Etats qui tendent à se dissoudre, il ne faut innover qu'avec une extrême prudence. C'est pourquoi, d'après Platon, à l'aspect de la corruption générale qui s'emparait de la Grèce, on se souvint des mœurs égyptiennes et on pensa que la moindre innovation pouvant devenir dangereuse, on ne devait point en permettre même dans les choses en apparence les plus insignifiantes. A Rome, la défense fut un peu moins sévère, cependant on la fit aussi. « Ce n'est pas qu'il faille, dit Cicéron, se refuser à la nouveauté quand, semblable aux plantes qui ne manquent jamais de rapporter, elle donne des espérances et promet des fruits pour l'avenir. Mais que l'ancienneté garde son rang : l'habitude et le long usage ont leurs droits et leur empire. *Vetustas tamen suo loco conservanda est; maxima est enim vis vetustatis et consuetudinis.*

Nous résumant, qu'on tienne donc pour dit que tout progrès révolutionnaire est infailliblement un mensonge et un attentat criminel contre la société; qu'on peut bien *étayer une pièce qui se démanche*, boucher un trou, reconstruire ce qui tombe, relever les ruines entassées par la révolution, opérer la réduction des rentes, hâter l'exécution des chemins de fer et des canaux, organiser le crédit foncier et le système d'assistance publique, fonder des églises, des hôpitaux et autres monuments utiles; favoriser l'établissement des docks, des caisses d'épargnes, des crèches et des bains publics; assainir la maison du pauvre, prévenir la misère par le travail et la moralisation, envoyer les forçats à Cayenne, améliorer le régime hypothécaire, coloniser l'Afrique, créer une marine à vapeur, maintenir la paix et la prospérité du pays en proscrivant à jamais les démagogues, exercer une police sévère sur les socialistes et les conspirateurs, etc., etc., ce qui est déjà beaucoup assurément, mais qu'à ces améliorations administratives se borne la possibilité du progrès et qu'il y a démence ou fourberie de la part des révolutionnaires à vouloir l'étendre jusqu'à la réforme permanente et radicale d'une société que Dieu et les siècles ont fait ce qu'elle est aujourd'hui.

D'ailleurs, supposons un moment, — ce qui n'est qu'une pure et fausse hypothèse, — supposons que le progrès n'ait point de bornes, qu'il soit indéfini, eh bien! où cela nous mènera-t-il? Est-ce donc que le genre humain et le petit globe sur lequel il rampe sont destinés à vivre éternellement? Hélas! non. Semblables à la fourmilière qui travaille avec ardeur à construire une demeure que le moindre orage ou le pied du passant peut détruire d'un instant à l'autre, les hommes travaillent aussi, eux, à ériger des monuments, à faire des entreprises gigantesques, à améliorer le sort des générations futures, à faire passer leur nom à la postérité, sans réfléchir que le choc d'une petite comète, que l'inclinaison croissante de l'axe terrestre, ou qu'un de ces grands cataclysmes qui bouleversent l'univers à des époques périodiques fixées par le Créateur, peuvent également d'un moment à l'autre précipiter terre, hommes et *progrès* dans le néant; car, comme l'ont observé plusieurs philosophes de l'antiquité, « c'est quand les hommes approchent du secret de tous ces mystères qui les tourmentent, c'est lorsqu'ils s'enorgueillissent le plus des progrès qu'ils font, que la nature est tout-à-coup attaquée d'une épouvantable maladie dont le dénoûment est le chaos et les ténèbres (1).

---

(1) Plat., *in Tim.*, t. 3, p. 220. — Aristot., *Meteor.*, l. 2, t. 14. — Polyb., l. 6, p. 453. — Clém. Alex., l. 5, p. 711, etc.

Comment! nous vivons malheureusement dans un temps désastreux où les hommes dégénèrent et ont de l'*oïdium tuckerii* dans la cervelle; où des tempêtes, des inondations, des tremblements de terre, des épidémies meurtrières sèment chaque année la désolation parmi nous; où les récoltes pourrissent et sèchent sur plante; où la terre entière dépérit et semble épuisée; où les saisons sont renversées et tous les éléments en désordre; où enfin la nature, dans tout son ensemble, présente des symptômes de mort prochaine, et l'on ose assurer qu'au milieu de cette dissolution générale l'humanité avance vers la perfectibilité! Quel aveuglement!.... Qu'on dise donc plutôt que la fin du monde approche, et nous le croirons.

O miseras hominum mentes! ô pectora cœca!

O vanité de l'homme! ô faiblesse! ô misère!

CINQUIÈME FOLIE POLITIQUE.

Elle consiste dans l'idée que le régime parlementaire est actuellement le meilleur des gouvernements possibles.

> Chacun y contredit, chacun y parle haut,
> Et c'est tout justement la cour du roi Pétaud.
>
> MOLIÈRE.

A votre tour, demi-royalistes, royalistes parlementaires, royalistes constitutionnels, — comme il plaira vous appeler, pourvu que nous nous entendions sur le rôle ambigu que vous jouez, — vous qui, semblables au colosse de Rhodes et tenant un pied sur le rivage républicain et l'autre pied sur la plage monarchique, prétendez rapprocher ce qui est inconciliable et faire naviguer le vaisseau de l'Etat entre vos jambes, bien qu'il vous ait déjà culbuté trois fois ; écoutez ce que notre première édition de 1832 disait du gouvernement impossible dont vous êtes les champions :

« Pour tâcher de concilier les anciens principes monarchiques avec ceux de la révolution, des idéologues, dont le mérite se réduit au plus triste des plagiats, ont eu recours à un gouvernement mixte, à une espèce de Sainte-Trinité politique composée d'une royauté héréditaire, d'une aristocratie viagère et d'une députation nationale. C'est ce qu'ils appellent un gouvernement *parlementaire.*

« En divisant et en compliquant de la sorte le pouvoir souverain, pour y faire concourir tous les prétendants, nos nouveaux Lycurgue ont composé un *imbroglio* gouvernemental dans lequel trois ressorts particuliers et contraires se meuvent, se heurtent, se tiraillent et se battent quelquefois pour faire aller leur nouvelle machine, ce qui, selon eux, est le beau de la combinaison et une lutte indispensable; car ils soutiennent que, sans avoir besoin d'un moteur principal, ces divers rouages, doués d'une puissance et d'une force égales, doivent naturellement se contrebalancer et se maintenir dans un juste équilibre pour concourir au même but.

« En mécanique, ce système-là n'aurait certes pas le sens commun; et si une machine, une montre, par exemple, était montée sur ce pied, on peut être sûr qu'elle n'avancerait pas d'une seconde en dix mille ans. Reste à savoir maintenant si, en politique, une machine constitutionnelle semblable est susceptible de fonctionner avec régularité, et si, dépourvue du grand ressort qui faisait mouvoir l'ancienne monarchie et qu'on a brisé, elle a néanmoins pu jusqu'ici marcher convenablement.

« Pour s'en assurer, rien de plus facile. On dit qu'un philosophe ancien, devant lequel on niait le mouvement des corps, fit un pas en avant pour prouver le contraire.

Eh bien ! que les partisans du gouvernement parlementaire nous montrent aussi clairement que lui les progrès que ce gouvernement a faits ou qu'il est capable de faire.

« Dès l'instant où ces progrès consistent principalement dans un gouvernement préférable à l'ancien qu'on a renversé, dans des améliorations sensibles et palpables, il doit leur être aisé de nous les indiquer.

« Que, comparant donc nos temps de liberté constitutionnelle avec ceux pendant lesquels le pouvoir de la monarchie et de l'empire a régné sur la France, ils nous disent si, durant les deux périodes de 1789 au 18 brumaire et de 1814 jusqu'en 1848, nous, hommes libres et parlementaires, avons mangé de meilleurs morceaux, si nous avons dormi d'un sommeil plus tranquille, si nous avons payé moins d'impôts, si nos affaires ont été plus satisfaisantes, et si enfin nous avons moins bâillé que sous le sceptre de 70 rois et d'un empereur ?

« Qu'ils nous disent encore si, à l'exception du code civil qui a été élaboré silencieusement dans le cabinet de trois législateurs et sous le grand homme qu'ils appellent *despote*, les quinze ou vingt mille lois discutées à la tribune nationale ne croupissent pas aujourd'hui dans la poussière et le mépris ; si, depuis 1814, ils se sont occupés d'autre chose que de faire et de défaire une mauvaise loi d'élection et de se livrer à des débats législatifs qui ont été pour la France et l'Europe un objet de pitié et de risée ?

« Encore s'ils s'entendaient entre eux ! Mais combien ne se trouve-t-il pas dans leurs rangs de nuances et d'opinions différentes, depuis le fougueux républicain jusqu'au froid et impassible doctrinaire, et depuis le bruyant *ventru* jusqu'à l'éloquent athlète de la légitimité! Ecoutez un peu leurs débats!.... Avec quelle aigreur ils s'interpellent, avec quelle insolence ils s'apostrophent et s'adressent les épithètes de *paillasse*, de *farceur*, de *fou* et de *scélérat* (1)! Peu s'en faut vraiment qu'ils ne se prennent aux cheveux, et que la tribune nationale ne devienne une arène de coups de poing.

« Il faut le dire hardiment : le gouvernement parlementaire a le grand inconvénient d'être trop compliqué, trop bavard et d'engendrer des débats interminables. Peut-on, en effet, imaginer un chaos pareil à celui d'un corps législatif qui se compose de douze à quinze cents membres, tant pairs, députés, ministres, conseillers d'état qu'orateurs du gouvernement! Le moyen de s'entendre et de faire quelque chose de bon au milieu d'une telle pétaudière!....

« La confection des lois exige le recueillement et la méditation. C'est ainsi que furent faites celles des anciens peuples dont le génie nous étonne; et tant qu'on s'obstinera à discuter les nôtres dans des assemblées aussi tumultueuses que celles des chambres parlementaires, tant que la simple majorité de quelques voix pourra les faire adopter ou rejeter, il est certain que sur cent il y en aura toujours quatre-vingt-dix-neuf de mauvaises.

« Choisissez tel gouvernement despotique que vous voudrez, même celui du Grand-Turc; compulsez les lois qu'il a faites depuis quarante ans, et vous verrez si vous en trouvez une seule d'aussi absurde et d'aussi injuste qu'un très-grand nombre de celles qui, depuis la même

(1) Séance de la chambre des députés du 12 décembre 1831.

époque, sont sorties de notre fabrique parlementaire! Pourquoi cela? Par une raison toute simple : c'est qu'un roi absolu, quelque méchant ou sot qu'on le suppose, n'osera jamais promulguer des lois trop en opposition avec l'esprit de son siècle, tandis que, placé à la tête d'un gouvernement populaire, il suivra le torrent qui l'entraîne et n'aura pas personnellement à rougir des fautes qui sont l'affaire de tout le monde.

» Mais combien n'y a-t-il pas encore d'autres vices inhérents aux grandes assemblées législatives! Que d'intrigues, que de cabales, que de corruption, que d'ignorance et souvent que de bassesse n'y trouve-t-on pas! Voyez l'empressement vaniteux de ceux qui visent à l'honneur de la députation, tous les ressorts plus ou moins honteux qu'ils font jouer pour y parvenir. Ecoutez leurs professions de foi éloquentes, toutes les belles paroles qu'ils adressent aux colléges électoraux, et puis, suivez-les à la Chambre : quelle insignifiance! quelle nullité! quelle palinodie!

» Retranchez en effet de la liste des députés ceux qui, sous le masque d'un faux patriotisme, travaillent seulement pour leur bourse, pour leurs parents et leurs amis; ceux qui ne parlent que pour acquérir de la célébrité, ceux enfin qui sont muets et qui ne travaillent pas du tout, qu'y restera-t-il?

» Voici un fait qui mérite une sérieuse attention. Depuis quinze ans la France envoie des députés à Paris. Ces députés sont choisis parmi l'élite de la nation. Compte fait, leur nombre s'est élevé, pendant cet intervalle, à 2500 environ. Combien en est-il qui se soient distingués par un beau caractère et un véritable talent oratoire?

une douzaine tout au plus. Sur ces douze, combien s'en trouvait-il qui fussent au fond de bons législateurs? Deux ou trois.

Ainsi, en quinze ans et dans un pays qui compte trente-deux millions d'habitants, on n'a pu trouver que trois hommes capables de faire des lois! Cela n'est point surprenant. La nature a toujours été avare de ce côté et les temps anciens, qui valaient bien les nôtres, n'ont pu produire qu'une sixaine de législateurs marquants dont les noms soient parvenus jusqu'à nous. Voilà donc qui prouve incontestablement que s'il est aisé de nos jours d'obtenir ce haut mandat, il ne l'est point de l'exécuter, et que s'il est difficile de briller à la tribune, il l'est encore davantage de posséder sous ce vernis un vrai mérite législatif.

» C'est donc une folie manifeste de la part des gouvernements parlementaires de prendre les premiers députés qui se présentent, de les nommer par centaines et de les entasser dans une chambre pour les faire divaguer sur des matières auxquelles ils ne comprennent rien, pour les convertir en tribuns arrogants et séditieux, car nous sommes convaincus — et tous les gens sensés seront de notre avis — que six législateurs comme les Treilhard, les Pascalis, les Maleville, les Tronchet et les Carion-Nisar enfouis dans une cave avec de l'encre, une plume et du papier, feraient de meilleure besogne sur une escabelle, que tous nos oracles qui, perchés à la tribune nationale, s'y pavanent et ressemblent assez au corbeau de la fable.

» Mais un autre inconvénient non moins grave du gouvernement parlementaire est celui qui résulte de la liberté de la presse et de la publicité des débats législatifs, bien qu'on pense généralement que l'une et l'autre font une précieuse conquête qu'il importe de conserver et sans laquelle on retomberait dans l'absolutisme : ce qui est une très-grande erreur.

» En effet, si la politique et surtout la politique du gouvernement parlementaire était une science positive et aussi claire que nos sciences mathématiques, il serait sans doute très-avantageux de la livrer chaque jour à la curiosité des gouvernés et de la répandre dans toutes les classes de la société. Mais comme loin d'avoir cette limpidité démonstrative qui plait et qui persuade, elle n'est au contraire qu'une science obscure et contradictoire, qu'un art décevant et mensonger, il s'en suit qu'elle ne peut que perdre à être connue de ceux qu'elle a la prétention de gouverner et que les discussions publiques auxquelles elle se livre avec tant d'ardeur lui nuisent et la déconsidèrent, comme il est déjà arrivé à la religion, à la médecine, à toutes les sciences en un mot qui ont été et sont encore un objet de controverse.....

» Autrefois les législateurs étaient des hommes presque divins, des oracles mystérieux pour lesquels on avait la plus profonde vénération, tandis que aujourd'hui on ne les regarde plus que comme des sophistes et des charlatans.

» Les peuples se laissent bien encore traiter par eux, puisqu'ils y sont contraints, mais avec l'incrédulité et la répugnance d'un malade qui se résigne à un remède qui l'empoisonne et le tue. Et quelle confiance pourraient-ils avoir dans leurs lois quand elles ont été discutées, huées et sifflées à la tribune, dans les journaux et dans tous les carrefours du royaume! Lorsque des médecins se consultent pour un malade, ils se cachent et parlent à voix basse de crainte d'être entendus. Nous voudrions que nos législateurs en fissent autant. Il convient que le sanctuaire des lois soit secret, mystérieux et impénétrable, parce que, exposé aux regards de la multitude, il lui montre ses défauts et la dégoûte.

» Nous avons donc eu raison de dire que la publicité des débats législatifs — sans parler ici de l'inconvénient plus sérieux encore de passionner et d'agiter le peuple — loin d'être favorable à la liberté, tendait au contraire à ramener les hommes qui jouissent de ce privilége, vers la douce quiétude de l'absolutisme, car cette publicité dessillant les yeux de ceux qui, comme nous et comme des millions d'autres, s'étaient d'abord laissés éblouir par les appas trompeurs d'un gouvernement populaire, il s'opère naturellement dans leur esprit *un désenchantement, une contre-révolution, qui leur fait désirer le retour de l'ancien ordre de choses et qui tôt ou tard les y replacera.*

» Parlerons-nous des journaux révolutionnaires? Mais qui ne connaît leur redoutable influence sur les affaires publiques? Qui ne sait qu'en combattant le pouvoir absolu des Rois sous prétexte d'affranchir les Etats, ils exercent sur ceux-ci une tyrannie bien plus odieuse, bien plus funeste — dans la supposition où le pouvoir royal en serait une — en les démoralisant, en les inquiétant, en les poussant à la révolte et à l'anarchie! Archimède ne demandait qu'un point d'appui pour remuer le monde, et, nous, nous ne voulons qu'un journal républicain pour soulever tous les peuples!

» Une chose bien démontrée par l'expérience, c'est qu'il est moralement et physiquement impossible de gouverner sous l'empire d'un journalisme libre et hostile au gouvernement. Nous nous en rapportons aux hommes d'Etat qui, après avoir loué et soutenu la liberté de la presse avant qu'ils fussent ministres, le sont ensuite devenus; qu'ils nous disent si cette liberté sans frein et sans pudeur n'a pas été pour eux tous un écueil contre lequel sont venus échouer leurs efforts conservateurs; un poignard parricide qui les a immolés dès qu'ils ont tenu en main les rênes du pouvoir?

» Et comment pourrait-on gouverner sous l'influence pernicieuse des journaux et de la presse révolutionnaire quand, sans le moindre motif légitime et seulement pour plaire à la multitude, ils font une opposition calomnieuse et systématique pour discréditer l'administration et lui susciter mille embarras; quand, après avoir excité des émeutes sanglantes et mis le feu aux quatre coins du pays, ils placent le gouvernement dans l'impuissance de l'éteindre!...

» Mais ce qu'il y a de plus honteux dans cette publicité quotidienne, est l'hypocrite sollicitude qu'elle montre pour les peuples, lorsqu'on sait fort bien qu'elle n'est mue que par l'esprit de faction ou par le plus sordide intérêt, et que sa devise secrète est : *Périssent les peuples plutôt que mon opinion ou que ma bourse.*

» Les journaux politiques, en effet, sont tous une affaire de parti, de spéculation et d'argent; c'est un véritable commerce qui n'a d'autre but que de gagner des partisans ou des écus. Aussi, pour tenir la curiosité de leurs lecteurs en haleine, ne manquent-ils jamais de soutenir des thèses bizarres et piquantes, d'inventer, d'exagérer, d'embellir des nouvelles fausses ou insignifiantes ; d'employer force hauts-goûts et autres ingrédients pour rendre leurs mets plus appétissants ; mais, malgré cette épicerie indigeste, ceux-ci commencent cependant à devenir fades, les palais se blasent et nos cuisiniers politiques sont à la veille de voir diminuer la consommation, s'ils n'ajoutent bientôt à leurs sauces de l'eau forte et de l'arsenic.

» Du reste, la manie de lire les journaux ne se borne pas aux révolutionnaires seuls et de proche en proche elle a gagné toutes les classes de la société. Magistrats, artisans, curés, bonnes femmes, bourgeois, paysans, écoliers, laquais, dames de qualité et servantes, tout le monde est affamé de nouvelles. On assiége les cafés, les cercles, les cabinets littéraires et autres lieux où se tiennent les feuilles publiques, comme jadis on assiégeait les tavernes et les cabarets. Les journaux arrivent-ils? on se précipite sur la table qu'ils surchargent ; on les mêle, on les fouille, on se les arrache. Heureux, cent fois heureux ceux qui peuvent en saisir un, ne fusse que le *Globe* ou le *National*, tandis qu'une troupe désappointée et furetante les convoite du coin de l'œil et les retient plusieurs heures à l'avance !...

» Qu'y a-t-il de nouveau? Telle est aujourd'hui la question qui sort de toutes les bouches même avant les préliminaires de politesse. Autrefois on y répondait en parlant de musique, de mode, de spectacle et de gastronomie, mais aujourd'hui on dit froidement que les nouvelles sont nulles et sans intérêt quand il n'y a pas une révolution en train, un roi qui se sauve et quelques milliers d'hommes d'égorgés sur un champ de bataille.

» Les journaux sont donc une manie et une passion de l'époque et bien des gens ne peuvent pas plus se passer d'eux qu'ils ne se passent de tabac et de café. Libre à chacun sans doute de manger son argent comme bon lui semble et de payer fort cher les sottises quotidiennes qui viennent de Paris. Mais quand l'ordre et la tranquillité publique peuvent en souffrir et en souffrent effectivement, il s'élève, ce nous semble, une question importante qui est celle de savoir si les charlatans qu'on appelle *Journalistes de la révolution*, ont le droit de vendre impunément leur baume sur la place publique et d'empoisonner le peuple crédule ?

» Pauvre France ! on l'empoisonne pour la guérir ; on l'empoisonne pour la tuer, on l'empoisonne pour l'amuser et on l'empoisonne pour la gouverner ! Il faut vraiment qu'elle ait un tempérament de fer pour y tenir.

» Voyez aussi le délabrement de sa santé au milieu de tous les docteurs qui lui tâtent le pouls au Luxembourg et au Palais Bourbon ! Et de bonne foi peut-elle bien se porter avec six ou huit cents législateurs ! Que dirait-on d'un malade qui aurait à ses trousses un pareil nombre de médecins ? Qu'il est perdu. Nous, nous n'osons pas en dire autant de la France, mais nous pouvons assurer qu'elle est bien malade et qu'il est impossible qu'elle prenne un air florissant au milieu d'une nuée de docteurs qui, semblables à ceux de M. de Pourceaugnac, la poursuivent avec leurs lois à la main et veulent la guérir malgré elle.

» S'il était permis de rire dans un sujet aussi sérieux, l'occasion serait belle sans doute, surtout en pensant qu'il est question d'augmenter encore le nombre des *guérisseurs*.

Un journal, ordinairement plus sensé que les autres, mais qui parfois a aussi des moments de frénésie, prétend qu'à peine de *voir périr le gouvernement parlementaire* — ce qui, soit dit en passant, serait bien moins fâcheux que de voir périr la France, — il faut à la chambre des Députés « des séances animées et dramatiques où les passions se choquent, où les Dupin, les Guizot, les Perier, les Mauguin, les Barrot se heurtent et se combattent.... des séances où l'on voit figurer toutes les capacités marquantes et originales du jour (1). » Il propose en conséquence d'adjoindre aux acteurs qui sont déjà en scène, les Sauzet, les Fonfrède, les Lamennais, les Lamartine, les Béranger, les Delavigne, les Hugo, les Mignet, les Cousin — car alors ces Messieurs n'y étaient pas encore — en un mot tous les génies vivants qui brillent dans les sciences et la littérature.

» Voilà qui sera admirable à coup sûr et qui produira les scènes les plus *dramatiques*. Qu'on se figure en effet une séance dans laquelle pendant que M. de Martignac pérorera avec sa voix flutée, M. Barrot tonnera à briser les vitres; où pendant que M. Mauguin soutiendra la république, M. Berryer plaidera pour la monarchie; où lorsque M. Mignet débitera de l'histoire, M. Delavigne récitera ses *Messéniennes;* une séance dans laquelle tandis que M. Victor Hugo jouera la comédie, M. de Lamennais soutiendra les libertés de l'église gallicane; où M. de Lamartine murmurera ses *Méditations* pendant que M. Sauzet prononcera un plaidoyer; et où enfin M. Cousin pro-

(1) *Journal des Débats* du 11 juin 1831.

fessera sa métaphysique lorsque M. Béranger chantera un couplet !...

» Tout cela formera, comme on peut imaginer, la symphonie politique la plus curieuse, la plus divertissante qu'on ait jamais entendue, et il est bien à regretter que les tribunes publiques soient si étroites, car l'on doit s'attendre à une affluence considérable d'amateurs.

» Mais, nous devons faire remarquer qu'il y aura encore dans cette nouvelle composition de la chambre une injustice criante, vu que le beau sexe, les arts et les métiers en seront exclus, quand ils ont, aux termes de la charte, le droit d'y être représentés comme les autres.

» Ainsi nous ne voyons pas pourquoi un musicien tel que M. Lafont et une femme d'esprit comme la *Contemporaine;* pourquoi les *frères Provençaux* qui excellent dans l'art culinaire et Mme Cinti dans celui de chanter; pourquoi un confiseur qui fait des bonbons exquis comme celui du *Fidèle berger* et Mme Noblet qui danse à ravir, nous ne voyons pas pourquoi, disons-nous, tous ces artistes là et beaucoup d'autres non moins célèbres dans leur genre, n'iraient pas prendre place à la chambre des députés lorsque les articles 1 et 2 de ladite charte les y autorisent formellement.

» Leur rôle y serait assurément aussi intéressant qu'un autre. Qui ne sait que plus d'une fois on discute à la chambre des choses bien moins importantes qu'une pirouette ou un entrechat? D'ailleurs cette grande variété de talents donnerait à l'auguste assemblée un aspect piquant et original. Le mélange des deux sexes y produirait surtout un excellent effet en rendant ses délibérations moins graves et en lui procurant l'avantage de clore ses séances par un bal législatif.

» Vous allez dire que c'est renchérir sur les ridicules que présente le gouvernement parlementaire. Eh bien! non. Tout cela arrivera. Ce qui paraît ridicule aujourd'hui, *sera sage et légal* demain ; ce que nous demandons en plaisantant *se réalisera* et nous sommes en beau chemin pour y arriver. C'est ainsi que les sénateurs romains, tout en *perfectionnant* leur république, en vinrent petit à petit à s'occuper des sujets les plus frivoles et à délibérer, par exemple, sur la sauce qu'il convenait de faire au fameux turbot dont parle l'histoire.

» Mais l'un des plus grands inconvénients de ce genre de gouvernement est sa tendance invincible à faire, défaire et refaire continuellement les lois organiques des pays où il règne.

» Vainement, il est passé en principe qu'un Etat est mieux gouverné avec un petit nombre de lois simples, claires et précises qu'avec des Codes volumineux et inextricables; que leur multiplicité est une preuve de sa corruption et de sa décadence; en vain la France possède à elle seule plus de lois que l'Europe et les trois autres parties du monde civilisé et se débat dans un dédale où la justice ne voit plus goutte; elle soutient qu'elle n'a point de lois, qu'il lui faut des lois et que sans lois elle est perdue. C'est la soif de l'hydropique....

» A chaque session des chambres, il n'est pas de mince député qui n'en présente une demi-douzaine pour la désaltérer. La proposition faite, une commission est chargée de les examiner et d'en faire un rapport. Après le rapport, on prononce de beaux discours pour et contre, dans lesquels les uns prouvent que ces lois sont excellentes et les autres qu'elles ne valent rien du tout. Sur ces entrefaites, on les corrige avec autant d'amendements qu'elles ont de lignes, on les défigure à ne plus reconnaître leur forme primitive, et une fois adoptées, ce qui arrive presque toujours, on les enfouit dans le *Bulletin des Lois* où elles vont dormir à côté de leurs sœurs.

» Chez les Locriens on imagina un très-bon moyen pour arrêter cette manie législative. Celui qui proposait d'abolir ou de modifier une loi quelconque, devait avoir autour de son cou un nœud coulant qu'on serrait sur-le-champ quand la proposition était rejetée. La même précaution était prise devant les tribunaux envers ceux qui voulaient en interpréter une. Si l'interprétation était mauvaise et non agréée, on les étranglait à l'instant.

» Il serait donc à désirer que ce salutaire usage s'introduisit dans tous les gouvernements parlementaires de l'Europe et que le nœud coulant des Locriens fut suspendu au-dessus de leur tribune nationale et de la barre de tous leurs tribunaux. Là, passé au cou de tout député et de tout avocat qui voudrait faire une motion législative ou discuter une loi, il diminuerait considérablement l'affluence des orateurs, inspirerait de sages réflexions et transformerait le sanctuaire des lois en une sorte d'arche sainte qu'on n'oserait plus aborder qu'en tremblant.

» Mais combien le gouvernement parlementaire ne renferme-t-il pas d'autres vices qu'il serait trop long de signaler dans cette esquisse!

» Avons-nous parlé des élections qui nous font passer les trois quarts de notre vie à élire toute la hiérarchie administrative depuis le roi jusqu'au caporal de la garde nationale et qui, comme on vient de le proposer, soumettra bientôt le choix des magistrats et des curés au scrutin populaire ? Avons-nous parlé de l'esprit d'insurrection et de révolte qui, encouragé par les hautes insurrections politiques dont nous nous vantons, se glisse peu à peu dans nos régiments, dans nos ateliers et jusque dans nos écoles ? Avons-nous parlé de la ruine du commerce et de l'industrie, des banqueroutes scandaleuses qui plongent nombre de familles dans la misère et qui sont occasionnées par l'état précaire et incertain dans lequel nous végétons ? Avons-nous parlé du malaise public, de l'inquiétude générale, des impôts onéreux, du service vexatoire de la garde nationale, des destitutions, des violations de domicile, du pillage des propriétés, des arrestations arbitraires, des lois exceptionnelles, de la guerre civile et enfin de tous les malheurs qui affligent notre belle France ?

» Un fait certain que personne ne peut nier est que depuis 1789 et plus particulièrement depuis 1814, la France avec ses constitutions et ses chartes est devenue tout à fait ingouvernable. Eloignée de la route sûre et protectrice où elle s'était maintenue pendant tant de siècles et placée par la Révolution sur un terrain glissant et rapide, elle éprouve depuis lors un mouvement de gravitation qui l'entraîne et la précipite, à peu près comme ces sommités de rochers qu'un coup de foudre détache et qui roulent avec fracas jusqu'au fond de l'abîme.

» En vain la Convention, le Directoire, le Consulat et l'Empire ont essayé de l'arrêter dans sa chute ; en vain le ministère Decazes avec sa *Bascule*, le ministère Gouvion St-Cyr avec un *Levier plus libéral*, le ministère Villèle avec son *Tourniquet*, le ministère Labourdonnais avec ses *Rigueurs salutaires*, le ministère Martignac avec ses *Concessions*, le ministère Polignac avec ses *Ordonnances*, le ministère Guizot avec ses *Doctrines*, le ministère Laffitte avec sa *Fortune*, et enfin le ministère Perier avec son *Juste Milieu*, sont intervenus pour la retenir et la sauver, tous, moins le dernier *qui se débat encore et agonise*, ont été renversés et écrasés par elle.

» C'est donc à tort qu'on a beaucoup crié et qu'on crie sans cesse contre l'incapacité des ministres. Tous, tant les passés, les présents que les futurs, ont été, sont et seront de pauvres pygmées qui ne peuvent rien, absolument rien contre la catastrophe révolutionnaire qui s'opère sous l'influence du gouvernement parlementaire, et si quelque chose doit surprendre, c'est qu'il s'en trouve encore d'assez audacieux pour oser soutenir un édifice qui se dissout et s'écroule de toute part.....

» Avouons-le franchement puisque l'aveu d'une faute l'atténue et peut mener au repentir : nous autres Français avons été des singes, des hommes sans intelligence politique, qui, après avoir détruit notre ancien gouvernement et ne sachant plus par quoi le remplacer, sommes allé piller chez nos voisins d'outre-Manche leurs mœurs et leurs usages.

» Ainsi, voyant l'Angleterre et son ancienne colonie d'Amérique s'escrimer dans une tribune, il nous a pris fantaisie de l'imiter et d'avoir aussi une tribune, sans considérer si au fond ce régime était bon et praticable, s'il pouvait aller à notre tempérament national. Le gouvernement parlementaire est donc pour nous et pour tous les peuples qui marchent ou marcheront sur nos traces, une espèce de bâtard adoptif, un enfant étranger que nous caressons, que nous festoyons, que nous choyons, que nous voudrions acclimater, MAIS QUI NE VIVRA PAS. RAPPELEZ-VOUS DE NOTRE PROPHÉTIE!! »

Tel est l'extrait abrégé de ce que nous écrivions il y a vingt ans sur les malheureux essais de ce gouvernement chez nous, et l'on avouera sans doute que nos pressentiments étaient extrêmement justes et même téméraires pour l'époque où nous les publiâmes puisque la révolution de Juillet venait de le retremper dans les eaux de Jouvence et de lui donner un nouveau lustre qui fascinait encore tous les yeux.

Voilà ce qui était applicable à la France avant la grande journée du 2 décembre 1851 et ce qui l'est encore aux divers Etats parlementaires de l'Europe dans lesquels le susdit gouvernement est toujours en pleine activité.

Mais depuis lors, que de vicissitudes, que de changements et de péripéties sont venus confirmer nos trop justes prévisions!...

C'est d'abord l'Angleterre qui, subissant le châtiment du talion pour avoir infecté l'Europe avec ses doctrines tributiennes, est actuellement dominée par une démocratie turbulente, et menacée de porter une seconde fois le bonnet phrygien, s'il ne lui arrive rien de pire; ce sont la Suède, le Danemarck et les Pays-Bas où des menées démagogiques font écho avec celles d'Albion; la Belgique où le roi reste des trois mois entiers sans pouvoir composer un ministère et ne saura bientôt plus comment gouverner; l'Espagne et le Portugal qui, depuis leurs funestes constitutions des cortès, ont essuyé huit à dix révolutions et sont aux abois; le grand duché de Bade, le Wurtemberg, la Bavière, le Hanovre et la Saxe, qui, dans l'agitation et l'anxiété révolutionnaires, aspirent à se dépêtrer de leurs constitutions; la Prusse, qui, envahie par l'esprit démocratique qu'elle a imprudemment déchaîné, et revenue de ses tendances républicaines, se tourne en gémissant vers l'ombre du grand Frédéric et lui demande des inspirations; le Piémont où la tribune et les partis sont en incandescence; ce sont les Deux-Siciles qu'un volcan révolutionnaire plus redoutable que le Vésuve et l'Etna, ont forcées de revenir au pouvoir absolu; les Etats romains qui ont été souillés par la lave sanglante d'une odieuse république et qui sont rentrés dans la plénitude du pouvoir papal, grâce au secours de la fille aînée de l'Eglise; la France qu'une anarchie épouvantable a conduite à deux doigts de sa perte et que la Providence a sauvée d'une manière si miraculeuse. Ce sont, à l'étranger, le Brésil, la Grèce, Taïti, les îles Sandwich — ô pitié! — qui ayant aussi eu la fantaisie d'ériger une tribune nationale, s'en repentent amèrement et cherchent à la renverser, car partout enfin où ce malheureux gouvernement a été établi, on voit de l'agitation, du trouble, des émeutes et des révolutions; partout l'hydre démagogique y lève audacieusement la tête, et les rois effrayés cherchent à la museler ou à l'abattre.

A l'aspect d'un désordre aussi général et de maux aussi grands que ceux produits par cette forme de constitution, on est donc obligé de reconnaître qu'il y a nécessairement en elle quelque chose d'anormal, de vicieux, de radicalement mauvais, qui la rend dangereuse et impraticable.

Or ce *quelque chose* consiste évidemment dans plusieurs impossibilités que voici.

La première de toutes dérive de la dislocation du pouvoir souverain en trois parties rivales et militantes, dont une, la démocratie, ayant une supériorité et une prépondérance considérables sur les deux autres ; particulièrement sur la royauté qui est assujettie au rôle passif de très-humble servante, tend naturellement, par une fausse idée de ses droits, à absorber le pouvoir tout entier et à guerroyer jusqu'à ce qu'elle y soit parvenue, car telle est l'aveuglement des libéraux de bonne foi, que, malgré l'expérience du passé, ils ne veulent pas voir que ce genre de constitution mène insensiblement et fatalement à la république, que la république mène au socialisme et enfin que le socialisme conduit droit au bouleversement de toutes les monarchies européennes.

Il y a donc illusion étrange et inconcevable chez ceux qui s'imaginent que les gouvernements parlementaires ont gouverné, gouvernent et gouverneront conformément aux devoirs politiques qu'ils ont mission de remplir, parce que composés d'éléments qui se repoussent, de principes qui se heurtent, d'ambitions qui se choquent, le monarque y craint sans cesse pour sa prérogative, la nation pour ses priviléges et que dans cet état de suspicion et de haine perpétuelles, tout le monde s'y occupe moins du bien public que de sa propre conservation.

Ecoutez en effet le colloque que ne cessent de tenir entre eux les deux pouvoirs extrêmes de tous les Etats constitutionnels de l'Europe :

« Vous n'observez pas la constitution, dit la démocratie à la royauté ; vous la violez ; vous abusez de vos droits ;

vous avez de mauvais ministres ; vous corrompez la chambre haute ; vous tyrannisez la presse par des lois trop répressives ; la loi électorale ne vaut rien ; vous nous enlevez nos libertés ! Prenez garde, Sire, je finirai par vous chasser et gouverner toute seule.... »

« Pure calomnie, répond humblement la royauté ; je me tiens dans ma sphère d'activité ; je règne et je gouverne, comme il appartient à ma couronne de faire ; c'est vous qui usurpez mes droits, qui attentez à ma prérogative, qui m'empêchez de fonctionner, qui me déconsidérez, qui agitez et perdez le pays. Arrêtez-vous, ou sinon je ferai un coup d'état et abolirai la constitution.... »

Tels sont les compliments quotidiens qu'ils s'adressent, telle est la bonne harmonie qui règne dans tous les gouvernements parlementaires sans exception.

Et comment cinq ou six cents souverains pourraient-ils s'entendre entre eux, ne pas se quereller, ne pas se battre et se supplanter pour des affaires d'Etat, quand dans le moindre ménage l'unité du pouvoir est une chose nécessaire et indispensable ?

Est-ce donc qu'on a oublié les deux rois de Sparte, les deux consuls de Rome, les triumvirs de Pharsale et d'Actium ; les guerres civiles de la France depuis Pepin jusqu'à Hugues Capet, celles de la ligue sous Henri III, celles d'Angleterre, de Suède, de Danemarck et autres, à l'occasion d'une couronne partagée ou contestée ?

Que si, malgré ces leçons de l'histoire et l'expérience du présent, que si, en dépit de la simple logique du bon sens, les libéraux s'obstinent à vouloir partager un pouvoir indivisible de sa nature et à le réduire plus ou moins à zéro, ils en sont certainement les maîtres, quand ils trouvent des rois assez faibles pour y consentir ; mais cela n'empêche pas que le principe d'unité générale se révèle partout de la manière la plus évidente à un œil observateur, et que si des hommes de génie, tels que Buffon, Vicq-d'Azyr, Camper et Geoffroy-Saint-Hilaire ont aperçu l'*unité de composition* existant dans le règne animal, des philosophes d'un autre ordre, notamment Hérodote, Aristote, Bodin et Puffendorf virent longtemps avant eux que l'*unité politique* était la loi fondamentale créée par Dieu, pour présider à la gestion de nos gouvernements, et que toutes les constitutions mixtes, de quelque nature qu'elles fussent, devaient être considérées comme une véritable *corruption* du principe monarchique.

Cela est si vrai que les révolutionnaires eux-mêmes en donnent l'exemple dans leurs sociétés secrètes qui sont toutes présidées et dirigées par un chef suprême. Ainsi le carbonarisme de la *Jeune Italie* qui se divise en tant de cercles et de degrés de cercles révolutionnaires a-t-il pour président un *Grand-Unitarien*.

Est-ce clair ?

La division du pouvoir souverain est effectivement une anomalie politique si contraire à la bonne et sage administration des Etats, que partout où elle a eu lieu il a fallu, après des luttes terribles et sanglantes, y renoncer soit pour adopter franchement la république, soit pour revenir au pouvoir absolu ou tout au moins à des institutions monarchiques assez fortes pour gouverner sans entraves.

A l'appui de cette vérité, nous pouvons d'abord citer les Grecs et les Romains, dont le prétendu gouvernement républicain n'était au fond qu'une constitution mixte, c'est-à-dire qu'un mélange de démocratie, d'aristocratie et de royauté temporaire, et qui ne cessèrent de se battre chez eux pour établir alternativement une république démocratique ou le pouvoir absolu ; ensuite les Anglais qui, depuis leur fameuse charte de 1264, ont été constamment dans un état de révolution active ou latente ; puis la France dont la triste histoire n'est que trop connue, et enfin tous les pays constitutionnels de l'Europe nommés plus haut, lesquels sont actuellement travaillés par le ferment révolutionnaire, et à la veille peut-être de subir de nouvelles modifications dans leur politique respective.

Etre roi dans un gouvernement parlementaire ! mais c'est la pire des conditions que nous connaissions. Mieux vaut cent fois manger du pain noir, boire de l'eau et garder des moutons que d'occuper un trône sur lequel on est abreuvé d'outrages et d'humiliations, que de porter un sceptre impuissant et méprisé. O vous qui, en ce moment de tourmente libérale, régnez sur des peuples démoralisés qui se prétendent supérieurs à vous, et dont vous êtes les *sujets*, dites-nous si nous calomnions votre triste rôle ! O mânes de Charles 1er, de Louis XVI, de Charles X et de Louis-Philippe, apprenez-nous ce que vous en pensez !!....

« Au banquet de la royauté *constitutionnelle*, dit M. de Bonald, rien n'est plus doux que les bords de la coupe.... mais que le fond en est amer ! »

Hélas ! non, il ne peut pas y avoir de demi, de tiers, ni de quart de royauté, pas plus que de demi-dieu et de demi-soleil. Il faut que le pouvoir qui gouverne les hommes soit un, entier et tout puissant ; il faut que, pour jouir de toute la tranquillité, de tout le bonheur social qu'il est possible d'obtenir sur la terre, ceux-ci se résignent à obéir à un seul roi, à un roi qui tienne fermement les rênes, qui sache faire respecter son autorité, qui ne fasse aucune concession de son pouvoir, tant petite qu'elle soit, et qui, en présence d'une révolte impérieuse, ait le courage de déposer dignement le sceptre et de se retirer ; car, bien entendu que le devoir des rois n'est pas de gouverner malgré la volonté des peuples que la Providence a confiés à leurs soins, mais d'abandonner ceux-ci à leurs malheureuses destinées, quand décidément ils ne peuvent plus conserver la plénitude de leur pouvoir.

Ce qui revient à dire qu'en fait de royauté, il faut tout ou rien.

« Il m'a semblé, mon fils, disait Louis XIV au dauphin, dans un Mémoire instructif qu'il lui laissa à sa mort, il m'a semblé nécessaire de vous le marquer, de peur que, par un excès de bonne intention dans votre première jeunesse, et par l'ardeur même que ces Mémoires pourront exciter en vous, vous ne veniez à confondre ensemble deux choses très-différentes, je veux dire *gouverner par soi-même et n'écouter aucun conseil qui serait une autre extrémité aussi dangereuse que celle d'être gouverné*.... Mais quand, dans les occasions importantes, nos conseillers nous ont rapporté tous les partis et toutes les raisons contraires, tout ce qu'on fait ailleurs en pareil cas, tout ce qu'on a fait autrefois et tout ce qu'on peut faire aujourd'hui, C'EST A NOUS, mon fils, à choisir ce qu'il faut faire en effet ; et ce choix-là, j'oserai vous dire que, si nous ne manquons ni de sens ni de courage, nul autre ne le fait mieux que nous : *car la décision a besoin*

D'UN ESPRIT DE MAITRE, *et il est sans comparaison plus facile de faire ce que l'on est, que d'imiter ce que l'on n'est pas.* »

« Je recommande à mon fils, écrivait dans son testament le malheureux Louis XVI au moment de monter sur l'échafaud, je recommande à mon fils, s'il avait le malheur de devenir roi..., de songer qu'un roi ne peut faire respecter les lois et faire le bien qui est dans son cœur qu'autant qu'il a l'AUTORITÉ NÉCESSAIRE, et qu'autrement ÉTANT LIÉ DANS SES OPÉRATIONS, et n'inspirant pas de respect, *il est plus nuisible qu'utile.* »

« Je fais un appel loyal à la nation tout entière, disait Louis-Napoléon au peuple français lors de l'immortelle journée du 2 décembre 1851, et je vous dis : Si vous voulez continuer cet état de malaise qui nous dégrade et compromet notre avenir, CHOISISSEZ UN AUTRE A MA PLACE, CAR JE NE VEUX PLUS D'UN POUVOIR QUI EST IMPUISSANT A FAIRE LE BIEN, me rend responsable d'actes que je ne puis empêcher, et m'enchaîne au gouvernail quand je vois le vaisseau courir vers l'abîme. Si, au contraire, vous avez encore confiance en moi, donnez-moi LES MOYENS d'accomplir la grande mission que je tiens de vous, etc. »

Que pouvons-nous ajouter à ces nobles et douloureuses paroles que trois de nos monarques ont prononcées dans des circonstances si différentes, le premier avec l'autorité d'une glorieuse expérience, et les deux autres au milieu d'une anarchie déplorable, sinon que la France les a enfin comprises en renversant une tribune qui était la cause de tous ses malheurs et en accordant au nouvel Empereur qu'elle s'est choisie *l'autorité et les moyens nécessaires* pour être dignement gouvernée par lui, cela comme un retour volontaire aux principes monarchiques dont elle n'aurait jamais dû s'écarter et comme un exemple de componction donné aux peuples qui, encore agités par les luttes d'un parlementarisme agonisant, finiront bien par l'imiter et la suivre dans son admirable restauration.

Passant maintenant à la seconde impossibilité du gouvernement en question, nous la trouvons dans ces assemblées tumultueuses où des avocats fabriquent des lois.

On raconte que le Scythe Anacharsis voyant qu'à Athènes les affaires d'Etat se discutaient dans de grandes assemblées populaires dont les décisions étaient souvent peu équitables, témoigna sa surprise à Solon de ce que les gens sensés y proposaient les questions et que des *fous* fussent chargés de les résoudre. Anacharsis avait raison, et, parmi les modernes, bien d'autres que lui partagent son opinion en soutenant qu'elles sont une monstruosité législative qu'il faudrait proscrire, notamment de Maistre, qui dit que partout où se trouvent le bruit, le fracas, l'impétuosité, on peut être sûr que c'est le crime ou la *folie* qui agit; et de Bonald qui veut que les hommes ne s'assemblent qu'à l'église et sous les armes, parce que là ils ne délibèrent point, écoutent et obéissent.

Cependant Athènes fut la seule ville de Grèce où il existât une pareille assemblée comme pour dégoûter les autres d'en avoir. C'est là, en effet, où il se trouvait des orateurs tels que Démade et Philocrate sur le front desquels étaient écrits en gros caractères les mots: *A vendre ou à louer*, et qui disaient hautement que lorsqu'ils constitueraient une dot à leurs filles, ce serait aux dépens des puissances étrangères; c'est encore là qu'on voyait d'autres orateurs de la force d'un nommé Esdras, qui, après avoir bu une pinte de vin, se vantait de pouvoir parler 960 heures de suite sans fermer la bouche ni s'édulcorer le gosier avec de l'eau miellée, car le fameux verre d'eau sucrée de la tribune nationale n'était pas encore inventé.

Aussi les Spartiates et les Crétois, beaucoup plus sages et moins bavards que leurs voisins de l'Ilissus, bannirent-ils les orateurs de chez eux, et un de ces derniers, qui leur offrit de parler un jour entier sur toutes sortes de matières, fut-il ignominieusement chassé de la ville. Mais, en revanche, les Romains eurent leur forum et personne n'ignore l'usage qu'ils en firent. Toutefois ce serait une erreur de croire que dans les assemblées délibérantes de l'antiquité on s'y occupât des lois fondamentales de l'Etat. La liberté n'allait pas si loin. On y parlait tout simplement de la paix, de la guerre, d'innovations sans importance, de quelques infractions particulières, de la pluie et du beau temps, ce qui était déjà beaucoup trop.

Quant aux lois organiques de ce temps là, lois qui plus tard se résumèrent en un seul Code, dont le texte admirable sert encore de fondement aux lois civiles de l'Europe, elles furent toutes l'ouvrage de quelques législateurs isolés, qui les méditèrent et leur mirent le sceau de l'immortalité dans le silence et le mystère du cabinet, car il est très-digne de remarque que tous les anciens législateurs tels que Pythagore, Minos, Lycurgue et Numa pensèrent que des lois évidemment humaines ne pouvaient être respectées, et que, pour donner plus d'autorité aux leurs, ils devaient les présenter comme étant une inspiration des Dieux.

C'est donc seulement à une époque fort moderne que, dans quelques Etats de l'Europe et de l'Amérique, on s'est mis à improviser publiquement des lois au sein d'une arène tumultueuse, au beau milieu d'une cohue assourdissante appelée *Chambre*, où, pour les *confectionner*, des lutteurs nommés *avocats*, se querellent, s'injurient, se battent et deviennent *fous* à en être expulsés, témoin cet héroïque pugilat qui, en mars 1852, eut lieu dans le congrès de Washington, entre MM. Wilcox et Brown, aux applaudissements et aux cris de joie des tribunes; témoin les soufflets, les coups de poing, les duels à l'épée et au pistolet qui ont si souvent deshonoré la tribune française; témoin encore le chef de l'agitation chartiste en Angleterre, *l'honorable* O'Connor, qui, à la suite d'extravagances et de voies de fait commises par lui en plein Westminster, au mois de juin de la même année fut conduit comme *fou* dans une maison de Chiswick, etc., etc.

Les avocats! Hélas! qui ne sait qu'ennemis jurés de la lumière et de l'eau claire, que faisant métier d'embrouiller les questions les plus simples, les plus lucides et les plus incontestables, qu'organes indispensables de toute discussion oratoire et que suppôts obligés de toute chicane sur le tapis, ce sont eux qui ont implanté le gouvernement parlementaire en Europe, afin d'en être les principaux manipulateurs et d'exercer leur loquacité?

Car tel fut toujours le triste privilége de l'ancienne Gaule pour produire cette race babillarde, qu'au rapport de Juvénal, qui en portait lui-même la robe, elle était considérée comme *la nourrice des avocats*, et que depuis lors les mamelles de la France, sa digne fille, sont si peu déchues de leur fécondité que de nos jours les avocats y sont plus nombreux que les procès et que tous les membres réunis des quatre autres facultés de l'empire. Ce qui s'explique par l'appât séduisant de la tribune nationale, objet de tant de soupirs et de tant de mécomptes, à laquelle tous nos Cicéron en herbe aspiraient naguères pour y faire briller leur future éloquence et gagner la simarre ou tout au moins une bonne place dans la magistrature.

Dès lors on conçoit pourquoi le parlement, qui d'ailleurs ne pouvait recruter ses orateurs que parmi ceux qui font profession de remuer la langue, se remplissait presque exclusivement d'avocats; pourquoi ses débats dégénéraient toujours en oiseux verbiage; pourquoi les questions les plus simples s'y obscurcissaient au point de ne plus rien y comprendre; pourquoi des hommes qui ont naturellement le jugement aussi faux qu'eux, faisaient sans relâche assaut de paralogismes; pourquoi enfin leur fastidieux bavardage a perdu trois ou quatre fois la France et perdra tous les Etats où il continue d'être le piédestal de l'argumentation législative.

Cela est si vrai que même en Angleterre on s'en plaint et que le *Morning advertiser* des derniers jours d'avril 1852 disait à propos de 130 avocats qui se présentaient pour avoir des siéges au parlement « que les avocats sont de tous les hommes ceux qui sont les moins utiles à la législature; qu'ils s'appliquent à troubler l'évidence, à embarrasser, à compliquer les matières les plus simples; qu'un mal déplorable est leur penchant à faire de longs discours ; que la prolixité, la volubilité paraissent à ces orateurs du forum les qualités les plus essentielles ; que des paroles, des paroles, des paroles, voilà leur devise et qu'ils ne connaissent rien autre chose que de parler. »

Mais ce qu'il y a de plus étrange dans l'espèce de domination tracassière que les avocats de notre siècle exercent sur les affaires publiques, c'est que depuis longtemps elle a été prévue et annoncée par une prophétie. Nous avons en effet lu quelque part qu'il existe à Bordeaux un vieux livre attribué à un saint abbé du moyen âge, dans lequel se trouve le passage suivant :

« *Quatuor persecutiones : prima, imperatorum; secunda hœreticorum; tertia, peccatorum; quarta ADVOCATORUM; est post hanc finis.* » « Quatre persécutions : la première, celle des empereurs ; la seconde, celle des hérétiques ; la troisième, celle des pécheurs ; la quatrième celle des AVOCATS ; et après celle-ci, ce sera fini.

Ainsi soit-il !....

Or, si la France, grâce à Dieu et à Louis-Napoléon est enfin délivrée de cette quatrième persécution, nous devons certainement nous en féliciter du plus profond de notre âme et les remercier bien sincèrement, en les suppliant de ne plus permettre qu'un pareil fléau reparaisse parmi nous.

Cependant, il y a trop d'indépendance et de franchise dans notre caractère pour dissimuler qu'un gouvernement *représentatif* ne nous rassure pas entièrement.

La charte de 1814 est encore présente à notre souvenir. Nous nous rappelons avec quelle candeur, avec quelle mansuétude l'opposition de ce temps-là adressait ses remontrances à la couronne, comment par l'organe de ses chefs elle lui faisait connaître les bonnes et sages intentions dont elle paraissait animée, mais la suivant pas à pas dans ses progrès libéraux; nous n'avons pas oublié non plus l'aigreur, l'irritation, l'arrogance croissantes, l'esprit de révolte enfin qu'elle manifesta bientôt, et nous nous demandons s'il n'est pas à craindre que, sous l'influence des principes démocratiques qui ont été conservés et dans un pays aussi léger et aussi inflammable que la France, tout cela ne recommence dans la même progression, car si les révolutionnaires y ont été vaincus, ils ne sont pas morts et ressemblent assez aux bêtes fauves qui, pourchassées et tremblantes dans leurs tanières, se cachent jusqu'à ce que le moment opportun de reparaître au grand jour soit revenu pour elles.

Il est vrai que défunte la tribune nationale est heureusement reléguée dans les combles du Palais Bourbon où les rats peuvent y pérorer à leur aise sans danger pour l'Etat; que la presse révolutionnaire a été mise à la raison par une bonne loi répressive, mais nous ne voyons pas la grande différence qu'il y a entre un orateur qui veut prononcer des paroles séditieuses de son banc placé en amphithéâtre et celui animé des mêmes sentiments, qui les débite sur l'estrade qu'on appelle *tribune*.

Il importe donc dans ce nouveau système gouvernemental renouvelé des salutaires et glorieuses institutions de notre première restauration impériale, que les débats législatifs aient lieu à huis clos et que le peuple, une fois représenté par des hommes investis de sa confiance, ne s'occupe plus de politique, qu'il reprenne son ancienne gaîté et vaque tranquillement à ses affaires comme faisaient ses bons aïeux, sans s'inquiéter de ce qui se passe dans le sanctuaire des lois.

A cet exposé succinct ne se bornent pas assurément toutes les *impossibilités* du gouvernement parlementaire et nous pourrions écrire sur leur compte plusieurs volumes compactes, si nous voulions passer en revue la multitude de vices qu'il renferme, tels que l'impossibilité de faire une bonne loi d'élection, la guerre acharnée des portefeuilles, l'opposition systématique des partis, les variations continuelles de la majorité, la nécessité où est le roi de prendre les ministres que celle-ci lui impose, celle d'en changer à chaque instant, la vénalité des places, la difficulté d'entreprendre et d'améliorer, etc., mais cela dépasserait notre but et il faut abréger.

Or, à la vue d'autant d'imperfections inhérentes au parlementarisme, on ne conçoit pas d'abord comment, malgré cela, des hommes tels que l'ancien évêque de Langres, Mounier, Lally-Tollendal, Malouet, Barnave, Mirabeau, Lafayette, etc., purent le désirer en 1789; comment Louis XVIII, l'empereur Alexandre, Talleyrand, le corps législatif, — Bruys-de-Charly en tête, — furent assez imprudents pour l'accueillir en 1814; on s'étonne que des notabilités telles que Royer-Collard, Benjamin Constant, Châteaubriand, Foy, Laffitte, Casimir Perier, MM. de Broglie, Cousin, Montalembert, Villemain, Duchâtel, Guizot, Thiers et autres aient eu le courage, pour ne pas dire la folie, de le soutenir jusqu'en 1848; qu'il se soit établi dans quinze Etats de l'Europe, au Brésil, en Grèce et même à Taïti et aux îles Sandwich, où il ne prospère pas mieux qu'ailleurs sous le patronage de la reine Pomaré et de S. M. Kamchamcka; on ne comprend pas surtout pourquoi il semble avoir jeté de profondes racines en Angleterre, tandis qu'il ne peut s'acclimater nulle autre part; et cependant tout cela a une raison d'être qui s'explique aisément par la réapparition dans ce premier pays des institutions qui régirent les anciennes républiques et par l'éloge inconsidéré qu'en fit Montesquieu vers le milieu du dernier siècle, en disant que le peuple anglais jouissait d'un gouvernement *très-sage*, qu'il était le peuple le plus libre qui eût jamais existé sur la terre *et que son gouvernement devait servir de modèle aux peuples qui voulaient être libres.*

En effet, les Anglo-Saxons n'eurent certes pas besoin d'aller chercher l'*idée de ce beau système dans les bois de la Germanie,* ainsi que ce publiciste dit assez plaisamment l'avoir découvert dans Tacite, et il dut leur suffire d'ouvrir l'histoire de la Grèce et de Rome pour en trouver les éléments qu'ils *perfectionnèrent* ensuite à leur manière, au point d'en faire des institutions aussi *sages* que celles que nous leur voyons aujourd'hui.

En se reportant donc à l'époque *philosophique*, à l'époque de liberté naissante où fut publié l'*Esprit des lois*, à l'enthousiasme universel qu'il produisit parmi des peuples déjà pervertis par des novateurs, à l'influence considérable qu'il dut exercer sur des hommes qui commençaient à haïr Dieu et les rois, on concevra facilement pourquoi quelques meneurs de 1789, et plus tard ceux qui leur succédèrent, ne virent rien de mieux à faire en France d'abord et dans les autres Etats de l'Europe ensuite, que d'y recevoir à bras ouverts les institutions tant vantées par Montesquieu, par cet oracle de la politique universelle, car c'est à lui que les peuples constitutionnels de l'Europe doivent une aussi *précieuse* conquête.

Dira-t-on que Montesquieu et ses deux acolytes Bentham et Delolme ont eu raison de les vanter, puisqu'elles existent encore dans la *mère-patrie* et autres lieux qui sont à sa remorque? Mais que signifie cela? Est-ce donc que les républiques antiques, quoique essentiellement mauvaises, ne durèrent pas plusieurs siècles? Est-ce que Montesquieu lui-même, malgré sa tendre affection pour les institutions anglaises, n'a pas annoncé que l'*Angleterre finira par perdre sa liberté, qu'elle périra lorsque la puissance législative sera plus corrompue que l'exécutrice, et que les choses ne peuvent pas y rester longtemps comme cela* (1)?

Certes, le parlement de l'Angleterre, quelque vertueux qu'il soit, ne peut pas avoir la présomption d'être plus incorruptible que ne le furent l'Aréopage, le conseil des Amphictyons et le sénat de Rome. Dès lors, pourquoi être si fier d'une longévité aussi précaire, d'un fait unique qui ne prouve rien et qui est contredit par vingt autres faits semblables?

La seule différence, en effet, qu'il y ait entre les Anglais et les autres peuples libéraux de l'Europe, quant à la durée possible du gouvernement parlementaire chez eux, c'est que les Anglais avancent doucement en politique, tandis que ceux-ci vont vite, et que si un ou deux siècles sont nécessaires aux premiers pour mourir à la peine, quelques années suffisent aux seconds pour succomber dans leur folle entreprise. Patience donc! Semblable à la planète Uranus, l'Angleterre opère lentement sa révolution; elle chemine à pas comptés, elle *progresse* en chantant joyeusement son *God save the Queen*, mais en inclinant toujours vers le point central qu'on appelle

---

(1) Œuvres complètes de Montesquieu, p. 270 et 632.

anarchie, et en accomplissant une orbite fatale, dont le terme, peut-être moins éloigné qu'on ne pense, la conduira infailliblement à sa perte.

Une des principales causes qui ont le plus contribué à prolonger chez elle la durée de son gouvernement, — cause à laquelle on n'a pas songé que nous sachions, — est l'esprit mercantile de ses habitants qui, après avoir pesté, juré, vociféré dans les clubs et les meetings, rentrent tranquillement dans leurs boutiques où existent pour eux des intérêts bien autrement importants que ceux de la politique; car il est évident que ces intérêts-là seraient anéantis si le pays se mettait en révolution, et que c'est aux nombreux ateliers de l'intérieur, à leurs comptoirs des Indes, à leur vaste commerce, en un mot, que ces insulaires doivent le *statu quo* d'un régime qui, sans cela et dans la situation où il se trouve actuellement chez d'autres peuples, n'aurait pas seulement existé un quart de siècle.

L'on peut donc dire avec raison que le commerce d'Angleterre est à la conservation de sa tribune, ce que la guerre extérieure fut autrefois à Rome pour le maintien de sa république. Chez elle, la politique est un amusement, un délassement, une vieille habitude comme celle de boire du thé et de manger du rosbif. Mais intervertissez les rôles et donnez-lui des mœurs semblables à celles de l'Espagne, de l'Italie, de la France, de l'Allemagne; occupez-la sérieusement de politique à l'instar de ces pays où un peuple oisif n'a rien de mieux à faire; donnez-lui une tribune dans laquelle une liberté échevelée sera aux prises avec un pouvoir expirant, où une demi-douzaine de partis rivaux hurleront chaque jour comme des loups qui cherchent à se dévorer, et vous verrez si, mieux que les autres peuples, elle gardera longtemps son *délicieux* gouvernement.

Du reste, nos politiques anglomanes ne devraient pas oublier, comme ils le font, l'histoire très-peu édifiante du parlement britannique, les révolutions, les vicissitudes, les troubles, les faiblesses et les crimes qui en sont sortis avant *qu'une royauté chancelante pût mal s'asseoir sur un trône inébranlable*, comme quelqu'un l'á dit. Ils devraient savoir que des écrivains d'un très-grand mérite, tels que Haiwars, Blakvood, Barclay, Land, Manwaring, Sipthorp, Hobbes, Firmer, Heglin, Pufendorf et beaucoup d'autres l'ont combattu, en soutenant que le pouvoir absolu lui était infiniment préférable ; ils devraient surtout se rappeler ce qu'on raconte touchant les mœurs étranges de ce peuple qu'ils nous présentent comme un modèle à suivre.

« Je jette les yeux sur l'Angleterre, disait en 1763 l'auteur des *Corps politiques et de leurs gouvernements,* t. 2, p. 497, et je vois à Londres une populace soutenue de vingt mille jeunes gens de famille à l'école du commerce, dans des boutiques de comptoirs; elle règle le gouvernement. Le parlement est assiégé par des cris et des menaces; on arrête tout au moins ses délibérations, si on ne les dicte pas ; et souvent c'est une faction dans ce parlement qui excite ces clameurs.

» Le peuple ému, ajoute-t-il, insulte le plus honnête homme qui lui déplait; il incendie sa maison ; il baffoue scandaleusement l'image des têtes les plus sacrées.... En 1756, le peuple brûla la maison de l'amiral Binck ; il traîna dans les rues la figure de l'impératrice ; il fallut, pour lui plaire, condamner Focke qui était innocent..... La justice n'ose prononcer contre la volonté de ces hommes *libres;* il faut qu'elle s'y prête : on ne reproche rien de plus outré au règne des tyrans. »

Mais ce qu'il y a de plus curieux dans les mœurs parlementaires de ce peuple « *privilégié par la Providence, qui,* selon lord Palmerston, *doit tâcher de persuader aux autres gouvernements d'étendre à leur pays, autant que possible, les biens civils et politiques dont il est si fier* », —ma foi, il n'y a pas de quoi! — est ce qu'en disait Montesquieu lui-même quelques années avant de publier son *Esprit des lois.*

Lisez et pardonnez-nous la longueur de la citation à cause de ses contradictions peu connues et de sa tournure assez amusante :

« Il faut à l'Anglais un bon dîner, une fille, de l'aisance : comme il n'est pas répandu et qu'il est borné à cela, dès que sa fortune se délabre et qu'il ne peut plus avoir cela, il se tue ou se fait voleur.....

» Il n'y a guère de jour que quelqu'un ne perde le respect au roi d'Angleterre.... — (Suit une anecdote relative à Milady Bell Molineux.....)

» La corruption s'est mise dans toutes les conditions. Il y a trente ans qu'on n'entendait pas parler d'un voleur dans Londres; à présent, il n'y a que cela. Le livre de Whiston contre les miracles du Sauveur, qui est lu du peuple, ne réformera pas les mœurs. Mais comme on veut qu'on écrive contre les ministres d'Etat, on veut laisser la liberté de la presse.....

» Pour les ministres, ils n'ont point de projet fixe. A

chaque jour suffit sa peine. Ils gouvernent jour par jour.....

» L'argent est ici souverainement estimé; l'honneur et la vertu, peu.....

» Comme on voit le diable dans les papiers périodiques, on croit que le peuple anglais va se révolter demain; mais il faut seulement se mettre dans l'esprit, qu'en Angleterre, comme ailleurs, le peuple est mécontent des ministres et que le peuple y écrit ce que l'on pense ailleurs.....

» Je regarde le Roi d'Angleterre comme un homme qui a une belle femme, cent domestiques, de beaux équipages, une bonne table; on le croit heureux. Tout cela est en dehors. Quand tout le monde est retiré, que la porte est fermée, il faut qu'il se querelle avec sa femme, avec ses domestiques; qu'il jure contre son maître d'hôtel; il il n'est plus aussi heureux.....

» Quand je vais dans un pays, je n'examine pas s'il y a de bonnes lois, mais si on exécute celles qui y sont, car il y a de bonnes lois partout.....

» Le Roi a un droit sur les papiers qui courent et qui sont au nombre d'une cinquantaine, de façon qu'il est payé pour les injures qu'on lui dit.....

Un couvreur se faisait apporter la gazette sur les toits pour la lire.....

» Il y a des membres écossais qui n'ont que deux cents livres sterling pour leur voix et la vendent à ce prix..... Les Anglais ne sont plus dignes de leur liberté, ils la vendent au Roi; et, si le Roi la leur redonnait, ils la lui revendraient encore.....

» Un ministre ne songe qu'à triompher de son adversaire dans la chambre basse; et, pourvu qu'il en vienne à bout, il vendrait l'Angleterre et toutes les puissances du monde.....

» Point de religion en Angleterre. Quatre ou cinq de la Chambre des Communes vont à la messe ou au sermon de la Chambre, excepté dans les grandes occasions où l'on arrive de bonne heure. Si quelqu'un parle de religion, tout le monde se met à rire. Un homme ayant dit de mon temps : Je crois cela *comme un article de foi*, tout le monde se mit à rire. Il y a un comité pour considérer l'état de la religion; cela est regardé comme ridicule.....

» Lorsqu'on saisit le cordon bleu de M. de Broglie (en 1731), un homme dit : Voyez cette nation : ils ont chassé le Père, renié le Fils et confisqué le Saint-Esprit, etc. (1). »

Ainsi Montesquieu savait fort bien, avant de publier son *Esprit des lois*, que le régime parlementaire tendait à déconsidérer la royauté et à perdre la religion, ce qui, dans cet ouvrage, ne lui empêcha pas d'en faire un pompeux éloge, de le présenter comme un gouvernement *très-sage* et de le conseiller aux peuples assez *vertueux* pour jouir de la liberté.

Cela est si vrai, que dans une lettre à l'abbé de Guasco, sous la date du 12 mars 1750, il lui disait : « Vous devez être bien glorieux, mon cher comte, d'avoir été lu par le Roi et qu'il ait approuvé ce que vous avez dit sur l'Angleterre. Moi, je ne suis pas sûr de si hauts suffrages *et les Rois seront peut-être les derniers qui me liront, peut-*

---

(1) Ouvrage cité. *Notes sur l'Angleterre, page* 629.

être même ne me liront ils pas du tout. Je sais cependant qu'il en est un dans le monde (Frédéric, roi de Prusse) qui m'a lu, et M. de Maupertuis m'a mandé qu'il a trouvé des choses où il n'était pas de mon avis. Je lui ai répondu que je parierais bien *que je mettrais le doigt dessus.*

Mais un fait inédit et plus singulier encore que ceux qui précèdent, est le suivant :

Montesquieu, en sa qualité de Bordelais, possédait le fameux vignoble de Clérac dont il était très-jaloux de vendre le produit aux Anglais. Dans une première lettre écrite par lui, en 1749, quelques mois après la publication de l'*Esprit des Lois*, il disait à son intime ami nommé plus haut : « Le commerce de Bordeaux se rétablit un peu, *et les Anglais ont eu l'ambition de boire de mon vin cette année;* et dans une seconde lettre au même, datée d'octobre 1752, il lui mandait les lignes suivantes: « J'ai reçu d'Angleterre la réponse pour le vin que vous m'avez fait envoyer à mylord Eliban; il a été trouvé extrêmement bon. On me demande une commission pour quinze tonneaux, ce qui fera que je serai en état de finir ma maison rustique. *Le succès que mon livre a eu dans ce pays-là contribue, à ce qu'il paraît, au succès de mon vin.* (1). »

Parbleu! cela se comprend. Dans un ouvrage qui allait avoir un aussi grand retentissement que l'*Esprit des Lois*, Montesquieu ne pouvait pas honnêtement dire du mal du gouvernement de ceux qui lui achetaient son vin, comme ceux-ci, en consommateurs délicats et reconnais-

---

(1) Ouvrage déjà cité, *page* 666.

sants, ne pouvaient éviter de donner la préférence à sa cave.

A quelles petites causes cependant tiennent souvent les plus grands événements de ce monde!... Si Montesquieu, par exemple, fût né Breton ou Auvergnat, il n'aurait pas eu du vin à vendre aux Anglais; s'il n'avait point eu de commerce avec ces Messieurs, il n'aurait probablement pas fait l'éloge de leur gouvernement, et, s'il ne l'avait pas fait, personne n'en aurait voulu.

D'où la conséquence passablement plaisante que c'est au vin de Bordeaux que le gouvernement parlementaire doit son extension par deçà la Manche, et que si la marquise du Defand avait eu raison de dire que le livre de Montesquieu était, non l'*Esprit des lois*, mais tout simplement de l'*Esprit sur les Lois*, nous croyons l'avoir, nous, en affirmant que la partie de cet ouvrage relative à la constitution d'Angleterre est tout bonnement une gasconnade et de l'*Esprit de Vin frelaté*.

Résumant donc par une allégorie tout ce que nous venons d'exposer concernant les peuples soulevés par les principes révolutionnaires et constitués en parlement, nous les comparerons à l'assiette que les bateleurs font tourner sur la pointe d'une épée. Tant que l'impulsion dure, ils tournent assez rondement, ils se maintiennent assez bien en équilibre; mais, dès que cette impulsion s'affaiblit, ils vacillent, ils chancellent et inclinent alternativement dans tous les sens jusqu'à ce qu'une gravitation invincible les ait précipités à terre pour les y replacer comme avant lorsque la violence de leur chute ne les met pas en pièces.

Ce qui se réduit à une expérience d'équilibre évidemment impossible, à un tour de force manqué, qui coûte un peu cher aux badauds qui ont la fantaisie de le faire.

SIXIÈME FOLIE POLITIQUE.

Ce fut de s'imaginer :
1° Que la république était le régime naturel, légitime et nécessaire des nations ;
2° Que le socialisme devait être son complément pour régénérer le monde.

Cedo, qui vestram rempublicam
Tantam amisistis tam citò ?

Apprenez-nous comment de votre république
La puissance et la gloire ont sitôt disparu.

Revenons à notre petit dialogue, Citoyens, mais soyons courts, très-courts en ce qui concerne cette sixième et dernière *folie politique*, parce que d'abord elle ne présente rien de bien aimable dans son examen et qu'ensuite tout ayant été dit et redit cent fois sur son compte, il serait fastidieux de le répéter ici.

Qui ne sait en effet qu'une république vraiment démocratique, telle que vous la concevez, est une chose qui ne s'est jamais vue et qui ne se verra jamais sur la terre, si ce n'est dans la cervelle de quelques fous, car pour qu'elle pût y exister, il faudrait qu'elle se composât entièrement d'hommes vertueux, sages, pauvres, désintéressés, laborieux et sobres; d'hommes sans vices, sans passions, sans esprit de parti, sans la moindre prééminence entre eux; il faudrait surtout que ces hommes ne délégassent leur pouvoir à personne, qu'ils se gouvernassent directement eux-mêmes et que, formant une grande famille d'êtres presque impeccables, ils pussent vivre dans une harmonie parfaite.

Or, ce sont des conditions surhumaines qui ne peuvent se rencontrer dans une nature aussi corrompue que la nôtre.

« Pour empêcher nos passions de nous diviser, disait Garat à Salles, il y a un moyen, mais il est unique; hâtez-vous d'organiser un gouvernement qui ait de la force et qui mérite de la confiance. Dans l'état où vos querelles laissent le gouvernement, une démocratie, même de vingt-cinq millions d'anges, serait bientôt en proie à toutes les fureurs et à toutes les dissensions de l'orgueil. Comme a dit Jean-Jacques, il faudrait vingt-cinq millions de Dieux, et personne ne s'est avisé d'en imaginer autant (1). »

Nous voyons votre étonnement, Citoyens, et vous allez, comme toujours, vous retrancher derrière les républiques de l'antiquité pour soutenir que leur existence est possible; mais combien ne sera-t-il pas plus grand

---

(1) *Histoire de la Révolution française*, par M. Thiers.

encore, quand nous vous dirons que, selon nous, ces prétendues républiques-là ne l'étaient que de nom et se rapprochaient bien plus de la monarchie que d'une démocratie réelle; car nous pensons avec Siéyes que monarchie et république sont à peu près la même chose, dès l'instant où elles ne diffèrent entre elles que par le nombre des membres chargés du pouvoir exécutif.

Comment, en effet, étaient gouvernées ces anciennes républiques et celles qui leur succédèrent par la suite du temps?

Athènes l'était par un sénat et neuf Archontes; Sparte par deux rois, un sénat et cinq Ephores; Rome par un sénat, deux Consuls, plusieurs Tribuns et quelquefois un Dictateur; Carthage par deux Suffètes et un sénat composé de trois cents aristocrates.

Plus tard, les quelques petites républiques qui vinrent au monde furent encore plus monarchiques.

A Venise, il y avait à la tête du gouvernement un Doge à vie et une puissante aristocratie; à Gênes, des Ducs et des familles nobles; en Suisse, un Landamman et une Diète; en Hollande, un Grand-Pensionnaire et des Etats généraux.

Quant aux républiques actuelles.... hélas! pardonnez-nous, Citoyens, si au milieu de cette énumération, pas trop longue pourtant, nous allions en oublier trois dont l'existence éphémère ne fut que trop démocratique: nous voulons dire celles de 1649, de 1793 et de 1848 qui, après avoir lâchement fait tomber deux têtes royales et ravagé leurs pays respectifs, ne purent marcher seules et furent obligées de se jeter dans les bras d'un *Protecteur*, d'un Directoire et d'un Président, c'est-à-dire de se donner un *Roi* temporaire.

Quant aux républiques actuelles, disions-nous, elles se réduisent en Europe aux quatre villes libres de Francfort, de Brême, de Hambourg, de Lubeck, qui comptent peu ; à la Suisse qui ne compte guère et à la république d'Andorre qui ne compte pas du tout, lesquelles sont bien et dûment fournies de Bourgmestres, de Présidents, de Sénateurs, de Députés et de tout le personnel monarchique des grands Etats prétendus républicains.

Traversant l'Atlantique, nous trouvons d'abord les Etats-Unis d'Amérique où, pour les gouverner, il y a un Président, un Sénat et des Représentants. Puis, descendant vers le centre et le sud, nous voyons de pauvres petits Etats à demi-sauvages qui se disent aussi *en république*, et dans lesquels il y a, comme partout ailleurs, des Présidents, des Dictateurs et des Chambres plus ou moins législatives.

Ainsi, dans toutes ces prétendues républiques, il existait — et il existe encore aujourd'hui — un pouvoir souverain qui, quoique divisé en plusieurs parties distinctes, formait un faisceau unique et se résumait dans la personne de quelques chefs, dont l'autorité était égale et souvent plus despotique que celle d'un monarque absolu, comme on le voit dans Platon et Aristote qui comparent le gouvernement des Ephores et des Tribuns à celui des *tyrans*. La seule différence réelle qui existât entre elles et les monarchies héréditaires était — et toujours par délégation — que la démocratie concourait chez elles à la confection des lois de circonstance et au choix de ceux qui devaient les gouverner pendant un certain temps, mais après tout, elles rentraient dans l'obéissance passive et subissaient toutes les rigueurs de la sujétion la plus rigoureuse qu'on puisse imaginer.

Sous un vain simulacre de république démocratique, leur gouvernement ne fut donc qu'une aristocratie puissante, une oligarchie despotique, ou plutôt elles ne furent et ne sont encore toutes ensemble qu'une monarchie bâtarde et corrompue, que le germe naissant et la première étape du régime parlementaire actuel.

Cela dit, Citoyens, voyons si, constituées de la sorte, ces républiques valurent mieux que la monarchie dont elles démembraient le pouvoir; mais voyons-le vite et en quelques mots.

D'après Xénophon, la république d'Athènes était tellement mauvaise et corrompue, que la dépravation de ceux qui la gouvernaient pouvait seule la faire vivre. Ce qui est une vérité confirmée par une foule d'autres écrivains, notamment par un auteur distingué de notre époque, lequel compare les Athéniens *à des moutons enragés toujours disposés à dévorer leurs bergers* et observe « que leur tribune eût été la honte de l'esprit humain, si Phocion et ses pareils en y montant quelquefois, avant de boire la ciguë ou de partir pour l'exil, n'avaient pas fait un peu d'équilibre à tant de loquacité, d'extravagance et de cruauté. »

Tout cela, Citoyens, est assurément peu flatteur pour les Français qui, dit-on, ressemblent beaucoup aux Athéniens de ce temps-là. Mais poursuivons.

A Sparte, vous le savez, les sciences, les arts, l'industrie, le commerce, le luxe, la bonne chère en furent impitoyablement bannis. C'était un repaire où des ours et des loups à deux jambes n'avaient d'autre souci que de fortifier leurs muscles, d'étouffer leurs enfants contrefaits, de donner à ceux qu'ils laissaient vivre une éducation barbare et cruelle, d'entretenir l'ignorance du peuple, d'exciter l'incontinence, l'espionnage et le vol; de parler par monosyllabes et de manger leur détestable brouet.

A Rome, la république ne fut qu'une sublime et criminelle extravagance, un gouvernement de bandits, de forbans et de pillards. On y honorait les conspirateurs, les régicides, les pourfendeurs d'hommes, ceux qui commettaient le plus de carnage, qui renversaient le plus de trônes, qui enchaînaient le plus de rois, qui apportaient le plus gros butin; ceux dont l'exaltation patriotique allait jusqu'à poignarder leurs enfants et à se tuer eux-mêmes. On y possédait l'art de falsifier les traités, de tromper la confiance de ceux qu'on avait vaincus, de les immoler jusqu'à ce qu'on les eût exterminés. On ne s'y faisait aucun scrupule de porter sans relâche la guerre et la désolation à l'étranger pour se maintenir en paix chez soi.

A Carthage, la république ne fut ni moins fourbe, ni moins cruelle. Sous le nom de *foi punique*, sa perfidie devint même proverbiale. D'ailleurs, opprimés par une oligarchie tyrannique, les Carthaginois n'étaient que de vrais esclaves.

Pour Venise et la Hollande, nous invoquerons ici le témoignage de Montesquieu qui dépeint leur gouvernement républicain en deux mots et dit : (excusez la licence d'expression, c'est lui qui parle,) « que la liberté de la première était celle de vivre obscurément avec des p..... qu'on épousait, et que la liberté de la seconde était celle de la *canaille* (1) » ; disant encore ailleurs « que les républiques d'Italie, qui se vantaient de la perpétuité de leurs gouvernements, *ne devaient se vanter que de la perpétuité de leurs abus.* »

A Gênes, ce fut pire encore, si en fait de république il est possible de voir quelque chose de plus mauvais que ce qui précède. C'étaient de prétendus *citoyens* qui, incapables de se gouverner eux-mêmes et d'être gouvernés, finirent, après douze ou quinze révolutions successives pour avoir alternativement la république et la monarchie, par se donner volontairement aux étrangers et par devenir cette petite république *Ligurienne* dont vous connaissez les tristes funérailles.

En Suisse, on croyait bien avoir naguère l'*image de la liberté, un gouvernement doux et sage* au milieu de ce gâchis de cantons aristocratiques, démocratiques et métis appelés *Confédération helvétique*, mais depuis que la démocratie y a prévalu on est singulièrement revenu d'une idée aussi fausse, et on sait maintenant où conduit cette *sage* et douce liberté : « Ah ! qu'on ne nous parle plus de la tyrannie des rois — écrivait un conservateur Suisse à la fin de 1851 ; — celle qui pèse sur nous est cent fois plus dure et plus avilissante ! — Elle n'a pour elle ni les liens de la gloire ni les liens de l'affection. »

Que dire du Mexique, du Guatimala, du Pérou, de Rio de la Plata, de cette fourmilière de petites républiques qui, en dissensions permanentes, s'unissent, se désunissent, se battent et se déchirent ; qui, aujourd'hui

---

(1) Ouvrage cité, page 629. *Grandeur et décadence des Romains*, ch. 8.

confédérées, demain indépendantes, et après avoir assommé ou chassé tous leurs présidents, finissent par la dictature du docteur Francia ou par l'empire de S. M. Soulouque? C'est pitié d'en parler. Comparez en effet, l'état prospère de tous ces vastes états de l'Amérique du centre et du sud lorsqu'ils étaient sous la domination d'un monarque, avec le délabrement anarchique, la misère où ils sont à présent; comparez nos Antilles avec Saint-Domingue; Cuba, Porto-Rico, l'Espagne même avec les colonies qui se sont affranchies d'une salutaire dépendance, et dites-nous ce qu'ils ont gagné à vouloir être libres?

Enfin, Citoyens, nous voici arrivés au phénomène républicain devant lequel les badauds des deux Mondes s'extasient, ouvrent de grands yeux et disent stupéfaits :

POURTANT EN VOILA UNE....!

Doucement! non, n'en voilà pas une, car la prétendue république des Etats-Unis d'Amérique n'est au fond que la doublure du gouvernement britannique avec une dynastie de rois de moins et avec l'esclavage des nègres de plus. Supposez en effet, que son président soit la reine Victoria, c'est-à-dire que ce président ait, sous la qualité qu'il porte, une couronne fixe et héréditaire dans sa famille, qu'on lui donne le titre de *Sire* et de *Majesté*, qu'il jouisse des honneurs et des prérogatives attachés au sceptre de l'ancienne métropole, eh bien! il n'y aura rien de changé dans cette colonie et elle sera à peu près ce qu'elle était au 4 juillet 1776. Ou plutôt supposez ce qui est réellement vrai, que son président est un roi à échéance déterminée; que ses *Virginiens* sont des lords opulents et orgueilleux ; que ses *yankees* sont les boutiquiers de Londres ; que les métis et les nègres sont la populace des bords de la Tamise ; que dans la chambre basse on se querelle, on s'injurie, on boxe pour faire des lois ; que chez elle enfin les quatre règles de l'arithmétique sont l'âme de l'Etat, et vous serez en pleine Angleterre.

Vous admirez la vétusté de cette soit disant république, vous dites avec emphase : *Elle a pourtant déjà 63 ans !* Mais à 63 ans une république tant soit peu viable n'est encore qu'au berceau, à la mamelle, au maillot. C'est un enfant contre nature, un poupard, si vous voulez, qui, quelque joufflu, frais et bien portant qu'il paraisse, renferme en lui un vice rachitique, un principe de mort qui, un peu plus tôt ou un peu plus tard, fait explosion et l'étouffe au moment où l'on s'y attend le moins.

Qui ne sait en effet, que déjà dans maintes circonstances l'Union fédérale de cette fameuse république a été sur le point de se disloquer ; qu'en 1842 les Etats du nord et du sud en seraient venus aux mains pour le *tarif mixte* sans la puissante intervention de Henri Clay ; qu'en 1850 la querelle de l'esclavage faillit allumer la guerre civile dans tous les Etats de la Confédération, et que le Congrès, dans une désorganisation complète et ne sachant plus où donner de la tête, éprouva l'humiliation de s'en référer *à un seul homme*, à un vieillard de 75 ans, qui se mourait aux eaux, à ce même Henri Clay qu'il fit venir à petites journées de Philadelphie à Washington pour rétablir l'ordre dans son sein et être le juge suprême de la question !

Or, nous le demandons dans toute la sincérité de notre âme : si les Etats-Unis avaient eu alors et s'ils avaient encore aujourd'hui, au lieu d'un président souvent incapable ou chef de parti, un pareil homme pour roi absolu, est-ce que leurs affaires n'en iraient pas un peu mieux?

Mais *alea jacta est* disait naguère un illustre tribun à propos de la république française, et *alea jacta est* répéterons-nous, nous-mêmes, pour ce qui se passe aux Etats-Unis. Oui, le sort en est jeté, leurs destinées s'accomplissent et le triomphe que la démocratie vient de remporter tant chez eux que de ce côté-ci de l'Océan, annonce que la période révolutionnaire est sur le point de finir dans les deux Mondes, car quand la démocratie est maîtresse de la place, la monarchie n'est pas loin de la prendre d'assaut pour y rétablir l'ordre.

D'après ce court aperçu fait à vol d'oiseau sur le petit nombre de républiques plus ou moins démocratiques qui ont tour à tour ravagé et souillé notre globe, il est donc évident, Citoyens, que le régime républicain ou plutôt que ce qu'on a faussement pris pour lui, fut toujours un gouvernement accidentel et passager; que cause incessante de troubles, de discordes et de guerres, on ne le vit jamais prospérer dans ses propres foyers, et qu'enfin condamné par une désastreuse expérience on doit généralement le proscrire.

Aussi ne faut-il pas s'étonner si les grands hommes de tous les siècles furent unanimes sur ce point. Homère, Platon et Aristote, se déclarèrent formellement contre lui. Le second disait que les gouvernements populaires étaient des *marchés* où tout se vendait, ce qui l'engagea à ne point admettre la démocratie dans sa république. Beaucoup d'autres, considérant que l'égalité entretenait l'envie et la haine parmi les citoyens; que le peuple était trop ignorant, trop léger, trop facile à séduire et à tromper pour se gouverner lui-même, estimèrent également et avec raison qu'un gouvernement démocratique ne lui convenait pas du tout.

Voici en propres termes ce que Aristote disait de cette forme de gouvernement après en avoir fait ressortir les vices et les inconvénients : « Cependant elle est un peu tempérée dans les lieux où, pour écarter une populace ignorante et inquiète, on exige un cens modique de la part de ceux qui veulent participer à l'administration; dans les lieux où, par de sages règlements, la première classe des citoyens n'est pas victime de la haine et de la jalousie des dernières classes ; dans tous les lieux enfin où, au milieu des mouvements les plus tumultueux, les lois ont la force de parler et de se faire entendre. Mais elle est tyrannique partout où les pauvres influent trop dans les délibérations publiques. »

Puis après avoir cité comme une des causes qui rendent la démocratie tyrannique et insupportable : « *Cette foule d'ouvriers et de mercenaires qui élèvent une voix impérieuse dans les lieux augustes où se discutent les intérêts de la patrie*, il flétrissait énergiquement ces orateurs populaires, ces hommes ambitieux qui employaient leurs talents à flatter les passions et les vices de la multitude, à s'énivrer de l'opinion de son pouvoir et de sa gloire, à ranimer sa haine contre les riches, son mépris pour les règles, son amour de l'indépendance. Leur triomphe, disait-il, était celui de l'éloquence qui ne semblait s'être perfectionnée à cette époque que pour introduire le despotisme dans le sein de la liberté même. Les républiques sagement administrées, selon lui, ne se livraient point à ces hommes dangereux, car partout où ils avaient du crédit, le gouvernement parvenait avec rapidité au plus haut point de corruption, et le peuple contractait les vices et la férocité des tyrans (1). »

De leur côté, Pisistrate, Périclès, Nabis, Sylla et César firent assez voir par leur conduite ce qu'ils pensaient de la république et si la postérité est juste à leur égard, elle doit bien moins les considérer comme des usurpateurs et des tyrans que comme les libérateurs de leurs pays.

Ce qui du reste ne s'accordait pas mal avec ce qu'en disaient Senèque et Tacite, savoir : « qu'il était impossible que celui à qui plaisait la vertu pût plaire au peuple, » et que *Delecta ex his et constituta reipublicæ forma laudari facilius quam evenire, vel si evenerit haud diuturna esse potest* (2). »

D'où la conséquence que si, comme Machiavel l'a dit avant Montesquieu, la *vertu* est nécessaire pour fonder une république, celle-ci ne trouvera jamais de *fondement* et sera éternellement une chimère parmi les hommes, parce qu'il ne s'est jamais rencontré et qu'on ne trouvera jamais de peuple assez *vertueux* pour la posséder intègre et pure, comme elle doit être, puisque l'espèce humaine naturellement vicieuse et corrompue n'est certainement rien moins que vertueuse.

Que répondrez-vous à cela, Citoyens? Est-ce que par hasard vous prétendriez être des Fabricius et des Caton?

Soit, si vous en êtes capables; mais ce que nous contestons formellement, c'est l'assertion étrange et passable-

---

(1) Voyage du jeune Anacharsis.

(2) Tacit., *Ann.* 3, 33.

ment impertinente des amateurs de république, particulièrement de Sidney, qui, ravalant la monarchie, soutiennent que la Grèce et Rome, en y revenant sur leurs vieux jours, *perdirent leur vertu* et cessèrent de produire des grands hommes, comme s'il n'y avait que les républiques qui eussent été fécondes sous ce double rapport.

Mais en premier lieu leur prétendue *vertu républicaine* avait déjà éprouvé de si rudes atteintes, elle était tombée dans une corruption si profonde, lorsque Philippe et César s'emparèrent du pouvoir souverain, que ni le meurtre de ces deux princes, ni l'éloquence de Démosthènes et de Cicéron ne furent assez puissants pour les relever de l'abjection où leurs républiques les avaient plongés. Dès lors, la monarchie ne pouvait pas évidemment corrompre ce qui était déjà corrompu, et loin d'ajouter à un mal dont elle était complétement innocente, à un mal que la continuation des anciens rois aurait prévenu, elle le répara autant qu'il fût en son pouvoir, et fit encore vivre cinq siècles un peuple qui, sans elle, était perdu.

Et puis supposons un instant qu'Athènes et Rome n'eussent pas aboli la royauté après Codrus et Tarquin, et que la dynastie de ces deux rois s'y fût perpétuée jusqu'aux combats de Chéronée et de Pharsale, est-ce donc que leurs mœurs en seraient devenues moins pures et qu'on n'y aurait vu que des sots?

Assurément que sans l'apparition fortuite et nullement nécessaire de leur république, elles n'auraient pas produit quelques grands hommes de guerre et de tribune, dont l'histoire a singulièrement exagéré le mérite; mais en revanche et à l'ombre du trône, quelle liste d'hommes bien plus illustres à divers titres n'aurions-nous pas à ajouter à celle que les dernières années de leur liberté expirante et le rétablissement de la monarchie firent éclore dans leur sein ?

Comment ! on ose dire que ces républiques-là étaient fondées sur la *vertu*, et que leurs mœurs valaient mieux que celles des monarchies de notre époque !

Mais alors pourquoi le meurtre, le suicide, le vol, l'impudicité, la délation, la cruauté, le cynisme et bien d'autres choses semblables étaient-ils dans leurs lois et leurs usages? Pourquoi un mari pouvait-il légitimement prêter sa femme à un autre? Pourquoi y admirait-on les courtisannes de Corinthe, de Pômpéïa, les Phryné, les Laïs, les Sapho et y avait-on des écoles de prostitution? Pourquoi y suivait-on les préceptes licencieux et impies d'Antisthène, de Diogène, d'Epicure et de Lucrèce? Pourquoi avaient-elles une loi monstrueuse qui voulait que, dans une ville assiégée, on y exterminât tous les habitants réputés *inutiles?* Pourquoi, barbares dans leurs conquêtes, ravageaient-elles et dépeuplaient-elles l'univers? Pourquoi se décimaient-elles par les guerres civiles, par les triumvirats et les proscriptions? Pourquoi exilèrent-elles de grands citoyens, tels que Thémistocle, Alcibiade, Aristide, Coriolan, Métellus, les deux Scipions et Cicéron? Pourquoi firent-elles boire la ciguë à Socrate, précipitèrent-elles Manlius au bas de la roche Tarpéïenne et firent-elles mourir en prison Miltiade et Phocion? Pourquoi enfin, pour abréger ces *pourquoi* que nous pourrions multiplier à l'infini, vingt mille citoyens seulement y jouissaient-ils des avantages de la liberté, tandis que quatre cent mille esclaves y étaient traités comme des bêtes immondes?

Voilà, Citoyens, pour les républiques de l'antiquité; mais si nous voulions tourner nos regards scrutateurs — Dieu nous en préserve! — vers celles que nous, peuples modernes, n'avons déjà que trop vues, combien ce spectacle hideux et navrant ne nous rappellerait-il pas de douloureux souvenirs! Laissons-les donc ensevelies dans l'opprobre et la malédiction, d'où la postérité les exhumera, si elle veut, et contentons-nous d'en signaler ici le côté plaisant, quelques-uns de ces faits ridicules qui font sourire de pitié.

Par exemple, nous pourrions rappeler ce moment de vertige national où un peuple de 35 millions d'âmes, le peuple le plus civilisé du monde, après avoir eu des maîtres tels que Ledru-Rollin, Blanqui, Barbès, Sobrier, Raspail, Hubert, Longepied, Louis Blanc et quelques autres de la même farine, fut choisir les représentants qui devaient être les arbitres et les législateurs de sa destinée républicaine parmi des portefaix, des maçons, des meuniers, des cabaretiers, des couteliers, des forgerons, des menuisiers, des jardiniers, des vignerons, des ferblantiers, des *canus*, des horlogers, des brasseurs, des ouvriers typographes, des vétérinaires, des apothicaires, des sergents, des sous-lieutenants et autres personnes toutes aussi capables de faire des lois, que nous pourrions nommer, si nous voulions.

Est-ce que jamais nos neveux voudront croire cela!

Il est un autre fait — fondamental pourtant — qui a passé inaperçu au milieu de vos saturnales; c'est une grave omission commise dans cette inscription fastueuse et mensongère, dans ces trois mots lamentables et menaçants que vous aviez fait graver dans tous les coins de la

France, depuis le fronton de ses plus beaux édifices jusqu'à l'échoppe et à la sale muraille de ses carrefours.

Est-ce, en effet, que vous vous imaginiez pouvoir établir la république avec la *liberté*, l'*égalité* et la *fraternité* seulement? Mais nous vous apprendrons, si vous l'ignorez, qu'il fallait encore y ajouter le mot de *Frugalité*; car — et c'est Montesquieu qui le dit — « une maxime très-vraie est que l'amour de la démocratie est encore l'amour de la *frugalité*, et que, pour qu'on aime l'égalité et la *frugalité*, il faut que ses lois les y aient établies (1). »

Or qu'avez-vous fait pour cela? Est-ce que l'*immortelle* constitution du 4 novembre 1848 songea à consacrer parmi vous le principe important de la frugalité, à réformer votre cuisine, à vous interdire ces fins dîners ministériels où vous finissiez par vous endormir à table, ces dégoûtantes orgies de la Préfecture de police où vous faisiez ruisseler le cognac?

Non, elle n'en disait pas un mot — pour raison sans doute — voulant ainsi, au mépris du sage précepte de Lycurgue et de Montesquieu, fonder une seconde fois sa république une et indivisible sur la gourmandise et l'intempérance. Aussi qu'est-il arrivé? Vous le savez : abusant du silence de la loi, vous faisiez bien semblant, dans vos *banquets patriotiques* à 20 sous par tête, quand un peuple stupide vous regardait avec admiration, de vous contenter de la tranche de veau froid, de la salade et du carafon, mais vous réunissant ensuite entre vous autres gourmands à 25 fr. par jour pour réparer une aussi dure

---

(1) Ouvrage cité, page 211.

abstinence, c'est alors.... ô scandale pour des républicains qui devaient être sobres! c'est alors que, dans de secrets et splendides repas dignes du temps de Lucullus, et qu'à la suite de toasts avinés en l'honneur des principes révolutionnaires qui vous faisaient faire si bonne chère, vous discutiez chaudement les intérêts de la patrie et arrêtiez le mot d'ordre pour l'émeute du lendemain.

Ah! Citoyens, vos frères de l'antiquité ne mangeaient pas de si bons morceaux, ne buvaient pas tant, et leur république ne s'en portait que mieux; car vous n'ignorez pas que c'est avant que la gourmandise l'eût corrompue, et lorsque eux-mêmes ne se nourrissaient encore qu'avec des herbes, des légumes et de la bouillie; lorsque leur seule boisson était tout simplement de l'eau pure, du petit lait et de l'hydromel, que l'on vit chez eux des grands hommes tels que Fabius et Décius; qu'ils furent vainqueurs à Marathon, à Salamine, dans le Samnium et la Gaule. Vous savez aussi que leurs législateurs, leurs philosophes, leurs généraux, leurs magistrats étaient les premiers à leur donner l'exemple de la sobriété, de l'obéissance et de toutes les vertus; mais, chez nous,

Que penser, dites-nous, de ce législateur
Qui, laissant sa raison chez un restaurateur,
Le visage enflammé, s'élance à la tribune
Pour y faire éclater une voix importune,
Dépeindre, après dîner, la misère du temps
Et déplorer l'hiver quand on est au printemps?
Qu'un projet débattu n'exigeant plus qu'un vote
Dépende par malheur de ce grand patriote,
Vous verrez que son ventre, ennemi du scrutin,
De l'Etat très-heureux changera le destin,

Et que la liberté qu'il vante à pleine bouche
N'est qu'un mot décharné dont l'aspect l'effarouche,
Un spectre enfumé, tout sanglant et meurtri,
Qu'il immole en soupant chaque soir chez Véri.

Ce n'est pas tout. Chez les anciens, la musique était regardée comme un excellent moyen pour adoucir la férocité du peuple, et on raconte que, pour l'avoir abandonnée, une république d'Arcadie tomba dans les séditions et la guerre civile. Elle pouvait donc vous être fort utile, Citoyens, mais il y a musique et musique; et, d'après Aristote et Platon, vous aviez un choix important à faire. Ainsi, ce n'était pas en hurlant, jusqu'à nous assourdir et nous donner des nausées, la *Marseillaise*, la *Carmagnole*, le *Ça ira* et les *Lampions*, ou en chantant d'un air efféminé les couplets plus ou moins séditieux de Béranger et de Dupont, qu'il était possible de nous faire aimer la république, mais en alliant la douceur avec la gravité, en modulant vos airs patriotiques sur le ton *Dorien*, qui a, comme vous le savez, le rhythme et la majesté du plain-chant de l'église. Voilà la musique qu'il nous fallait.

Car, en chantant de la sorte, vous ne nous auriez point effrayés avec vos vociférations discordantes; nouveaux Amphyon, vous eussiez charmé nos oreilles, attendri nos cœurs anti-républicains, vaincu notre répugnance, opéré notre conversion; nous fussions allés à vous les bras ouverts et la république était faite. Vous ne l'avez pas voulu! tant pis pour vous. Maintenant, chantez des complaintes et le *Requiem*, si vous voulez.

Adieu donc, Citoyens, adieu la frugale et mélodieuse république de 1848! adieu la promesse faite par vous au banquet d'*Higkburg-Barn-Tavern* d'en établir prochainement cinquante autres en Allemagne et en Italie sur le signal qu'en devait donner la France! adieu la propagande et les efforts révolutionnaires du journal le *Proscrit*, du *Comité central européen* de Londres, de toutes les sociétés démagogiques qui s'étaient déjà partagé les dépouilles de notre malheureux continent! adieu Ledru-Rollin, Louis Blanc, Blanqui, Barbès, Mazzini, Kossuth, Victor Hugo! adieu vous tous qui *tissez du chanvre* et coulez des balles à Jersey pour le plus grand bonheur de l'humanité! Allez républicaniser les oasis de l'Afrique et de l'Asie, allez catéchiser les sauvages de l'Australie et de l'Amérique; faites comme Gracchus qui, de dépit, se rendit à Carthage pour en relever les ruines; allez, partez et que le diable vous emporte si loin, qu'on n'entende jamais plus parler de vous ni de votre république!

Quant à vous, Citoyennes *Tricoteuses* et *Vésuviennes*, qui vous occupiez de politique et que l'amour de la patrie enflammait aussi — probablement à défaut d'autre — vous qui prêtiez votre plume romanesque au gros Tribun, dont les bulletins hebdomadaires soulevaient et indignaient la France; qui, à Paris, à Rome et dans toutes les grandes villes où on avait planté l'arbre de la liberté, saisissiez avec empressement l'occasion de faire entendre vos voix aiguës et glapissantes et d'agiter vos mouchoirs en criant: *Vive la république!* Si vous aviez réellement les vertus antiques de ces femmes dont la réputation est venue jusqu'à nous, si vous étiez aussi chastes que Lucrèce dont vous connaissez l'histoire, aussi courageuses que les Amazones du Thermodon, aussi discrètes que l'Athénienne Léena qui se coupa la langue avec les dents pour ne pas révéler le secret d'une conspiration, nous vous passerions volontiers ce petit caprice-là, comme tant d'autres, quelque ridicule qu'il soit aujourd'hui ; mais, vu que vous êtes loin, infiniment loin de posséder autant de vertus héroïques, et que Montesquieu a dit que les vices de votre sexe vous rendent fatales au gouvernement républicain, nous vous conseillons amicalement de donner de meilleurs exemples à vos filles, de raccommoder les chaussons de vos maris, si vous en avez, de reprendre l'écumoire et de faire bouillir votre marmite, ce qui sera plus édifiant dans votre famille et surtout plus utile à la patrie.

Enfin, Citoyens et Citoyennes, pour terminer et résumer ce qui concerne votre république, nous dirons :

Quand la démocratie aura les vertus requises et pourra directement se gouverner elle-même ; quand vous nous prouverez, non en théorie, mais par la pratique, qu'il est possible de fonder une république vraiment démocratique ; quand vous aurez la vaillance de Thémistocle, la justice d'Aristide, le patriotisme de Décius et la sagesse de Caton ; quand, à la vue des malheurs de votre patrie, vous pourrez imiter le désespoir d'Isocrate qui se laissa mourir de faim ; quand, à l'exemple de Phocion, vous puiserez vous-même votre eau et pétrirez votre pain ; quand vous serez fiers de ressembler à Régulus qui prit congé du sénat pour aller cultiver son champ, à Curius qui refusa l'or des Samnites, en disant que son plaisir était moins d'en avoir que de commander à ceux qui en avaient ; à Fabricius, au vainqueur de Pyrrhus, qui ne vivait que d'herbes préparées de sa main et qui n'avait pour toute vaisselle qu'une tasse de terre ; quand, aussi patriotes qu'Empédocle d'Agrigente, vous refuserez une couronne pour vivre comme simples citoyens, et quand enfin, aussi désintéressés que Lucius-Valérius qui fut quatre fois consul, vous mourrez si pauvres qu'il faudra faire vos funérailles aux dépens de l'Etat, nous vous dirons : Oui, la république peut vous aller ; soyez libres !

Mais tant que cette forme de gouvernement ne sera autre chose que le délabrement de l'unité monarchique, que la division du pouvoir souverain en deux ou trois lambeaux ou tronçons informes qui s'agitent, luttent et se dévorent pour gouverner ; tant qu'une liberté et une égalité impossibles y fomenteront la licence, l'envie, la discorde, et toutes les mauvaises passions qu'engendre l'anarchie ; tant que vos prouesses républicaines consisteront en surprises et *en tours de main*, en gaspillages et en orgies ; tant qu'elles ne seront chez vous qu'une affaire de haine et de cupidité, qu'un moyen insidieux pour accaparer les places et remplir vos poches ; tant qu'avec une morgue aristocratique vous continuerez de vivre dans des hôtels somptueux, de vous asseoir à une table splendide et de vous faire mollement traîner dans des équipages brillants ; tant que vous ne labourerez pas votre champ et ne ferez pas vous-mêmes votre cuisine et votre lit ; tant enfin que vous serez aussi gourmands, dissolus et mauvais chanteurs que vous l'êtes, nous vous dirons : non, la république ne vous va pas et prenez un Empereur !

II. Après avoir fait l'autopsie de cette pauvre république pour voir dans ses entrailles le mal qui l'a tuée, nous sommes arrivés à *sa mauvaise queue*, comme dirait M. Guizot, à cet autre Polyphème qui, nous lorgnant de son antre infecte, s'apprêtait à nous dévorer, lorsque notre sage et vaillant Ulysse lui creva adroitement l'œil et le précipita dans l'abîme où il voulait nous ensevelir. Mais c'est un restant d'opération qui ne sera ni long ni difficile à faire, malgré le proverbe qui dit le contraire, parce qu'une foule d'autres avant nous ayant déjà disséqué et décrit ce vilain morceau, nous sommes heureusement dispensés de le servir à nos lecteurs.

Du reste, à quoi bon discuter avec des fous qui nient tous les principes? *Contra negantem principia non est disputandum :* car raisonner avec des fous serait une folie au moins égale à la leur, et le meilleur moyen de les calmer est de les livrer à leurs divagations.

Aussi devons-nous blâmer hautement ici le gouvernement de juillet et les écrivains conservateurs de cette époque, qui, prenant au sérieux, les extravagances du socialisme, ont d'abord fait de gros livres, épuisé leur logique et leurs arguments pour le combattre et le vaincre comme s'il eût été possible avec leur plume d'arrêter une horde d'insensés et de bandits. Evidemment qu'avec cette discussion de principes, qu'avec cette lutte préliminaire d'écritoire, ils allaient lui donner une importance qu'il était loin d'avoir dès son début, et qu'en excitant sa démence, ils finiraient par le rendre furieux, ainsi qu'il est arrivé.

Quand les bêtes fauves de nos bois, à la vue de la génisse et de l'agneau bondissant dans un gras pâturage, se bornent à hurler et à rugir au fond de leurs repaires, nous ne nous en inquiétons guères et nous les laissons tranquilles, tout en nous tenant sur la défensive; mais lorsqu'ils font mine de vouloir en sortir pour dévorer ces pauvres *aristocrates* des champs, nous ne nous amusons certes pas alors à pérorer avec elles ni à leur adresser de touchantes homélies; nous les traquons, leur donnons une vigoureuse chasse, et tout est dit.

Pourquoi donc n'a-t-on pas agi de même avec les bêtes fauves de la société et a-t-on fini par où il fallait commencer quand elles nous montraient les dents et étaient sur le point de nous sauter dessus? Pourquoi ne les a-t-on pas plutôt traquées et mises au cachot? Fallait-il attendre les bras croisés, en gémissant et sans défense, comme faisait la stupide majorité royaliste de 1851, que nous fussions égorgés et dépouillés par elles?

Quel aveuglement! quelle incurie! oh! admirons et bénissons cent fois l'habile et courageux chasseur qui, s'armant sans hésiter de la massue d'hercule, donna du pied à ces impuissants législateurs, à ces lâches gardiens, et assomma d'un seul coup l'hydre redoutable dont l'approche menaçante épouvantait l'Europe entière!

On croit assez communément que le monstre appelé *socialisme* est d'origine moderne, que son acte de naissance ne remonte qu'à nos discordes civiles et aux utopies que quelques obscurs écrivains ont publiées dans ces derniers temps, mais c'est une erreur. Le socialisme, pris dans l'acception générale qu'on attache à ce mot, est aussi vieux que le monde et tient à la nature humaine.

Tant en effet qu'il y aura un riche et un pauvre sur la terre — et il ne peut en être autrement — ce dernier sera *socialiste*, c'est-à-dire qu'il sera jaloux et envieux des biens de l'autre; qu'il se résignera à son sort, tant que les lois, la religion, la morale et l'autorité l'y maintiendront, mais qu'il se révoltera et qu'il cherchera à prendre la place du riche dès que ces liens sacrés et nécessaires à toute société civile viendront à se relâcher.

Eve, les mauvais Anges, Caïn, furent donc les premiers socialistes de ce monde, et c'est une race, chacun le sait, qui de génération en génération doit se perpétuer jusqu'à la dernière postérité comme conséquence de la malédiction à laquelle Dieu l'a malheureusement condamnée pour éprouver et faire souffrir ceux qui lui ont été préférés et valent mieux qu'elle.

Ainsi dans tous les temps et dans tous les lieux, il y a eu et il y aura des socialistes. Quelques-uns même chez les anciens y acquirent assez d'influence et de célébrité pour devenir chefs de secte, comme fit Phaléas de Chalcédoine en Grèce, et Scilius, Canuléius, Saturninus, les deux Gracques, etc., à Rome. Plus tard et au moyen âge vinrent les Albigeois, les Jacques, les Maillotins, les Hussites, les Frères Rouges, les Niveleurs, etc., mais à aucune époque cette plaie sociale ne prit des proportions et un développement semblables à ceux de la nôtre, par la raison sans doute qu'il ne s'était jamais vu des philosophes égalitaires aussi extravagants que ceux enfantés par le XVIIIe siècle.

Le premier fou socialiste auquel cette philosophie fit partir la tête paraît être un nommé Morelly, d'abord auteur du *Code de la nature* où il donna pour fondement de la société *la Communauté des biens*; et ensuite d'un autre ouvrage intitulé : *La Basiliade ou naufrage des Iles flottantes* — ou plutôt de sa raison — publié en 1753, dans lequel il décrivait le bonheur d'un peuple délivré des préjugés et *n'obéissant à d'autres lois qu'à celles de la nature et de la vérité.*

Deux autres fous intimes, et que nous ne pouvons séparer, vinrent ensuite pour s'associer au *naufrage* de

Morelly. Ce furent le *faussaire* Babeuf, qui se surnommait lui-même *Caïus Gracchus, tribun du peuple*, et son digne disciple Maréchal, l'*athée*.

Dans sa *Philosophie des niveleurs*, publiée en 1796, le premier voulait abolir la propriété individuelle des terres et rendre les hommes libres et égaux comme les bêtes. C'était un misérable qui expia ses crimes sur l'échafaud, où il essaya vainement de se poignarder.

Quant au second, qui avait été chassé comme impie d'une place de bibliothécaire, il disait dans son *Manifeste des égaux* : « Plus de cette propriété, la terre n'est à personne!.... Disparaissez révoltantes distinctions des riches et des pauvres, des grands et des petits, des maîtres et des valets, des gouvernants et des gouvernés! Qu'il ne soit plus d'autres différences parmi les hommes que celles de l'âge et du sexe, etc. » Il mourut dans le mépris et l'opprobre.

Le quatrième fut Saint-Simon qui, après s'être ruiné dans de folles entreprises et trouvant que les affaires de ce monde n'allaient pas bien pour lui, imagina de les réformer de fond en comble, de reconstituer la propriété, le travail, la famille, la religion, la société tout entière, sur de nouvelles bases où la liberté absolue de l'homme et de la femme jouaient un grand rôle, après quoi il tomba dans une misère profonde et se brûla la cervelle comme preuve éclatante de la bonté de son système.

Le cinquième fou de cette catégorie fut Charles Fourier, l'auteur de la *Théorie des quatre mouvements*, d'après laquelle il voulait associer les hommes *en capital, travail et talent par groupes, séries, phalanges au moyen de l'attraction passionnée*, dont il faisait l'unique loi de l'humanité, ou, en d'autres termes, organiser l'humanité *selon les lois de l'harmonie, en prenant la musique pour cadre*, lequel Fourier, tout en faisant de si belles choses, resta pauvre commis de boutique jusqu'à l'âge de 60 ans.

Telle est la plaisante origine du socialisme français, de cette monstruosité sociale dont les principes peu à peu modifiés, transformés et étendus par d'autres fous dans l'Europe et le monde entier, y ont fait naître une vingtaine d'écoles antagonistes et rivales, parmi lesquelles nous citerons seulement l'Industrialiste, la Phalanstérienne, la Communiste, l'Egalitaire, l'Icarienne, l'Humanitaire, l'An-archique, l'Organisatrice du travail, la Protectionniste, la Libre-Echangiste, la Chartiste, l'Associaliste, la Dogmatique ou littéraire, la Communiste révolutionnaire, la Néo-radicale, etc., etc.

Mais ce qu'il y a de plus curieux dans cette division du socialisme en un aussi grand nombre d'écoles ou de sectes rivales tendant toutes au même but : la destruction de l'ordre social actuel, c'est le cas que les unes font du travail des autres ; ce sont les douceurs et les compliments que leurs chefs s'adressent entre eux. Ainsi, Pierre Leroux qualifie Proudhon de *fabricant de cadavres ;* Mazzini l'appelle le *Méphistophélès* de la démocratie et les autres socialistes le lardent également de sobriquets piquants ; tandis que lui, Proudhon, dit, en parlant des théories phalanstériennes, que *c'est le rêve de la crapule en délire ;* qu'il nomme Pierre Leroux, Ledru-Rollin, Louis Blanc, Considérant, Cabet et autres, les *Sycophantes du socialisme;* qu'il donne à ses confrères et *aux prétendus hommes d'Etat de* 1848 les épithètes de *Révolutionnaires manqués*, de *Culotteurs de pipe*, de *Mystagogues*, de *Blagueurs*, de *Pâtis-*

siers, d'*Huitres attachées au rocher de la fraternité*, et qu'il dit enfin que le but où ils tendent tous ensemble est une orgie de carnaval et *un Mardi gras révolutionnaire.*

Or, quand les enfants de la même famille se traitent de la sorte et ne rougissent pas de laver leur linge sale à la face d'Israël, lorsqu'ils ont l'impudence d'exposer au grand jour les turpitudes dont ils se sont rendus coupables, les desseins, les menées, les crimes dont ils se sont souillés, il est inutile d'examiner de plus près des systèmes si bien jugés par eux-mêmes, et toutes leurs écoles tombent au bruit des sifflets qu'elles méritent.

La seule chose que nous rappellerons comme un témoignage de folie et d'abomination socialistes sont les lignes suivantes, que Proudhon osa écrire en 1848 :

« La royauté, la propriété, le numéraire, voilà la trinité monarchique que nous avons à démolir, voilà la triple négation dans laquelle se résume pour nous, toute entière, l'œuvre révolutionnaire commencée en février. Et la propriété abolie, on verra ce que nous entendons mettre *à la place de la propriété*, *à la place de l'autorité*, A LA PLACE DE DIEU. »

Quel délire ! Et c'est un pareil homme pour lequel on a eu de la clémence et des égards pendant qu'il était si justement au cachot !

On doit, en effet, s'étonner de l'impunité dont a joui cet athée émérite jusqu'au moment de sa réclusion, et puisqu'il nous fournit l'occasion de dire un mot de l'athéisme épouvantable professé par lui et ses dignes confrères en socialisme, nous ne pouvons résister au désir de citer encore un écrivain éminent, qu'on ne saurait citer trop souvent, et dont les lignes suivantes feront certainement plaisir au lecteur :

« Savez-vous, dit le comte de Maistre dans ses *Soirées de Saint-Pétersbourg*, savez-vous d'où vient ce débordement de doctrines insolentes qui jugent Dieu sans façon et lui demandent compte de ses décrets? Elles nous viennent de cette phalange nombreuse qu'on appelle les *savants*, et que nous n'avons pas su tenir dans ce siècle à leur place, qui est la seconde. Autrefois, il y avait très-peu de savants, et un très-petit nombre de ce très-petit nombre était impie ; aujourd'hui, on ne voit que savants : c'est un métier, c'est une foule, c'est un peuple, et parmi eux l'exception, déjà triste, est devenue la règle. De toutes parts, ils ont usurpé une influence sans bornes ; et pourtant, s'il y a une chose sûre dans le monde, c'est à mon avis, *que ce n'est point à la science qu'il appartient de conduire les hommes*. Rien de ce qui est nécessaire lui est confié : il faudrait *avoir perdu l'esprit* pour croire que Dieu ait chargé les Académies de nous apprendre ce qu'il est et ce que nous lui devons. Il appartient aux prélats, aux nobles, aux grands officiers de l'Etat, d'être les dépositaires et les gardiens des vérités conservatrices ; d'apprendre aux nations ce qui est mal et ce qui est bien, ce qui est vrai et ce qui est faux dans l'ordre moral et spirituel : les autres n'ont pas droit de raisonner sur ces sortes de matières. Ils ont les sciences naturelles pour s'amuser : de quoi pourraient-ils se plaindre? QUANT A CELUI QUI PARLE OU ÉCRIT POUR OTER UN DOGME NATUREL A UN PEUPLE, IL DOIT ÊTRE PENDU COMME VOLEUR DOMESTIQUE. Rousseau lui-même en est convenu, sans songer à ce qu'il demandait pour lui. Pourquoi a-t-on l'imprudence d'accorder la parole à tout le monde? *C'est ce qui nous a perdus*. Les philosophes — ou ceux qu'on a nommé de la sorte — *ont tous un certain orgueil féroce et rebelle* qui ne s'accommode de rien ; ils détestent sans exception toutes les distinctions *dont ils ne jouissent pas ;* il n'y a point d'autorité qui ne leur déplaise ; il n'y a rien au-dessus d'eux qu'ils ne haïssent. Laissez les faire, ils attaqueront tout, même Dieu, parce qu'il est maître. Voyez si ce ne sont pas les mêmes hommes qui ont écrit contre les rois et contre celui qui les a établis ! »

Quel à propos pour des paroles qui s'écrivaient il y a près de cinquante ans ! Mais revenons au socialisme et finissons-en vite avec lui, parce que, comme tout ce qui est hideux et contre nature, comme tout ce qui est horrible à voir, il soulève le cœur et fait cuire les yeux.

Nous disions donc que ses nombreuses écoles se composaient naguères d'insensés, de pauvres fous, la plupart dignes d'être enfermés à Charenton, qui, semblables aux filles de Pélias, se proposaient de rajeunir le vieux monde en lui tirant le plus pur de son sang pour lui en transfuser d'empesté et par conséquent le tuer. Mais il y a encore une distinction à faire entre ceux de leurs initiés dont la conviction était sincère, c'est-à-dire la folie bien décidée, et beaucoup d'adeptes qu'un odieux intérêt ralliait à la réforme projetée sans croire consciencieusement à sa légitimité.

Une chose remarquable, en effet, et qui du reste s'explique très-bien, c'est que dans les rangs du socialisme on ne voyait presque que des forçats libérés, des banqueroutiers, des individus chassés de leur place, des femmes tarées, des fainéants et des vagabonds ; puis, venaient en sous-ordre les négociants mal dans leurs affaires, les débiteurs insolvables, les médecins et les apothicaires sans malades, les avocats et les procureurs sans procès, les journalistes et les hommes de lettres sans moyens d'existence, de jeunes écervelés sans discernement, les petits propriétaires de la campagne, envieux d'arrondir leur champ avec celui du bourgeois voisin, en un mot tous ceux qui, mal partagés sous le rapport de la fortune, trouvaient très-commode de s'enrichir en s'emparant des bonnes places et en pillant le bien d'autrui.

Voilà en quoi consistait le personnel des socialistes au 2 décembre 1851, lorsque la Providence, employant le bras vengeur d'un homme choisi par elle, les dispersa comme la poussière du désert et sauva le monde du désastre dont il était menacé.

Leur but était donc de réformer ce vieux monde qu'ils considéraient déjà comme *mort* (1); d'y faire disparaître l'inégalité, la misère, la propriété, la famille, la religion, l'autorité, les honneurs, les distinctions, tout enfin ce qui constitue l'ordre social actuel. A les croire, ils voulaient nous donner pour habitation de magnifiques phalanstères dans lesquels nous aurions eu des lits de roses pour nous reposer de nos légers travaux et de la vaisselle en vermeil pour manger l'ambroisie d'une douce communauté : mais leur dessein secret, personne ne l'ignore, était, comme une expiation d'avoir été plus heureux qu'eux, d'enchaîner les survivants d'entre nous sur une litière infecte où leurs estafiers nous auraient étrillés avec le knout de la vengeance, où ils nous auraient laissés mourir de faim et de soif en attendant qu'ils pussent

---

(1) *Le Socialisme devant le vieux Monde ou les VIVANTS DEVANT LES MORTS*, par M. V. Considérant.

vendre notre peau au tanneur ainsi qu'ils faisaient de celle de nos pères sous leur première et infernale république.

Est-ce que nous nous serions laissé faire nous-mêmes? Auraient-ils été les plus forts? Dieu seul le sait. Quoi qu'il en soit, et quelles que puissent être les destinées que ce grand maître nous réserve, il est bien certain seulement que la victoire matérielle et préventive, remportée sur eux, n'a pu détruire du même coup le germe pestilentiel qu'ils ont semé avec tant de liberté, et que ce n'est que du temps, d'une vigoureuse répression et des bons principes répandus comme contrepoison, qu'on doit attendre, non leur complète extinction, — il y aura toujours des socialistes, nous le répétons, — mais leur sujétion dans les limites de cette innocente et paisible convoitise qui est l'aiguillon d'un travail honnête et la source légitime des biens qu'on désire acquérir.

CONCLUSIONS.

Que le gouvernement monarchique pur est le meilleur et le plus naturel à l'homme.

Les peuples sont heureux quand un seul les gouverne.

HOMÈRE.

Iliade, liv. 2, v. 204, 205.

ECOUTEZ, Lecteurs :

Nous ne sommes ni philosophe, ni législateur, ni publiciste, ni politique, ni économiste, ni journaliste, ni savant, ni révolutionnaire, nous ne sommes rien, *pas même académicien*, mais nous avons l'amour-propre de nous croire doué de quelque bon sens, et c'est à ce titre seulement que nous allons à présent conclure et causer avec vous.

Sans doute que, dans un de ces moments de recueillement et de réflexion où le spectacle de la nature fait quelquefois tomber l'homme le plus insouciant, vous aurez considéré avec admiration l'ordre, la régularité, la permanence des phénomènes qui s'y passent; que vous aurez reconnu que des lois fixes et invariables en dirigent le cours; que le hasard n'est que le refuge d'une stupide ignorance, et que derrière tout cela doit se trouver un être invisible et tout-puissant qui préside à son accomplissement.

Eh bien! nous vous le demandons de bonne foi : lorsque l'astre qui nous éclaire et tous les globes placés autour de lui obéissent ponctuellement à la loi suprême qui les gouverne; lorsqu'il ne peut pas tomber une goutte d'eau ni remuer un grain de sable, sans qu'une loi précise et parfaitement calculée d'avance n'en règle le mouvement; lorsque les êtres les plus infimes de la création, comme les fourmis, les abeilles, les harengs, les corneilles, les taupes et mille autres semblables ont des lois immuables et constantes pour les faire vivre en société, est-il possible que l'humanité elle-même n'ait d'autre règle politique que celle de sa folle raison, qu'elle seule dans la nature ait été créée sans lois immédiates et providentielles pour être gouvernée, et que, lorsque l'organisation de tout ce qui a vie est soumise à des lois spontanées de gouvernement, il n'y aurait que les hommes auxquels il faudrait soixante siècles pour découvrir les leurs?

Non, cela n'est pas possible, et c'est précisément le plus grand utopiste des temps anciens et modernes, le romancier politique le plus fécond en lois de son invention, c'est Montesquieu qui, par une contradiction destructive de son laborieux échafaudage législatif, déclare, dès les premières pages, que *tous les êtres ont des lois relatives à leur nature.... que l'homme, comme être physique, est, ainsi que les autres corps, gouverné par des lois invariables; que, comme être intelligent, il viole sans cesse* LES LOIS QUE DIEU A ÉTABLIES, *et change celles qu'il établit lui-même.... et que les législateurs l'ont rendu à ses devoirs par des lois politiques et civiles* (1).

De l'aveu de Montesquieu, Dieu a donc donné à l'*homme intelligent* des lois qui doivent le gouverner et *qu'il viole sans cesse*, mais cet auteur, en traitant des lois politiques établies pour conduire un être aussi indisciplinable, a-t-il parlé de celles créées PAR DIEU? Non, il a dédaigné de le faire comme tous les philosophes de son siècle ; il n'en a pas dit un mot et ne s'est occupé que de celles établies PAR L'HOMME. Or, en pareille matière, c'est justement des LOIS DIVINES qu'il importe de s'enquérir, et telle est la magnifique question que nous avons à examiner comme conclusion de ce qui précède.

Bien évidemment que nous ne devons pas les aller chercher dans les ouvrages de Minos, de Solon, de Lycurgue, de Platon, de Numa, de Thomas Morus, de Montesquieu, de l'abbé Sièyes, de Proudhon et de cent autres législateurs qui se sont avisés de vouloir tracer des plans de gouvernement, mais qu'il nous faut remonter à une source plus pure, aux premiers âges du monde où les hommes moins corrompus et encore dirigés par leur instinct naturel obéissaient à la politique d'inspiration, à la politique de conscience, au véritable *Code de la nature* si indignement travesti par quelques méchants philosophes du dernier siècle.

Oui, à cette époque reculée et de laquelle l'histoire

---

(1) Livre 1er, ch. 2.

nous a transmis quelques glorieux souvenirs, la politique dut être une chose aussi simple que les hommes qu'elle avait à gouverner. C'était cet heureux temps, comme le disent les poètes, où des torrents de lait et des ruisseaux de miel nourrissaient nos premiers pères, où un soleil sans nuage brillait sur des peuples bien moins vicieux et pervertis que nous, où le génie du mal encore plongé dans l'abîme ne planait pas sur eux. Alors, point de constitution, point de tribune, point d'opposition, point de révolte, point de procureurs généraux, de gendarmes, de prisons ni de gibet. Les rois assis sur un trône de roses sans épines étaient aimés et respectés de leurs sujets; ils régnaient et gouvernaient paisiblement la houlette à la main. C'était l'âge d'or dans toute sa pureté; c'était encore la condition de quelques îles de l'Océanie avant que les voiles de Bougainville ne fussent leur porter la peste de notre civilisation.

Car la monarchie fut le gouvernement primitif et volontaire de tous les peuples de l'antiquité sans exception, par la raison naturelle que Dieu leur en donna l'instinct et qu'il décida dans sa sagesse qu'il devait en être ainsi.

C'est donc sous l'égide d'une monarchie universelle, qui, d'après la chronologie chrétienne, dura d'abord trois mille ans, c'est-à-dire jusqu'à l'établissement des petites républiques de la Grèce, que parurent les grands empires d'Assyrie, d'Egypte, de Médie, de Phénicie, de Perse; que furent bâties d'immenses villes, comme Babylone, Thèbes, Memphis, Ninive, Troie; que s'élevèrent des monuments merveilleux dont les débris ornent encore nos musées et nos places publiques; que les sciences et les arts parvinrent à un degré de splendeur tel que les nôtres auraient à en rougir, si nous possédions le secret et la clé de leur mystérieux langage.

Mais de même que le diamant s'obscurcit à la longue, que les plus beaux monuments se détériorent et tombent en ruines, et qu'il est dans la nature humaine de déchoir et de perdre ses vertus premières, de même aussi l'âge d'or de la politique ne pouvait toujours durer et devait finir par se corrompre.

Dans un coin ignoré de l'univers, et au milieu d'un groupe d'îles désertes où de petits rois exerçaient comme ailleurs leur pouvoir souverain depuis l'origine du monde, dans ce petit pays qu'on appelait l'Attique, commença donc à poindre une politique moins soumise et plus turbulente.

Placés sous un ciel qui disposait à l'indépendance, quelques raisonneurs se dirent : « Est-ce qu'un roi a le pouvoir de régner sur nous de son autorité propre et sans notre consentement? Peut-il faire des lois bonnes ou mauvaises, prélever des impôts, administrer l'Etat bien ou mal sans nous consulter? A-t-il le droit de nous tourmenter, de nous tyranniser, de nous ruiner, sans que nous ayons nous-mêmes celui de nous plaindre et de le chasser? Non, sans doute.... L'autorité d'un roi émane de la volonté du peuple qu'il gouverne et qui seul est souverain ; c'est une charge passagère et révocable. Qu'il gouverne bien ou qu'il gouverne mal, celui de qui il tient le sceptre a certainement le droit de le lui ôter : *Cujus est instituere, ejus est abrogare.* Abolissons donc une royauté qui ne nous convient plus, qui est incapable de nous gouverner toute seule et remplaçons-la par des institutions républicaines qui nous conviennent mieux que la couronne d'un *tyran*.

Tels furent, après trois mille ans d'une paisible et heureuse sujétion monarchique dans le monde entier, les premiers accents de cette liberté sauvage dont l'idée mère est attribuée à un fils de Jupiter, à Minos, et qu'il eût été plus sensé de faire descendre en ligne droite de Pluton et des Euménides; car si jamais invention diabolique vint d'eux, c'est à coup sûr la république.

C'est donc dans la petite île de Crête, déjà célèbre par son bavardage et sa fourberie, que fut élevée la première tribune démocratique connue, et l'on conçoit que l'exemple ne pouvait manquer de devenir contagieux et de s'étendre dans les autres îles de la mer Egée, même jusqu'à Rome et Carthage. Mais là se borna cette levée de boucliers anti-monarchiques, et les vastes royaumes de Macédoine, de Perse, d'Egypte et autres circonvoisins du point insurrectionnel ne furent nullement tentés de l'imiter.

Il est même digne de remarque que, lorsque Rome subjugua plus tard tant de peuples divers, sans épargner celui dont elle avait pillé les idées républicaines, tous furent gouvernés despotiquement par des proconsuls ou de petits tyrans sans pitié; car si elle voulait la république dans ses murs, — et encore quelle république! — il n'en était pas de même pour les vastes provinces soumises à sa domination.

Ainsi, par un phénomène bien étrange et dû seulement au hasard, les trois ou quatre petites républiques desquelles on se glorifie tant, et qui, après quelque temps d'existence, disparurent misérablement pour ne plus reparaître, furent précédées et suivies de trois mille ans de monarchie générale et continue, — en tout six mille ans! — tandis qu'elles-mêmes confinées sur un point presque imperceptible de la terre ne firent qu'y passer comme ces lueurs insolites dont l'éclat, en l'absence du soleil, éblouit un instant nos yeux et s'éteint aussitôt pour nous laisser plongés dans une obscurité profonde.

Feuilletez, en effet, l'histoire de tous les temps; compulsez les annales républicaines du monde entier, — ce qui ne sera pas long; — interrogez les rares auteurs qui les ont écrites et préconisées, et vous n'y trouverez jamais que le retour assommant de ces quatre mots: *Athènes, Sparte, Rome* et *Carthage*, qu'on y répète jusqu'à satiété, faute d'autres; car ils ont la pudeur de ne pas prononcer, comme preuve de leur système, le nom de celles qui plus tard ne furent qu'une ridicule parodie des premières.

Eh bien! n'est-il pas vraiment pitoyable de voir ces quatre républiques tardives et sans postérité, ainsi entourées, comprimées et écrasées par cent monarchies bien autrement puissantes et durables qu'elles!

Certes, s'il y a un gouvernement *naturel, légitime* et *nécessaire* des nations, ce doit être celui que l'instinct des premiers hommes fit établir parmi eux, celui qui n'a jamais cessé d'exister depuis lors, et auquel la force des choses oblige toujours à revenir, lorsqu'on a eu l'imprudence de l'abandonner, celui enfin qui gouvernait l'Amérique quand on la découvrit et qui gouverne encore les quatre autres parties du monde, tant au milieu des sauvages que chez les peuples les plus civilisés.

Dieu, nous le répétons, n'a pu créer l'homme sans le soumettre instinctivement, comme les autres animaux, à l'espèce de gouvernement qui convenait le mieux à sa nature, et, s'il avait voulu que ce fût la république, il n'aurait pas manqué d'en graver le sentiment au fond de son cœur; on l'aurait vu républicain dès l'origine du monde, alors qu'il n'obéissait encore qu'aux inspirations de sa conscience. Il aurait bien pu, aussi inconstant qu'il est, altérer et même proscrire un moment ce principe de gouvernement républicain, comme il a fait de la monarchie, son véritable gouvernement, et se soumettre à une puissance royale; mais la monarchie, dans cette supposition, n'eût été qu'une affaire de caprice passager et éphémère, ainsi qu'il en a été de la république, et elle n'aurait pas régné six mille ans sur toute la surface de l'univers.

Car remarquez bien que tous les partisans de la liberté — et Montesquieu lui-même — sont forcés d'avouer « que les premiers gouvernements que nous connaissons étaient *tous monarchiques, et que ce ne fut que* PAR HASARD *et par la succession des siècles que les républiques se formèrent* (1). »

Et encore où se formèrent-elles? On pourrait parler de la sorte, si elles avaient fait table rase de la monarchie et s'étaient solidement installées à sa place partout où elle existait; mais comme elles ne furent qu'une intempérie politique, qu'un coup de foudre accidentel qui éclata seulement dans deux ou trois coins du monde, il y a de la forfanterie, pour ne pas dire quelque chose de plus fort, à leur donner une existence, une généralité et une étendue qu'elles n'eurent jamais.

---

(1) Voir ses *Œuvres complètes*, page 89.

Quel cas faut-il donc faire de tous ces utopistes, particulièrement du dernier que nous venons de nommer, qui prétendent sérieusement qu'il existe en politique trois, quatre, cinq, six, un nombre infini de gouvernements divers et tous praticables, desquels ils tracent plaisamment les règles ; qu'il faut les varier selon le climat, l'air, la nourriture, le tempérament, les mœurs et l'étendue du pays qu'on veut gouverner ; qu'il y a une marche progressive à suivre dans l'application et la mise en pratique de ces différentes formes gouvernementales ; que les peuples naissants doivent d'abord adopter la monarchie, puis, quand ils sont *mûrs*, passer à la république ; et enfin, lorsqu'ils sont vieux, revenir à la monarchie pour se faire paisiblement enterrer ; qu'à celui-ci il faut le gouvernement parlementaire, à celui-là le gouvernement despotique, à l'un le gouvernement aristocratique, à l'autre le gouvernement oligarchique, enfin à tous la faculté de modifier, de changer et d'amalgamer tout cela comme il leur plaît !....

Le cas qu'il faut en faire ! hélas ! les considérer comme des extravagants en politique, gémir du mal incalculable qu'ils ont fait, et souhaiter, pour le bonheur de l'espèce humaine, que leurs ouvrages soient au plutôt brûlés sur la place publique.

Dès l'instant, en effet, où il est démontré que la raison seule ne peut pas gouverner les hommes et que Dieu a imposé à ceux-ci l'autorité monarchique, pour pouvoir vivre dans la meilleure société possible, il est manifeste que tous les utopistes, que tous les faiseurs de systèmes ou de théories politiques en opposition avec cette autorité nécessaire sont en état de révolte ouverte contre les décrets de la Providence et qu'ils soutiennent des principes tout-à-fait incompatibles avec le bon ordre. Il est clair surtout qu'il y a de l'absurdité, comme le fait Montesquieu, à vouloir régler la forme d'un gouvernement sur les degrés de latitude terrestre, sur l'étendue des Etats, sur les aliments qu'on y mange, sur l'air qu'on y respire, sur l'âge des peuples, etc., et que les habitants de la Sibérie, de l'Angleterre et du Canada ne peuvent ni ne doivent être autrement gouvernés, quant aux lois fondamentales de la société, que ceux de l'Indoustan, de la Cafrérie et du Paraguay, parce qu'il n'y a pas plusieurs manières de gouverner politiquement les peuples et que la monarchie est le seul gouvernement au monde qui convienne également à tous.

Nous venons de dire : *quant aux lois fondamentales de la société*, car nous n'entendons parler ici que des lois générales qui doivent gouverner les Corps politiques, sans les confondre avec les lois civiles propres à chacun d'eux en particulier, attendu que nous savons fort bien que ces dernières ne peuvent être uniformes chez tous les peuples, et que, variant selon le pays et les mœurs de ceux à qui elles sont imposées, le Chinois, par exemple, ne pourrait s'accommoder de celles du Français, et le Français de celles du Turc ou du Mexicain.

Reléguons donc dans le domaine des chimères et de la folie cette politique scientifique et dogmatique, dont le point de départ est le cerveau fêlé de quelques visionnaires, et reconnaissons avec un auteur déjà cité « qu'un Corps politique étant un corps moral, rien moins que métaphysique, c'est à l'*expérience* et non à la *spéculation* à le conduire (1) », parce qu'il ne peut y avoir pour lui d'autre politique que celle de l'expérience et de la tradition, et que tout système de gouvernement fait *à priori*, en dehors du principe fondamental ci-dessus, n'est qu'une utopie dont on est bien maître de faire l'essai, mais avec son arrêt de mort prononcé à l'avance.

Ainsi, la conséquence de ce simple et court aperçu est que, sauf quelques exceptions qui confirment plutôt la règle qu'elles ne la détruisent, la monarchie pure a toujours été et sera éternellement le gouvernement de l'humanité. Mais, pour rendre notre démonstration plus complète, il nous est venu à l'idée de dresser le tableau suivant qui n'est pas sans intérêt, comme on va le voir :

TABLEAU

Indiquant le nom des principales monarchies du monde et le nombre des souverains qui les ont gouvernées depuis les temps les plus anciens jusqu'en 1853.

Assyrie, de Nemrod à Sardanapale	41
Médie, d'Arbaces à Astiages	9
Perse, de Cyrus à Nereddim-Chah	339
Egypte, de Menès à Mœris	330
Phénicie, d'Agénor, pas moins de	30
Troie, jusqu'à Priam, pas moins de	10
Macédoine, de Caranus à Persée	41
Chine, de Fo-hi à Tao-Kouang	240
Japon, depuis les temps anciens jusqu'à ce jour, pas moins de	200
Athènes, de Cecrops à Codrus	17
Lacédémone, de Lelex à Epiclidas	70

(1) *Des Corps politiques*, etc., t. 1, pag. 431.

Judée, de Moïse à Archélaüs 149
Rome, de Romulus à Augustule 72
Syracuse, de Gelon à Hiéronyme 15
Lydie, de Mæon à Crésus 45
Bithynie, de Zypetès à Nicomède 18
Paphlagonie, de Morzès à Pytemène 20
Pont, de Pharnace à Polémon 16
Cappadoce, des Ariarathes aux Romains 15
Pergame, de Philitère à Aristonic 7
Galatie, au moins 40
Nicée, de Lascaris à Paléologue 5
Trébizonde, de Comnène à David 20
Les Mongols, de Babour à Chah-Alem 22
Papes, de Saint-Pierre à Pie IX 266
Empire d'Orient, d'Arcadius à Constantin XII 92
Turquie, d'Othman à Abdoul-Medjid 34
Allemagne, de Charlemagne à François II 63
Pologne, de Lech à Frédéric-Auguste 61
Saxe, de Frédéric 1er à Frédéric-Auguste IV 22
Russie, de Rurik à Nicolas Ier 87
Servie, Valaquie, Moldavie, pas moins de 150
Hongrie, d'Arpad à Ferdinand Ier 43
Prusse, de Frédéric Ier à Frédéric-Guillaume IV 18
Bavière, d'Agilulf à Maximilien II 66
Wurtemberg, d'Ulric Ier à Guillaume 26
Hanovre, depuis un temps fort ancien jusqu'à Ernest-Auguste 100
Les 27 duchés et principautés de la Confédération germanique, pas moins de 600
Hollande, de Thierry Ier à Guillaume III 42
Suède, d'Olaüs III à Oscar Ier 54
Danemark, d'Harald-Blaatand à Frédéric VII 45
Norwége, d'Halfdan *le Noir* à Eric III 45
Angleterre, d'Egbert à Victoria 58
Irlande, avant sa jonction à l'Angleterre, environ 25

Ecosse, de Fergus II à Jacques VI	69
France, de Pharamond à Napoléon III	94
Espagne, de Ferdinand V à Isabelle II.................	15
Portugal, de Henri de Bourgogne à Maria..............	32
Lombardie, d'Audouin à Aldagise.......................	26
Les duchés d'Italie, environ..........................	500
Sardaigne, de Bertold à Victor Emmanuel II...........	41
Deux-Siciles, de Guillaume Ier à Ferdinand V..........	79
Total...........	4625

C'est donc un total de 4,625 rois pris au hasard parmi ceux qui sont les plus connus; mais si à ce nombre, déjà d'une grande importance, nous joignons les omissions involontaires et certainement considérables, ainsi que les souverains qui ont dû régner en Afrique, en Amérique et dans toutes les îles d'un immense Océan, il fera plus que de doubler et s'élèvera au moins à dix mille.

Dix mille rois!!.... et cela depuis Nemrod seulement qui régnait il y a 4492 ans! Certes, si toutes les républiques réunies ensemble pouvaient nous présenter une pareille dynastie d'Archontes, d'Ephores, de Consuls, de Suffètes, de Doges, de Ducs et de Présidents, nous lèverions très-humblement notre chapeau devant elles et proclamerions avec plaisir leur prééminence sur la monarchie; mais comparez un peu la misérable légende de tous ces roitelets à courte échéance avec la liste majestueuse que nous venons de présenter en l'honneur de la royauté, et dites-nous franchement si, en face de tous ces trônes qui ont commandé et qui commandent encore le monde entier, la république n'est pas le plus inepte, comme le plus impossible de tous les gouvernements.

Au fait, Lecteurs, que reproche-t-on aux monarchies

absolues? Est-ce l'humiliation d'obéir à un seul homme qui règne par la grâce de Dieu et le droit divin? Est-ce l'omnipotence dont jouissent leurs rois? Est-ce l'incapacité morale dont ceux-ci sont quelquefois atteints?

C'est ce que nous allons successivement examiner en peu de mots, toujours avec la franchise et l'indépendance d'un républicain, quoique nous ne le soyons guère, comme vous voyez.

I. Un premier principe à poser est que *toute puissance humaine vient de Dieu et que c'est lui qui en a fixé l'étendue et les bornes* (1).

Cela dit, peut-il y avoir de l'humiliation et de la honte à être gouverné par un seul homme? Pas plus qu'il n'y en a à se prosterner devant Dieu et à obéir à son père, puisqu'un roi est l'image de Dieu et le père de son peuple sur la terre. Or, si un roi est le représentant de Dieu parmi les hommes qu'il gouverne, s'il n'y a rien au monde de plus grand et de plus respectable que lui, s'il est indispensable qu'il règne et gouverne à l'instar de la divinité, c'est évidemment un être supérieur qui, loin de pouvoir humilier notre orgueil, doit être au contraire l'objet de notre amour et de notre vénération.

On conçoit bien que des athées qui nient le gouvernement de la Providence pour établir celui du matérialisme, que des insensés qui veulent assimiler la paternité des hommes à celle de la brute, puissent rougir d'être les *sujets* d'un roi et cherchent à le stigmatiser comme firent

---

(1) St. Paul, Rom., c. 13, v. 1, et suiv. — *La Politique tirée de l'Ecriture sainte*, par Bossuet. — Dict. théol. de Bergier, article : *Liberté politique*.

autrefois les païens à l'égard du rédempteur de ce monde, de celui qui révéla que la royauté devait être le gouvernement des nations ; mais comment peut-il se faire que des hommes qui n'ont pas encore abjuré toute croyance chrétienne, que des hommes de sens qui croient à la nécessité et à la légitimité des monarchies, nient, comme leurs adversaires, le *droit divin* duquel elles émanent toutes?

Evidemment qu'il y a là un malentendu qu'il faut éclaircir.

Et observons d'abord que, pendant que les demi-royalistes ont renoncé depuis 1789 au droit divin pour lui substituer la *raison* ou le *droit humain* qui, selon eux, est le droit primitif et fondamental des sociétés ; que, tandis que l'auteur de la *Chute d'un Ange* disait dans un de ses verbeux ouvrages que cet ancien dogme religieux et monarchique *était percé à jour*, un ex-représentant — le général Cavaignac — proclamait solennellement à la tribune nationale que la république était de *droit divin* et au-dessus de toute discussion.

Quelle contradiction monarchico-républicaine ! Quelle impiété et quelle folie que d'avoir osé dire en pleine tribune que la république de 1848 était de *droit divin*, et que le président Marast, comme un autre Moïse, avait reçu sa constitution sur le mont Sinaï !....

Mais, enfin, qu'est-ce donc que ce droit divin que les uns répudient, que les autres pillent, et sur lequel personne ne s'entend? Voici, Lecteurs, comment nous le concevons :

Pour nous, il n'existe d'autres lois *divines* que les lois générales qui gouvernent d'une manière immuable l'universalité des choses créées, et nous considérons comme une très-grande irrévérence de qualifier ainsi de misérables institutions que l'homme seul a pu imaginer.

Ces lois ne sont point difficiles à distinguer. Si, par exemple, nous reconnaissons comme une chose constante que *les rayons recteurs décrivent des aires proportionnelles aux temps*, nous dirons : voilà une loi, non de Képler, parce que Képler ne l'a point créée, mais une loi de Dieu, une loi de *droit divin*, qui est nécessairement ce qu'elle est et ce qu'elle doit être.

Si nous considérons que, depuis que le monde est monde, les planètes se meuvent dans le même ordre et obéissent respectueusement au soleil qui, à leur égard, est aussi l'image de Dieu, c'est-à-dire leur roi, nous dirons : voilà une monarchie céleste, une monarchie de *droit divin* dont l'organisation est merveilleuse et qui, fort heureusement pour nous, ne peut pas se mettre en république ni même en gouvernement parlementaire.

De même, si nous considérons encore que de tout temps les hommes ont formé de ces agglomérations qu'on appelle *peuples*, et que ces peuples ont eu constamment des rois qui les ont gouvernés et auxquels ils ont obéi, nous serons bien forcés de reconnaître et de dire que chez les hommes, la monarchie est une loi de Dieu, une institution de *droit divin*, et que parmi eux la république n'est qu'un désordre momentané et une anomalie passagère.

« Nous ne pouvons guère contester cela, répondrez-vous, mais le moyen de concilier le droit divin avec la souveraineté du peuple ! »

Rien de plus simple pourtant. En effet, comme conséquence de l'unité suprême qui est un de ses attributs, et comme loi fondamentale des sociétés, Dieu créa donc le principe monarchique, mais avec cette différence qu'il en régla l'exercice d'une manière précise et rigoureuse chez les êtres inertes et sans discernement, tandis qu'il laissa les hommes libres, à raison de l'intelligence dont il les doua, d'en faire eux-mêmes l'application à leurs gouvernements.

Ainsi, il dit au premier homme: « En ma qualité de Créateur et de souverain maître de la nature, je vous délègue une part de ma souveraineté pour que vous viviez en monarchie et la transmettiez aux rois que vous choisirez et qui vous gouverneront en mon nom. Je l'ai décidé dans ma sagesse, et cela sera, sous peine de voir tomber vos sociétés dans le désordre et l'anarchie, non pas que je veuille intervenir moi-même dans le choix de ces rois et vous obliger à prendre plutôt les uns que les autres, puisque je vous délègue mes pouvoirs quant à ce ; non pas que mon intention soit de m'abaisser jusqu'à vous pour me mêler à vos débats, puisque j'ai livré l'homme à son libre arbitre, à sa volonté et à ses querelles, mais je veux seulement conserver ma suprématie sur vous et vous assister de ma divine et invisible providence. Cependant, comme il n'y a que moi et les principes de ma création qui soient éternels, et que tous les êtres doivent successivement périr pour être remplacés par d'autres êtres semblables, les monarchies, après avoir fait leur temps, périront aussi comme le reste et se succéderont les unes aux autres jusqu'à la consommation des siècles. »

Tel fut certainement l'arrêt que prononça Dieu, lorsque l'homme, déchu de sa perfection première et reconnu indigne de conserver son indépendance, fut condamné par lui à porter le joug de l'autorité. De la sorte, en effet, les droits respectifs de chacun étaient parfaitement déterminés et soumis à une hiérarchie qui frappe par sa clarté : à Dieu la suprême puissance; la puissance providentielle; aux peuples le droit de choisir leurs rois quand le trône est vacant, et aux rois celui de gouverner en vertu de ce choix, c'est-à-dire *par la grâce de Dieu et la volonté du peuple*, puisque, en définitive, cette succession de droits, tout cela émane de Dieu même dont les peuples et les rois ne sont que les très-humbles vassaux.

Pourquoi donc les détracteurs du droit divin, plus difficiles que les républicains qui l'adoptent, crient-ils tant contre lui et s'imaginent-ils qu'il est incompatible avec la raison et la souveraineté du peuple? Est-ce que par hasard les partisans de ce droit soutiendraient que nous sommes encore au temps de Moïse, d'Aaron et d'Abraham, où Dieu, par un privilége insigne, nommait directement les chefs qui devaient conduire son peuple?

Hélas! non; ils n'ignorent pas que depuis bien des siècles nos mœurs ne sont plus assez pures, ni assez patriarcales pour cela ; que Dieu, retiré dans sa céleste demeure, a rompu toute relation matérielle avec les hommes, et qu'il les laisse parfaitement libres d'exercer leur souveraineté nationale comme il leur plaît, sauf à lui à les châtier quand, contrairement aux paroles : *vox populi*, *vox Dei*, ils en font un mauvais usage, ainsi que cela leur arrive dans certains moments de vertige, tels que ceux, par exemple, où, transgressant le but de leur souveraineté, ils acclament stupidement la république; car il faut bien reconnaître que le diable est malin, et que parfois la voix du peuple n'est autre chose que la sienne propre.

Il y a donc erreur ou impiété de la part de ceux qui rejettent le droit divin comme étant un dogme qui ne peut concorder avec la raison et la souveraineté du peuple, puisque d'abord cette souveraineté dérive du droit divin même, et qu'ensuite Dieu nous en a fait la concession gratuite et généreuse. Est-ce, en effet, qu'il n'était pas le maître de nous priver de l'intelligence et de la souveraineté dont nous sommes si fiers, de nous laisser ensevelis dans une matière inerte, de ne nous donner aucune espèce de supériorité sur les animaux les plus immondes de la création? Si. Eh bien! il ne l'a pas fait, et il faudait au moins que les ingrats qui méconnaissent un aussi grand avantage se tussent et ne s'en servissent pas pour renier le pouvoir de celui qui les en a gratifiés.

D'un autre côté, jamais l'Eglise ni les auteurs orthodoxes, en soutenant le droit divin que comprennent et définissent si mal les profanes, ne contestèrent aux peuples le droit souverain et imprescriptible d'élire un roi, lorsqu'ils n'en ont point par suite d'exclusion légitime ou d'extinction dynastique, et tous sont unanimes, au contraire, pour le leur reconnaître dans ce cas-là.

« Oui, disait l'éloquent Massillon, dans un de ses sermons prononcés devant Louis XV, oui, ce sont les peuples qui, PAR L'ORDRE DE DIEU, ont fait les souverains tout ce qu'ils sont, et c'est aux souverains à n'être ce qu'ils sont que pour les peuples. Oui, c'est le choix de la nation qui mit d'abord le sceptre entre les mains de leurs ancêtres; c'est elle qui les éleva sur le bouclier militaire et les proclama souverains. Le royaume devint ensuite l'héritage de leurs successeurs; mais ils le durent *originairement au consentement libre de leurs sujets :* leur naissance seule les mit ensuite en possession du trône ; mais ce furent les *suffrages publics* qui attachèrent d'abord ce droit et cette prérogative à leur naissance, etc. »

Que faut-il donc de plus pour satisfaire et désarmer les ennemis du droit divin? Peut-être leur faudrait-il encore une souveraineté sans frein et sans règle, qui permît aux idéologues de fabriquer des constitutions par douzaines, aux parlementaires de perpétuer leur législation théâtrale, aux royalistes *contractuels* de changer de roi toutes les vingt-quatre heures, aux républicains *modérés* de s'adjuger les meilleurs emplois, aux républicains *enragés* de nous mordre et de nous dévorer, à tous de se conduire souverainement et selon leur bon plaisir.

C'était là, nous l'avouons, une souveraineté assez divertissante pour les ergoteurs et les pillards qui en jouissaient au préjudice du vrai peuple ; mais comme, après tout, il est surabondamment prouvé par la longue et terrible expérience que nous avons faite de ses œuvres, que *la raison humaine*, en détrônant le droit divin, a fort mal gouverné à sa place, qu'elle est incapable de diriger seule les affaires de ce monde et qu'elle ne peut se passer de la bonne intervention du ciel, nous estimons qu'il faut finalement la détrôner à son tour et la réduire à exercer, sous l'autorité de Dieu et dans les limites fixées par lui, la modeste souveraineté qui lui appartient.

II. Vous reconnaîtrez donc, — nous l'espérons du moins, — que le gouvernement monarchique dérive de la volonté de Dieu ; que le choix du souverain appartient à la volonté du peuple, et que ce souverain doit jouir de la plénitude de son pouvoir pour être à même de bien gouverner.

Mais il se présente maintenant une seconde question qui a encore été singulièrement dénaturée par l'esprit de parti et qui consiste à savoir si le souverain, investi de ce pouvoir absolu, est oui ou non un despote, ou plutôt comment il doit l'exercer pour ne pas le devenir.

Aux yeux des républicains et même de certains royalistes constitutionnels, le titre de *roi absolu* a quelque chose d'inique et de monstrueux, qui les révolte et enflamme leur bile démocratique. L'absolutisme est en effet pour eux ce qu'était le Ténare des anciens ; c'est leur cauchemar et leur bête noire. A les croire, tous les rois de la terre ont été des tyrans dignes des gémonies, et tous ceux qui portent encore le sceptre de nos jours, méritent d'être pendus sans miséricorde. Confondant les temps et les lieux, quelques tyrans de l'antiquité avec les souverains de notre époque, les Etats despotiques de l'Orient avec les monarchies tempérées de l'Europe, où tant de monarques ont illustré leur règne, ils se figurent qu'un roi absolu peut encore aujourd'hui gouverner arbitrairement ses Etats, violer les lois établies, en faire d'injustes, lever des impôts ruineux, éventrer ses sujets et les mettre à la broche.

Pourtant rien de plus absurde ni de plus faux sous tous les rapports.

En principe, on peut définir le pouvoir absolu tel que nous l'entendons, tel qu'il doit être et tel qu'il est dans les Etats de l'Europe où il existe encore : une monarchie dans laquelle le souverain gouverne selon les lois fondamentales de l'Etat et selon celles de la justice et de l'équité.

« Dieu en l'établissant, dit un de nos plus savants théologiens, n'a point dispensé les rois de la loi générale qui ordonne à tout homme de faire aux autres ce qu'il veut qu'on lui fasse (1). Il leur commande au contraire d'avoir continuellement sa loi sous les yeux, cette loi éternelle, juste et sainte, qui ne fait point acception de personnes, et qui pourvoit également aux droits de tous (2).... Car la loi divine, source de toute justice, le bien général de la société dont Dieu est le père, voilà les deux règles dont il n'est jamais permis de s'écarter. Le bien général exige que le peuple ne soit jamais blessé dans les droits qui lui sont attribués par la loi; *mais il exige aussi que ce souverain ne soit pas gêné dans l'exercice de son autorité par un pouvoir plus grand que le sien :* le bien général ne demande point que le peuple soit le *juge* et l'*arbitre* de l'étendue de sa liberté ni des bornes du pouvoir du souverain, *l'expérience ne prouve que trop les abus qui résulteraient de cette constitution* (3). »

« On a fait un crime à Bossuet, continue le même auteur, d'avoir prouvé que le pouvoir des rois doit être absolu (4). L'on a pour rendre cette doctrine odieuse, affecté de confondre le pouvoir *absolu* avec le pouvoir *illimité et arbitraire.* Mais Bossuet lui-même s'est récrié contre cette injustice ; il a soigneusement distingué ces

---

(1) Matth. c. 7, v. 12.
(2) Deut. c. 18, v. 16 et suiv.
(3) Bergier, Dict. Théol., art. *Liberté politique.*
(4) *Politique tirée de l'Ecriture Sainte*, t. 1, l. 4, art. 1er.

deux choses. Par le pouvoir absolu, il entend : 1° que le prince n'est pas obligé de rendre compte à personne de ce qu'il ordonne ; 2° que quand il a jugé, il n'y a point de tribunal supérieur auquel on puisse appeler ; 3° qu'il n'y a point de force coactive contre lui. Sans cela, dit-il, le prince ne pourrait faire le bien ni réprimer le mal ; il faut que sa puissance soit telle que personne ne puisse espérer de lui échapper : la seule défense des particuliers contre la puissance publique doit être leur innocence. »

Mais après avoir fait la part des rois, Bossuet fait aussi celle des peuples, en observant que les rois ne sont point affranchis pour cela des lois ; que les lois fondamentales de la monarchie doivent être sacrées et inviolables ; que le gouvernement arbitraire est odieux, barbare et indigne d'exister chez un peuple policé, et que sous un Dieu juste il n'y a point de pouvoir purement arbitraire.

En fait, les gouvernements absolus furent généralement parlant, sages, modérés et féconds en grandes choses. On voit encore par les antiques débris qu'ils ont laissés et par les ruines mêmes de Ninive qu'on fouille en ce moment, à quel haut degré de splendeur et de gloire ils étaient parvenus dans ces magnifiques contrées de l'Orient où il semble que Dieu ait placé le type invariable et éternel du seul pouvoir qui doive gouverner le monde.

Ce n'est qu'en se rapprochant de l'Occident, peuplé par la race maudite de Cham, qu'on commence à trouver les premières révoltes contre cet ordre de choses, et encore nombre de siècles s'écoulèrent-ils avant qu'on y songeât.

Ainsi au rapport de Denys l'Halicarnasse : « Les villes Grecques étaient dans les premiers temps gouvernées par des rois, non despotiquement comme les nations barbares, mais selon les lois et les coutumes du pays. Celui-là passait pour le meilleur roi, qui était le plus juste, qui était *le plus religieux observateur des lois et qui ne s'éloignait jamais des coutumes du pays, etc.* »

On peut en dire autant de Rome qui, pendant les 245 premières années de sa fondation fut gouvernée par d'excellents rois dont le dernier ne méritait certes pas d'être détrôné, moins encore de clore la monarchie pour une misérable aventure de femme. C'est sous leur règne et sous celui des empereurs, que les anciens monuments qu'on y admire encore aujourd'hui, furent tous élevés, car la république n'y édifia absolument rien, si ce n'est les gémonies et les fourches caudines sous lesquelles elle passa honteusement.

Quant à quelques empereurs exécrables dont cette ville trop célèbre eut ensuite à supporter le joug, leur règne ne prouve rien contre les avantages de la monarchie absolue parce qu'elle en eut aussi de très-bons et de d'autant plus méritants qu'ils avaient à gouverner un peuple déjà gangrené par la république et que lorsque un peuple est profondément démoralisé, ainsi que Machiavel le dit quelque part, ce peuple n'est bon ni pour la république ni pour la monarchie, ni pour aucune autre espèce de gouvernement que ce soit. C'est un corps ingouvernable, un corps pourri, qui doit se dissoudre et retourner dans les bois afin d'y perdre les vices sociaux qui l'ont perverti, et de s'y retremper dans les vertus originelles qu'il n'a plus et qu'il faut pourtant avoir pour vivre sous un gouvernement quelconque.

Inutile de répéter ici les éloges que nous avons faits

de cette série de dynasties illustres, qui, en Europe, se sont succédées sans interruption depuis la chute du bas empire jusqu'à nos jours. Il n'y a qu'un esprit faux, injuste, prévenu, un républicain en un mot, qui puisse contester les immenses services qu'elles ont rendus. Et si, par impossible, elles n'avaient pas vu le jour, si une république démocratique et sociale avait régné à leur place, que serait-il arrivé? où en serions-nous...? Hélas! depuis bien des siècles il n'y aurait plus d'Europe au monde ni sur la carte; et ce point qui est encore aujourd'hui l'admiration de l'univers, ne serait qu'un repaire de brigands et de bêtes fauves, qu'un affreux désert où l'on verrait pousser la bruyère et les ronces.

« Mais, direz-vous, parmi tous ces rois, il y en a cependant eu un certain nombre de méchants, de vicieux, de fainéants même, desquels l'histoire a flétri le règne comme ayant été une calamité pour leurs peuples. »

C'est vrai et par la raison toute simple que ne pouvant rien y avoir de parfait sur la terre, les hommes ont une disposition naturelle à abuser de tout ce qui est à leur usage, c'est-à-dire de tout ce qui est légitime et permis. Ainsi ils abusent du besoin de manger et de boire, ils abusent de l'amour qu'ils font en tout temps, ils abusent de leur raison, ils abusent de leur langue, ils abusent de leur liberté, ils abusent du travail et du repos, ils abusent de leur pouvoir, ils abusent de leurs fonctions, enfin ils abusent de tous les sentiments et de toutes les facultés que Dieu leur a donnés.

Donc, il n'est point surprenant que quelques souverains aient abusé de leur autorité et il est juste de leur accorder l'indulgence dont nous avons besoin nous-mêmes.

Car s'il fallait proscrire toutes les choses bonnes en elles-mêmes, toutes les institutions sociales dont on ne peut se passer, pour le motif qu'on en abuse quelquefois, par exemple, la paternité parce qu'il y a de mauvais pères; le mariage, la justice, le barreau, l'administration, la médecine, la religion, la royauté, parce qu'il y a des époux, des magistrats, des avocats, des administrateurs, des médecins, des prêtres et des rois qui prévariquent et manquent à leurs devoirs, nous vous le demandons, Lecteurs, que nous resterait-il?

Et puis la république est-elle donc tellement parfaite et sans reproche sur le chapitre des abus que la monarchie ne puisse être mise en parallèle avec elle!

Mais la comparaison est écrasante pour le bonnet rouge, attendu que les abus augmentent en proportion du nombre des gouvernants, et que dans les républiques où on les compte par centaines et par mille, qui jouissent passagèrement du pouvoir et sur lesquels il ne pèse aucune responsabilité personnelle, les abus y tombent comme grêle et sont infiniment plus considérables que sous un roi unique dont tous les actes portent le seing et le cachet. D'ailleurs, l'expérience en a été faite deux fois chez nous, d'édifiante mémoire, et nous savons à quoi nous en tenir sur la probité et la délicatesse du gouvernement républicain,

Car, quand le peuple est maître, on n'agit qu'en tumulte;
La voix de la raison jamais ne se consulte;
Les honneurs sont vendus aux plus ambitieux,
L'autorité livrée aux plus séditieux.
Ces petits souverains qu'il fait pour une année,
Voyant d'un temps si court leur puissance bornée,

Des plus heureux desseins font avorter le fruit,
De peur de le laisser à celui qui les suit;
Comme ils ont peu de part aux biens dont ils ordonnent,
Dans le champ du public largement ils moissonnent,
Assurés que chacun leur pardonne aisément,
Espérant à son tour un pareil traitement :
Le pire des Etats, c'est l'Etat populaire (1).

Mais direz-vous encore « la monarchie absolue tend au despotisme et à la tyrannie. »

Erreur et calomnie. Ce n'est que dans le livre de Montesquieu que le despotisme existe comme gouvernement réel et légitime. Jamais en aucun temps et chez aucun peuple il ne s'est présenté tel qu'on le définit. En effet un despote étant celui qui « *seul, sans loi et sans règle, entraîne tout par sa volonté et par ses caprices* (2), cela ne peut être et nous en trouvons la preuve dans Montesquieu même, qui, par une contradiction qui lui est familière, dit ailleurs « que c'est une erreur de croire qu'il y ait dans le monde une autorité humaine, à tous égards, despotique; *qu'il n'y en a jamais eu et qu'il n'y en aura jamais : le pouvoir le plus immense étant toujours borné par quelque coin* (3). »

Aussi La Harpe a-t-il eu raison d'observer, à propos de cela, qu'il ne pouvait voir d'autre différence entre le *monarque* et le *despote que plus ou moins de lumières et de bonne volonté dans celui qui gouverne*, car évidemment l'un et l'autre est tout simplement un roi qui, par igno-

---

(1) Cinna.
(2) *Esprit des lois*, liv. 2, ch. 1.
(3) *Grandeur et décadence des Romains*, ch. 22.

rance, abus ou *nécessité*, donne à son pouvoir plus d'extension qu'il ne doit en avoir d'après les lois existantes et auxquelles il est soumis.

Nous disons *par nécessité*, parce que le despotisme est aux monarchies ce que la dictature est aux républiques, et que si un peuple, malgré la douceur d'une monarchie tempérée, s'insurge et fait le rebelle, le despotisme devient *nécessaire* pour le mettre à la raison et le contenir dans la sujétion où il doit rester.

« Car le degré de liberté, d'après Bergier que nous avons déjà cité, est relatif au caractère de chaque nation, à la mesure d'intelligence et de sagesse qu'elle a pour se conduire, de vertu à laquelle elle est parvenue, ou de corruption dans laquelle elle est tombée. Un peuple léger, frivole, inconstant, perverti par le luxe et par un goût effréné pour les plaisirs, auquel il ne reste ni mœurs, ni patriotisme, ni respect pour les lois, est-il capable d'une grande liberté? Plus il la désire, moins il la mérite; plus il semble redouter l'esclavage, plus il fait des pas pour y tomber; ses clameurs contre le despotisme avertissent le gouvernement de bander tous ses ressorts et de renforcer son pouvoir : c'est par le despotisme même que Dieu menace de punir une nation vicieuse (1). »

Du reste, ne perdons pas de vue que pour les républicains tout roi est un *despote* et un *tyran*; que ne rougissant pas de qualifier de la sorte des monarques tels que Louis XII, Henri IV, Louis XVI et leurs successeurs, il

---

(1) Is. c. 19, v. 4.

ne faut tenir aucun compte d'une épithète injurieuse, qui, dans leur bouche, est tout à fait dépourvue de sens et de valeur. Rappelons-nous encore que les plus grands rois de l'antiquité furent aussi appelés *tyrans* par les démagogues qu'ils subjuguèrent.

Ainsi, au rapport de Plutarque, Denys, *tyran* de Syracuse, était un grand prince, et peu de rois légitimes égalèrent sa justice et sa vertu. Les sept premiers rois de Rome dont la *tyrannie* paraissait insupportable à une ville qui se sentait de son origine, se distinguèrent tous par des qualités éminentes. Pisistrate, prétendu *tyran* d'Athènes, fut très-modéré et un excellent monarque. Sylla, devenu maître absolu du pouvoir, montra beaucoup de sagesse dans sa dictature. Auguste, après avoir détruit la république romaine indigne de vivre plus longtemps, s'immortalisa par l'éclat de son règne. Cosme de Médicis, que les républicains de Florence pouvaient aussi appeler un *tyran*, fut un très-bon souverain. Enfin Cromwel lui-même — régicide à part — fut un grand et habile administrateur dont le règne *absolu* pouvait pacifier l'Angleterre, y abolir pour toujours le gouvernement parlementaire et épargner à l'Europe bien des malheurs, si son fils eût été capable de le continuer.

Pourquoi donc les républicains de notre époque où cependant, comme l'observent David Hume et bien d'autres, il y a beaucoup plus de *liberté* dans les monarchies qu'il n'y en avait dans les anciennes républiques, pourquoi ces nouveaux Brutus crient-ils tant contre les rois absolus qui règnent encore en Europe? Ne dirait-on pas vraiment que ce sont des princes injustes et cruels, des monstres dont toute la jouissance est de tourmenter leurs sujets!

Au fait, que sont-ils?

Comme attaché à l'armée française,.nous avons vu et habité pendant près d'un an la capitale de l'Autriche à une époque où ne songeant guère aux constitutions et à la liberté, elle venait — en 1809 — d'être envahie par Napoléon.

Eh bien! malgré un aussi grand malheur pour elle, nous trouvâmes dans son sein tout ce qu'une civilisation exquise et parfaite pouvait offrir de plus attrayant : politesse, amabilité, spectacles, fêtes, bals, soirées, concerts, musées, bibliothèques, bonne chère, promenades charmantes, rien ne manquait à cette grande cité où régnait cependant le pouvoir absolu. Nous vîmes des gens du peuple plus instruits et parlant mieux le français que beaucoup de nos bacheliers ès lettres. Nous rencontrions quelquefois au *Prater* — les Champs-Elysées de Vienne — un pauvre cabriolet découvert, attelé d'un cheval et sans laquais, dans lequel se trouvait un *homme seul*, plus que simplement vêtu, qui le conduisait au milieu des saluts respectueux de la foule. C'était l'Empereur François, le futur beau-père de Napoléon!...

Dans plus d'une circonstance, nous fûmes témoin de la popularité de ce monarque *absolu*, qui allait jusqu'à se rendre aux incendies pour y faire la chaîne et jusqu'à accompagner à pied les pauvres à leur dernière demeure. Nous nous rappelons même avec plaisir d'avoir assisté au mariage préliminaire de sa fille Marie-Louise avec notre Empereur, et là, au milieu d'une aristocratie pleine d'aménité, d'une cour sans faste et d'un peuple idolâtre de son souverain, d'avoir admiré une fête qui semblait plutôt se rapporter au temps primitif des patriarches qu'à l'alliance des deux puissants empereurs qui venaient de se mesurer à Austerlitz et à Wagram.

On avouera donc que si ce peuple, qui n'a sans doute pas dégénéré depuis ce temps là, est un peuple de *barbares* comme les insurgés d'Italie l'appelaient lors des victoires de Radetzki, il ne nous reste plus de nom pour qualifier les révolutionnaires par celui qu'ils méritent eux-mêmes (1).

Nous en dirons autant de Naples et de Rome que nous visitâmes en 1829 pendant que MM. de Blacas et de Châteaubriand y étaient ambassadeurs. Quoique déjà agitées par les démagogues, ces deux belles villes nous offrirent un spectacle bien doux pour nous qui commencions à être rassasié jusqu'au dégoût du régime parlementaire, celui d'un peuple qui, ne s'occupant pas du tout de politique, du moins ostensiblement, ne songeait—

---

(1) Ces lignes étaient sous presse lorsque le poignard de Libieny est venu prouver qu'en Autriche, comme dans les autres Etats de l'Europe, il existe maintenant une bande d'assassins dont la mission, hautement avouée par les démagogues, est, à un moment donné, d'égorger toutes les têtes couronnées. Sans doute que, sur une aussi grande échelle, cette odieuse menace ne peut s'accomplir et ne s'accomplira jamais; mais si l'on réfléchit aux attentats partiels qui ont lieu de temps en temps, à la facilité avec laquelle le premier misérable venu est libre, poussé par d'infâmes et lâches complices, de trancher des jours précieux sur lesquels repose le bonheur des peuples, on en sera effrayé, et chacun fera des vœux pour que désormais les souverains de l'Europe soient plus prudents et ne s'exposent pas aux coups des forcenés qui les poursuivent secrètement.

et sous un pouvoir absolu! — qu'à chanter, à danser, à faire de la musique, à fréquenter les théâtres, à se promener dans les magnifiques rues de *Tolède* et du *Corso*, à s'amuser la nuit, à dormir le jour, en un mot, à se procurer tous les plaisirs qu'il trouvait en abondance sous le plus beau ciel du monde.

Dix-huit ans plus tard, Rome eut même — toujours sous la *pression* d'un absolutisme *aussi dur* — à acclamer l'élection d'un nouveau Pontife, qui, pour fêter son joyeux avénement, poussa la *tyrannie* jusqu'à amnistier tous les *carbonari* frappés de jugement, à répandre d'abondantes aumônes, à réformer l'administration sur un plan extrêmement libéral, à réduire les impôts de ses Etats, à prêcher les vertus évangéliques, à diminuer le luxe de sa maison, enfin jusqu'à donner lui-même l'exemple de la simplicité des premiers Apôtres. Tel était le *despote* qui gouvernait le patrimoine de saint Pierre lorsque les républicains de 1848 eurent l'infamie d'attenter à ses jours et de l'obliger à fuir avec six autres souverains de l'Europe tout aussi coupables que lui (1).

Quant à la Russie, qui est actuellement le pays le plus tranquille et le plus heureux de l'Europe, nous ne la connaissons pas pour l'avoir vue, mais nous savons de bonne source que son Empreur, loin d'être un *despote* et un *tyran*, comme le prétendent les démocrates, gouverne au contraire ses vastes Etats avec une admi-

(1) Les sept souverains mis en fuite par les événements politiques de 1848, furent : Louis-Philippe, roi des Français; Ferdinand, empereur d'Autriche; Louis, roi de Bavière; le Saint-Père, Pie IX; le duc de Lucques, le duc de Modène et le prince de Siegmaringen.

rable sagesse, qu'il est aimé de ses sujets et ne leur donne pas lieu de redouter la moindre haine de leur part.

En voici la preuve :

Dans le temps, les journaux de France parlèrent d'une fête singulière donnée à Peterhoff, près de Saint-Pétersbourg, le 1er juillet 1836, par Nicolas, à l'occasion de la fête de son épouse. Instituée par Pierre-le-Grand, cette fête, où n'assiste que la plus vile et la plus dégoûtante populace de l'empire, est fort extraordinaire pour ceux qui sont habitués à voir les rois entourés de luxe, de gardes et de courtisans. Là, l'empereur de toutes les Russies, dépourvu des armes qne la discipline militaire l'oblige à porter constamment, se mêle seul et sans façon à la foule en haillons, qui le presse, le pousse, le coudoie de partout et fait galamment jusqu'au matin les honneurs de cet étrange bal.

Les Français qui en furent témoins eurent quelques jours après de graves méditations à faire, quand ils apprirent que Louis-Philippe, manqué par le fusil d'Alibaud, était loin de jouir dans un Etat constitutionnel de la même sécurité et de la même affection populaire que Nicolas au milieu de son prétendu peuple d'*esclaves*.

C'est qu'en effet, pour trouver des rois haïs et persécutés par leurs peuples, ce n'est point en Russie, en Autriche, à Naples et dans les autres pays où ils jouissent avec courage et dignité de la plénitude de leur pouvoir, qu'il faut aller les chercher, mais dans ces contrées malheureuses où un faux esprit de liberté règne lui-même en tyran et excite contre eux de criminels attentats.

Une autre objection que vous ne manquerez pas de faire, Lecteurs, est que dans les monarchies absolues le peuple ne participe point à la confection des lois, ni au contrôle des charges qui pèsent sur lui, ce qui, d'après l'opinion reçue dans les gouvernements constitutionnels, est contraire aux droits qui lui appartiennent.

C'est encore très-vrai et nous dirons très-juste, mais, selon nous, avec la restriction suivante:

En effet, qu'un peuple concoure par de dignes représentants à la discussion des *lois fondamentales* qui doivent le gouverner, il en est assurément le maître, s'il juge à propos d'intervenir, puisque nous avons déjà dit que, comme peuple souverain et avant la délégation de son pouvoir, il est libre d'adopter, à ses risques et périls, telle forme de gouvernement qui lui plaît.

Mais si obéissant au vœu du ciel, à ses vraies inspirations et aux conseils de l'expérience, il choisit la monarchie absolue, sans mixtion aucune, nous soutenons qu'une fois les lois fondamentales établies, il ne doit plus se mêler de législation, et que c'est au roi, revêtu de sa confiance, qu'il doit laisser le soin de le gouverner et de faire les lois de circonstance dont il a besoin.

Si vous admettez le système contraire, c'est-à-dire que ces dernières lois ne puissent être élaborées sans la participation du peuple, et, à plus forte raison, que le peuple seul ait le droit de les faire, il est impossible que la bonne harmonie dure longtemps et que bientôt le peuple, qui, de sa nature, est inconstant, séditieux et le plus fort, ne se mette pas en hostilité avec le trône jusqu'à ce qu'il l'ait renversé.

« Dans le gouvernement des rois des temps héroïques, dit Montesquieu, les trois pouvoirs étaient mal distribués. Ces monarchies ne pouvaient subsister ; car, *dès que le peuple avait la législation*, il pouvait, au moindre caprice, anéantir la royauté, *comme il fit partout* (1). »

Il est vrai que dans ces temps-là les peuples de la Grèce et de Rome *seulement*, et non les autres, possédaient exclusivement le pouvoir législatif et que leurs rois se bornaient à administrer l'Etat; mais qu'un peuple ait le tout ou une partie de sa législation, il n'en est pas moins vrai qu'il commence par inquiéter, tracasser, contrarier le monarque, et qu'il finit tôt ou tard par le chasser, quand il ne l'extermine pas, témoin ce qui s'est passé en France et témoin ce qui se passe encore en ce moment dans tous les Etats parlementaires de l'Europe.

Et ce serait sans raison que vous vous alarmeriez des conséquences d'une législation secondaire abandonnée au souverain, parce qu'un souverain, quelque habile et actif qu'on le suppose, ne fait pas lui-même les lois de son royaume et en confie le travail aux hommes d'Etat dont il est entouré, et qui, dans la retraite du cabinet, les élaborent infiniment mieux que celles débattues au milieu d'une assemblée passionnée et tumultueuse, ainsi que nous avons déjà eu occasion de le dire.

Mais si un peuple législateur est toujours disposé à reprendre le pouvoir qu'il a cédé, à s'opposer aux volontés du trône et à conspirer contre lui, combien n'est-il pas plus

---

(1) Ouvrage cité, liv. XI, ch. XI.

récalcitrant encore, quand il s'agit de sa bourse, c'est-à-dire de contrôler l'emploi des impôts qu'il paye à l'Etat?

Semblable alors au dissipateur qui jette son bien par les fenêtres, pendant qu'il marchande avec son intendant pour les dépenses de première nécessité, on le voit en plein parlement, et comme un autre Harpagon, fouiller dans les moindres replis du budget, en examiner avec sa loupe tous les chapitres, tous les articles, les plus petits paragraphes; s'égosiller et se débattre sordidement pour quelques centaines de francs et pour quelques dizaines de centimes de plus ou de moins; retrancher ce qu'il doit accorder, accorder ce qu'il devrait refuser et plus souvent encore retenir d'une main ce qu'il a donné de l'autre. Trop heureux même le souverain qui, dans ce critique et périodique examen, n'est pas menacé d'un refus complet dont le résultat immédiat et forcé serait sa déchéance du trône!....

A cela, vous répondrez, sans doute, qu'il est pourtant juste que ceux qui payent pour se faire gouverner sachent l'emploi qu'on fait de leur argent, et que s'ils ne comptent pas avec le souverain, ainsi qu'on le fait dans les monarchies absolues, il peut en résulter des abus et des déficits.

D'abord, pour *la justice du contrôle*, nous la contestons.

Un roi, d'après notre manière de voir, doit être investi de la confiance pleine et entière du peuple, sans être tenu de subir chaque année un examen minutieux, des reproches souvent injustes et humiliants, qu'on se ferait quelque scrupule d'adresser à un simple commis. Tout ce qu'on peut exiger de plus sensé et de plus rigoureux de sa part est de présenter de loin en loin, et même chaque année, si l'on veut, l'état de ses recettes et de ses dépenses, mais sans que le peuple ait d'autre droit que celui de le supplier très-humblement d'être plus économe, s'il ne l'est pas, et encore comment voulez-vous que le peuple puisse sainement juger cela, à moins que le souverain ne se livre à de folles prodigalités!

Pour ce qui est des déficits, nous avouerons qu'effectivement il y en a quelquefois dans les monarchies absolues comme partout ailleurs, mais avec cette énorme différence cependant que, dans les premières, on y rencontre par-ci, par-là, des Sully, des Colbert, des Gaëte qui les comblent et au-delà, tandis que dans les républiques et les gouvernements parlementaires il ne se trouve qu'une série d'ambitieux, d'incapables qui, après avoir fait de l'opposition et prêché l'économie à la tribune pour gagner un portefeuille, continuent de creuser le gouffre à leur profit et ne le bouchent pas mieux que leurs devanciers.

Quelle dérision pourtant! La grande affaire des gouvernements dits *constitutionnels* est de contrôler les budgets de la couronne ; or une chose certaine est que jamais leurs finances n'ont été en aussi mauvaise situation que depuis que ce contrôle s'y exerce. Comparez, en effet, les finances de la Russie, de l'Autriche, de Naples, de la Turquie même avec celles de la France *parlementaire*, de l'Angleterre, de l'Espagne, du Portugal, de l'Allemagne, du Piémont, de tous les Etats constitutionnels en un mot, et vous serez frappés de la grande différence qui existe entre elles à l'avantage des gouvernements absolus.

III. Enfin, nous avons encore à dire un mot de l'incapacité morale et accidentelle qui peut quelquefois frapper les souverains régnants, et de laquelle se prévalent les adversaires de la royauté héréditaire pour attaquer la légitimité de celle-ci.

Est-ce que, pour être bon et digne roi, il faut nécessairement avoir son fauteuil dans chacune des cinq classes de l'Institut et surtout dans celle des *Sciences morales et politiques?*

Pas le moins du monde, parce que la royauté est bien moins un pouvoir matériel à qualités déterminées qu'un principe, un symbole, un signe qui représente la souveraine puissance, et que dès lors peu importe qu'elle soit exercée par un homme, par une femme, par un enfant, nous dirons même par un automate ou une image, pourvu qu'on la considère comme la représentation du pouvoir et qu'on la respecte.

Sans doute que l'esprit, la science, les qualités de l'âme et du cœur ne peuvent qu'embellir le règne d'un souverain, lorsqu'il est assez heureux pour les posséder avec sa couronne; mais enfin ce n'est pas une chose absolument requise, nécessaire, indispensable dans un gouvernement où des conseillers et des ministres capables gèrent eux-mêmes l'Etat.

Et encore observerons-nous, l'histoire à la main, que plus d'un royaume fut mal gouverné pour avoir eu à sa tête un roi trop spirituel, à trop grands moyens; car, dans ces cas-là, le monarque ayant à sa disposition un double pouvoir, celui de l'esprit et de son sceptre, ne veut souvent écouter les conseils de personne et agit à sa tête au risque de compromettre les intérêts du pays.

D'ailleurs, dans les monarchies absolues, l'administration est beaucoup plus simple et plus facile que dans les gouvernements mixtes, où tant de volontés contraires, de débats orageux, d'événements imprévus exigent un souverain expérimenté et viennent à chaque instant réclamer sa laborieuse attention. Pareilles, en effet, à ces vastes machines parfaitement organisées, auxquelles le doigt d'un enfant suffit pour donner la première impulsion, les monarchies absolues n'ont besoin ni d'une force considérable, ni d'une intelligence supérieure, pour être mises en jeu, et elles se meuvent en quelque sorte toutes seules.

« Il ne faut pas vous imaginer, mon fils, — disait Louis XIV dans son *Discours au Dauphin*, — que les affaires de l'Etat soient comme quelques endroits obscurs et épineux des sciences qui vous auront peut-être fatigué, où l'esprit tâche à s'élever avec effort au-dessus de sa portée, le plus souvent pour ne rien faire, et dont l'inutilité, du moins apparente, nous rebute autant que la difficulté. *La fonction des rois consiste principalement* A LAISSER AGIR LE BON SENS *qui agit naturellement et sans peine.* »

Oui, Lecteurs, le bon sens seul suffit pour gouverner les empires et il n'est pas besoin d'avoir étudié Grotius, Pufendorf, Montesquieu et autres utopistes pour cela. La preuve en est que l'occident de l'Europe a en ce moment trois jeunes et gracieuses souveraines qui, sans doute, peu familiarisées avec ces graves auteurs, n'en gouvernent pas moins leurs États aussi bien qu'il est possible de le faire avec la tribune qui les harcèle et au milieu de toutes les épines du régime parlementaire qu'elles bravent avec tant de courage.

Mais une dernière considération qui doit complétement rassurer ceux qu'effraie le pouvoir absolu, c'est qu'au-dessus de lui règne un pouvoir bien autrement absolu et redoutable que le sien, un pouvoir devant lequel il est obligé de s'incliner et de se soumettre, celui de l'OPINION PUBLIQUE.

Si autrefois les rois n'en tenaient aucun compte et la bravaient, ou si plutôt les mœurs plus ou moins barbares de leur époque et le défaut de conscience publique les autorisaient à faire ce que bon leur semblait, sans s'inquiéter de l'opinion qu'on pouvait en avoir, il n'en est plus de même aujourd'hui, où, après Dieu, l'opinion publique est la première souveraine du monde.

Nul monarque effectivement, quelque despote et méchant qu'on le suppose, ne serait assez téméraire de nos jours pour se mettre au-dessus d'elle et oser promulguer des lois ou faire quelque entreprise qu'elle désapprouverait hautement. C'est donc un anachronisme choquant, nous dirons plus, une odieuse calomnie que de présenter les rois absolus de l'Europe comme les tyrans de leurs peuples, lorsque chacun sait qu'ils les gouvernent avec beaucoup de sagesse et de modération.

Cela est si vrai qu'un célèbre républicain de 1848, — M. de Lamartine, — a été obligé de le reconnaître dans son *Nouveau voyage en Orient*, à propos du gouvernement turc et des événements qui se rapportent à la destruction des Janissaires par le sultan Mahmoud, en s'exprimant comme il suit :

« Ici, dit-il, nous ferons remarquer combien les gouvernements les plus absolus de leur nature sont tempérés par les mœurs, les croyances, les besoins des peuples et *dominés eux-mêmes par l'opinion publique*. Il faut, en effet, rendre cette justice au gouvernement turc, que l'on présente comme le type du gouvernement le plus brutal, que dans les circonstances importantes il s'est presque toujours montré soigneux de ménager et de se concilier *cette force invincible de l'opinion.* »

Aussi, M. de Lamartine, enchanté du gouvernement turc — qui, après tout, vaut bien celui de sa filleule de 1848 — s'est-il empressé d'accepter du sultan Abdoul-Medjid un petit pied à terre poétique de quelques lieues de circuit, par delà le Bosphore, où, lorsqu'il aura fini de *Civiliser* son ingrate patrie, il pourra, plus heureux que Démosthène et Marius, s'exiler volontairement et se livrer à son aise aux *Méditations républicaines* qui doivent l'absorber.

Quel plus bel éloge pouvons-nous donc faire de l'absolutisme, et n'est-il pas évident que c'est le gouvernement par excellence, quand un républicain tel que M. de Lamartine préfère la Turquie à la Suisse, à la vallée d'Andorre, aux Etats-Unis même, et veut tranquillement y aller finir ses jours à l'ombre du Croissant !

Mais, pour corroborer notre opinion sur la supériorité de la monarchie absolue comme gouvernement, et terminer ce *Coup d'œil critique*, permettez-nous, Lecteurs, de vous citer encore ici quelques auteurs qui, longtemps avant nous, l'avaient déjà professée.

Selon Labruyère « tout prospère dans une monarchie où l'on confond les intérêts de l'Etat avec ceux du prince....

Nommer un roi *Père du peuple* est moins faire son éloge que l'appeler par son nom et faire sa définition. »

Montesquieu, comparant les avantages de la monarchie avec ceux de la république a, malgré lui, rendu hommage à la première par les paroles suivantes :

« Le gouvernement monarchique a un grand avantage sur le républicain : les affaires étant menées par un seul, il y a plus de promptitude dans l'exécution. » — C'est ce que la France peut attester en levant la main.

« Comme *une certaine confiance* fait la gloire et la sûreté d'une monarchie, il faut au contraire qu'une république *redoute toujours quelque chose.* » — Belle existence vraiment que celle d'un peuple qui a toujours peur !

« L'autorité royale est un grand ressort qui doit se mouvoir AISÉMENT ET SANS BRUIT. Les Chinois vantent un de leurs empereurs qui gouverna, disent-ils, comme le ciel, c'est-à-dire par son exemple. » — Ma foi ! les Chinois ne sont pas si bêtes, et nos hommes d'Etat ne feraient pas mal d'aller étudier la politique chez eux.

« Il y a beaucoup à gagner en fait de mœurs, à garder les coutumes anciennes...., et y rappeler les hommes, c'est ordinairement les ramener à la vertu. » — Quand Montesquieu se décide à dire du bien de la monarchie et des anciens usages, tenez pour certain qu'il est sincère.

Parmi les royalistes qui eurent le courage de résister au torrent de la première assemblée nationale, on doit mettre en tête Cazalès, Maury, Pastoret et Vaublanc. Aussi braves que Léonidas et les siens, mais moins heureux qu'eux pour avoir survécu au combat : honneur, cent fois honneur à leur mémoire !

Mirabeau, après avoir fait bien des sottises, devint

partisan de la sanction royale et disait que sans elle il aimerait mieux vivre à Constantinople qu'à Paris. S'il avait eu le malheur de passer par nos deux républiques et par le trait-d'union parlementaire qui les a jointes ensemble, Mirabeau ne se contenterait plus de la sanction et serait certainement un des plus chauds absolutistes de l'Europe.

« Je pense, disait M. Molé dans ses *Essais de morale et de politique* publiés sous Napoléon Ier, je pense que la MONARCHIE ABSOLUE est, même en théorie, le gouvernement qui mérite d'être préféré. Notre gouvernement naturel *conviendra donc éternellement, et dans tous les siècles les législateurs devront avoir pour objet de nous y ramener sans cesse.* »

Malheureusement que l'auteur d'aussi belles paroles *nous a très-peu ramenés à ses préceptes* lorsqu'il était Pair de France et Président du conseil sous le gouvernement parlementaire des Bourbons ; mais comme il est d'usage assez général de ne pas suivre soi-même les conseils qu'on donne aux autres, soyons indulgents envers M. Molé et passons outre.

« Tous les livres de morale, dit le comte de Maistre, regorgent de sarcasmes contre la cour et les courtisans. On ne tarit pas sur la duplicité, sur la perfidie, sur la corruption des gens de cour...., et cependant quand on a épuisé tous les genres de critique, et qu'on a rejeté, comme il est juste, dans l'autre bassin de la balance, tous les avantages de la monarchie, quel est enfin le dernier résultat? C'EST LE MEILLEUR, LE PLUS DURABLE DES GOUVERNEMENTS ET LE PLUS NATUREL A L'HOMME. »

Ce que longtemps avant ce profond penseur, la muse de Voltaire avait aussi exprimé dans les vers suivants comme une légère réparation de tout le mal que sa plume avait fait au monde :

Un Etat divisé fut toujours malheureux.
De sa liberté vaine, il vante le prestige;
Dans son illusion sa misère l'afflige.
Sans force, sans projets, pour la gloire entrepris,
De l'Europe étonnée il devient le mépris.
Qu'un roi ferme et prudent prenne en ses mains les rênes,
Le peuple avec plaisir reçoit ses douces chaînes;
Tout change, tout renaît, tout s'anime à sa voix;
On marche alors sans crainte aux pénibles exploits,
On soutient les travaux, on prend un nouvel être,
Et les sujets enfin sont dignes de leur maître.

Mais une autorité encore vivante par laquelle un sentiment d'admiration et de reconnaissance veut que nous terminions nos citations, est celle du Nestor de la diplomatie européenne, de l'homme d'Etat illustre dont les habiles conseils d'accord avec ceux du comte de Nesselrode, ont lutté pendant cinquante-huit ans contre la révolution et maintenu la paix du monde, celle du prince de Metternich en un mot, qui « *monarchique par conviction, n'a jamais pu mieux comprendre une monarchie avec des institutions républicaines qu'une république avec des institutions monarchiques*, » et qui, après avoir donné sa démission en 1848, adressa aux révolutionnaires dont il était entouré les mémorables paroles que voici :

« Messieurs, je prévois que l'on répandra le bruit qu'à ma sortie des affaires j'ai emporté la monarchie : je proteste solennellement d'avance contre une pareille assertion ; personne au monde, pas plus que moi, n'a des épaules assez fortes pour emporter un Etat. Si des empires disparaissent, ce n'est que lorsqu'ils désespèrent d'eux-mêmes (1). »

Qui avait raison du prince de Metternich ou de Louis-Philippe qui, en s'embarquant au Tréport, dit aux personnes dont il était accompagné : « Adieu, mes amis, adieu! la monarchie est décidément impossible en France et *je l'emporte dans ma poche!* »

Evidemment le premier : car si le principe monarchique est sujet à des vicissitudes et à des interrègnes comme tout ce qui est bon, il n'en est pas moins un principe nécessaire, indestructible et éternel. La preuve, c'est que l'empire d'Autriche s'est consolidé, que l'empire Français est sorti resplendissant du sein de l'anarchie même, et que la révolution a été vaincue comme elle le sera toujours, tant que la Providence régnera sur la terre *et que les Etats ne désespèreront pas d'eux-mêmes.*

Enfin — et il est bien temps pour vous et pour nous, Lecteurs, d'en finir avec la politique, — nous allons donner, comme corollaire de ces conclusions, une petite recette de notre composition, non point pour l'imposer de vive force aux gouvernements qui peuvent en avoir besoin, Dieu nous en préserve! nous n'en avons ni l'intention ni le pouvoir, mais seulement pour imiter les médecins ou les cuisiniers, si vous aimez mieux, qui

---

(1) *Histoire des révolutions de l'empire d'Autriche, en* 1848 *et* 1849, par M. Alphonse Balleydier.

tracent des formules et puis laissent chacun parfaitement libre de se traiter et de faire sa cuisine comme il lui plait. Voici cette recette.

RECETTE

POUR

LES PEUPLES RÉPUBLICAINS ET PARLEMENTAIRES QUI DÉSIRENT DONNER LEUR DÉMISSION ET VIVRE TRANQUILLES.

1° Prenez tel roi que vous voudrez; déléguez-lui tous vos pouvoirs; obéissez respectueusement à ses ordres et considérez-le comme étant le chef suprême et absolu du royaume;

2° Que ce roi place à sa droite vingt conseillers d'Etat, choisis parmi les hommes les plus éclairés et les plus probes du pays;

3° Qu'il mette à sa gauche six bons ministres, non pas de ces ministres babillards qui parlent bien et administrent mal, mais de ceux qui au contraire parlent peu et administrent bien;

4° Cela fait, remerciez poliment MM. les Pairs et Députés, et dites leur de s'aller coucher;

5° Priez MM. les électeurs de manger tranquillement leur soupe au coin du feu, sans plus se mêler d'élections ni d'affaires d'Etat;

6° Que la tribune nationale devienne une chaire évangélique dans la principale cathédrale du royaume ;

7° Supprimez la liberté de la presse en ce qui touche la politique et permettez-lui seulement de s'occuper de littérature, de spectacles, de modes et de gastronomie. C'est bien assez ;

8° Qu'il soit défendu au peuple de se réunir dans des clubs et autres assemblées politiques. Distraisez-le avec des trains de plaisir, des bals, des tombolas, des ballons, des feux d'artifice, des courses et de la musique. Quand le peuple s'amuse, il ne conspire pas ;

9° Faites raser les deux palais où ont lieu les délibérations législatives pour construire à leur place des petites maisons dans lesquelles seront enfermés les républicains, les socialistes, les révolutionnaires, en un mot tous ceux qui résisteront à la réforme proposée ;

10° Faites proclamer à son de trompe et de tambour, que vu l'état d'enfance et d'imbécillité où est tombé le pays, on a été obligé de l'interdire de ses droits politiques et de le mettre en tutelle ;

11° Qu'un *Te Deum* solennel soit chanté dans toutes les églises du royaume pour remercier le ciel de cet heureux changement et le prier de lui accorder sa protection ;

12° Enfin, toutes ces dispositions étant faites, confiez le timon de l'Etat au roi, et, sans plus vous occuper de la manœuvre, dites, en faisant le signe de croix : *Salvum fac populum tuum, Domine, et benedic hæreditati tuæ.*

FIN.

TABLE DES MATIÈRES.

FIN DE LA TABLE.

www.ingramcontent.com/pod-product-compliance
Ingram Content Group UK Ltd.
Pitfield, Milton Keynes, MK11 3LW, UK
UKHW020204250726
13967UKWH00003B/1253

9 782012 999619